# MIT PFERDEN TANZEN

Klaus Ferdinand Hempfling

# Mit Pferden tanzen

## Versammeltes Reiten am losen Zügel

### Vertraute Harmonie von Anfang an

Franckh-Kosmos

Mit 479 Farbfotos aus der Sammlung des Autors (474), G. Boiselle (1), T. Micek (3) und Th. Zimmermann (1), 3 Schwarzweißfotos; 37 Zeichnungen von Christina Bötzel und 4 Zeichnungen von Rahel Schale.
Die Abbildung auf Seite 30 ist mit freundlicher Genehmigung des Walter-Verlages entnommen aus: Louis Charpentier, *Macht und Geheimnis der Templer,* die Abbildung auf Seite 54 aus: de La Guérinière, *Reitkunst.* Reprint Olms, Hildesheim, 1989.

Umschlaggestaltung von Atelier Reichert, Stuttgart, unter Verwendung von 8 Farbfotos aus der Sammlung des Autors.

Die Deutsche Bibliothek — CIP-Einheitsaufnahme

**Mit Pferden tanzen** : versammeltes Reiten am losen Zügel ; vertraute Harmonie von Anfang an / Klaus Ferdinand Hempfling. – Stuttgart : Franckh-Kosmos, 1993
ISBN 3-440-06564-2
NE: Hempfling, Klaus Ferdinand


ISBN 3-440-06564 2
Printed in Italy/Imprimé en Italie
Herstellung: Siegfried Fischer, Stuttgart
Satz: Typobauer Filmsatz GmbH, Ostfildern
Druck und buchbinderische Verarbeitung: Printer Trento S.r.l., Trento, Italien

Hinweis zu den Bildsequenzen:
Die aus mehreren Abbildungen bestehenden Abläufe sind jeweils von links oben nach rechts unten zu betrachten. Untenstehend das Beispiel für die aus 8 Bildern bestehende Sequenz auf der Seite 26.

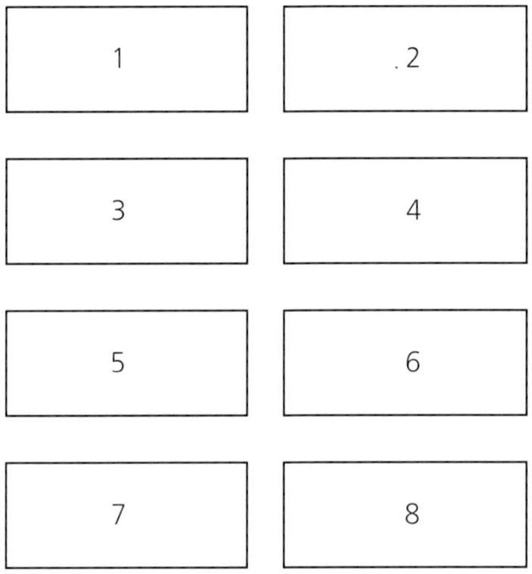

# Mit Pferden tanzen

# ZUM GELEIT

„Er war ein adliger Caballero und hatte sich Zeit seines Lebens mit Pferden beschäftigt. Man sagte ihm nach, daß er nicht nur ein sehr würdiger, bescheidener Mensch sei – jedermann, der ihn reiten sah, war begeistert von diesem Bild und zutiefst beeindruckt von seiner Reitkunst.

Als er schließlich im Alter von 96 Jahren auf dem Sterbebett lag, bat er seinen Neffen zu sich, um sich von ihm zu verabschieden. Und so geschah es. Als sich der Neffe dann schließlich abwenden und das Zimmer verlassen wollte, sah er zum erstenmal Tränen im Gesicht des Alten. Noch einmal ergriff dieser die Hand des jungen Mannes und sagte leise: ‚Es ist schon ein Pech, daß ich gerade jetzt sterben muß.'

‚Warum?' fragte ihn der Neffe, zärtlich die Hand des Alten streichelnd. ‚Für jeden Menschen kommt einmal die Zeit – und dein Leben war lang, glücklich und reich!'

‚Ja', sagte jetzt der Alte. ‚Du hast schon recht, aber es war doch erst vor ungefähr einer Woche, als ich zum erstenmal begriffen hatte, was es heißt, ein Pferd wirklich zu reiten!'"

*K. F. H.*

Hier sehen wir Birgit, die gerade mit dem siebenjährigen Partbred-Wallach Janosch auf einer großen Koppel spielt. Kleinste Handzeichen genügen zur Verständigung. Wichtigste Vorbereitung für die Arbeit am losen Zügel ist die Verständigung über die Sprache der Pferde, die Körpersprache. Ohne Longe, Führstrick und Zügel kommt es zu einer Kommunikation, die auch über weite Distanzen bestehen bleibt.

# ZUM GEBRAUCH DIESES BUCHES

Dieses Buch beschreibt anhand vieler farbiger Abbildungen sehr sensible Übungen mit dem Pferd. Die Grundlage ist die Kommunikation mit dem Körper, ist die Körpersprache. Wir möchten Sie bitten, erst dann mit den einzelnen Übungen zu beginnen, wenn Sie dieses Buch bis zum Schluß gelesen haben, da Sie dann mit besserem Verständnis und größerem Überblick die Aufgaben leichter und präziser bewältigen werden.

Der Autor auf Habón, einem zwölfjährigen Hengst reiner spanischer Rasse, in der Passage. Bei einer optimalen Aufrichtung am losen Zügel bildet das Pferd mit dem Reiter zusammen ein feines, stabiles Gleichgewicht, das dem eines freilaufenden Pferdes in der Natur entspricht. Dank dieses feinen Gleichgewichts kann sich das Pferd in optimaler Freiheit bewegen und ist zugleich durch minimale Körpersignale zu lenken.

6

# DAS NATÜRLICHE GLEICHGEWICHT

## *El Equilibrio natural*

Das Pferd in seiner Natürlichkeit ist ein Wesen voller Kraft, Schönheit und Eleganz. Alles das verdankt es seinem Stolz, seiner Ausdauer und vor allem seinem unglaublich feinen Gleichgewichtssinn.
Diesen impulsiven, freien Stolz und diesen feinen Sinn für das Gleichgewicht zu erhalten oder sogar zu fördern, ist das nicht eine der Pflichten des Reitens?

# Unüberwindbare Gegensätze?

*Es ist jenes feine Spiel,*
*das den Ernst verleugnet –*
*jenes Spiel in sich selbst und in der Natur.*
*Da, wo die Welt ohne Fragen*
*und das einfache Leben die Antwort –*
*wo das Handeln Gesetz*
*und das Erleben der Lohn ist.*

Das Pferd begleitet den Menschen seit Jahrtausenden. Das ist eine lange Zeit aus der Sicht des Menschen, doch eine sehr kurze aus der Sicht des Pferdes.

Zu kurz scheint diese Zeit, als daß sich das Pferd dem Menschen wirklich hätte anpassen – seine Ursprünglichkeit, seine Wildheit, seinen ungestümen Freiheitsdrang hätte aufgeben können.

Und zu kurz scheint diese Zeit, als daß die Menschen sich hätten einigen können auf den einen, den wirklich richtigen Umgang mit diesem Wesen. Nein – ganz im Gegenteil, die Fragen und Gegensätze, die sich um das Thema Pferd seit Menschengedenken ranken, sind bis heute genauso aktuell, werden heute wie damals genauso vehement gestellt, verteidigt und diskutiert.

Das Pferd kann sehr gut ohne den Menschen leben, der Mensch aber offensichtlich nicht ohne das Pferd. Heute ist es in vielen Teilen der Welt keine Überlebensgrundlage mehr, und dennoch steigt die Zahl der Menschen, die sich diesem Wesen zuwenden.

Doch wie stellt man es an?

Was alles haben wir Menschen nicht zu lösen, zu bewerkstelligen vermocht, doch das Thema Reiten, eines der ursprünglichsten überhaupt, ist bis heute mit unendlich vielen Fragen verknüpft. Mehr noch! Wer den Versuch unternimmt, ein Pferd reiten zu wollen, wird bei genauer Betrachtung mit einer Vielzahl von scheinbaren und tatsächlichen Gegensätzen konfrontiert, die sich kaum miteinander verbinden lassen.

Das Thema dieses Buches hat eines dieser Paradoxa zum Inhalt – und andere werden auf den kommenden Seiten angesprochen und untersucht werden.

„Versammeltes Reiten am losen Zügel" – sind das nicht zwei Dinge, die sich konträr gegenüberstehen, die sich eigentlich überhaupt nicht zusammenbringen lassen?

Schießen einem da nicht Bilder durch den Kopf, von Reitern ganz unterschiedlicher Ausrichtungen? Von adrett gekleideten Dressurreitern, mit angenommenen Zügeln auf mehr oder weniger perfekt versammelten Pferden. Und dann wiederum von einer Schar wie auch immer exotisch gekleideter Menschen zu Pferde, die durch die Lande streifen, mit lässig gehaltenem, losem Zügel auf kaum oder gar nicht versammelten Pferden?

Menschen und Reitweisen, die sich konträr gegenüberstehen und in der Realität auch tatsächlich kaum Berührungspunkte haben – und die somit auch kaum dazu kommen, ihre so unterschiedlichen Standpunkte genauer kennenzulernen, genauer zu betrachten und gegebenenfalls zu verbinden?

Wie kommt es, daß sich die einzelnen „Parteien" so apodiktisch, so unnachgiebig auf ihre Attribute berufen? Liegt es womöglich daran, daß sie beide einen Teil der Wahrheit in ihren Händen halten – und bei allem eben nur diesen einen Teil erkennen wollen?

## Etwas ganz Neues?

Viele Fragen – und nun? Nun also versammeltes Reiten am losen Zügel!

Die Verbindung der Gegensätze? Etwas ganz Neues? Das Ei des Kolumbus?

Etwas ganz Neues zumindest ist es ganz und gar nicht. Es ist vermutlich so alt wie das Reiten überhaupt. Und doch ist es so gut wie unbekannt geblieben! Kaum einer bekommt es zu Gesicht, kaum einer kennt es, kaum einer spricht davon.

Woran mag das liegen? Vielleicht daran, daß es zu allen Zeiten etwas derart Besonderes war, dem sich nur eine vergleichsweise kleine Zahl von Menschen zugewandt haben und wohl auch nur zuwenden konnten. Menschen, für die das Wesen Pferd viel mehr war als bloßes Transportmedium, als einfaches Sport-, Arbeits- oder Freizeitgerät.

Hier liegt vielleicht der Kern, warum in beinahe allen Gedichten, Märchen, Mythen und Sagen das Pferd eine ganz besondere Stellung einnimmt. Der Traum vom Reiten – symbolisiert durch das Bild des Zentaurus – ist das nicht der Traum von tiefer Verbindung, von elementarer Verständigung und Harmonie? Ein Traum vom Einssein mit einem Wesen, das sinnbildlich für Freiheit, Unabhängigkeit, Kraft und Schönheit steht?

## Die Grundlage: Vertrauen und Dominanz

Das versammelte Pferd – Wesen voller Stolz, voller Kraft, in sich ruhend und doch gespannt, geschult und gestärkt durch den Menschen, einzig, um ihn aufzunehmen, um ihn zu tragen.

Die losen Zügel – Symbol von Freiwilligkeit? Symbol von Partnerschaft und harmonischer Freundschaft?

All dem möchte ich in diesem Buch nachgehen. All diese Fragen möchte ich stellen und natürlich versuchen, Antworten darauf zu geben. Da sind die vielen Fragen nach der Art und Weise der Verständigung, der gemeinsamen Sprache. Elementare Fragen zum Thema Dominanz und Vertrauen, und nicht zuletzt sind da die ganz grundsätzlichen Fragen nach Humanität, nach Menschlichkeit, die auch für den Umgang mit Pferden gelten.

Und wenn es nicht darum geht, sich in Wettbewerben zu messen, besser sein zu wollen, höher springen zu wollen als der andere, dann stellt sich natürlich auch die Frage nach dem Sinn all dessen.

Dieses Buch ist ein Buch aus der Praxis, ein durch und durch praktisches Buch, ein Buch zum Anfassen, zum Nachmachen, zum Mitmachen. Stück für Stück will ich versuchen

**Der Autor mit Fulano, einem dreijährigen Hengst reiner spanischer Rasse. Das Pferd lebte noch bis vor wenigen Tagen in der freien Wildnis der Pyrenäen. Mit der freien Arbeit wurde wie üblich vom ersten Tag an begonnen. Es geht darum, durch ganz bestimmte Körpersignale ein optimales Dominanz- und Vertrauensverhältnis aufzubauen. In diesen ersten Begegnungen entscheidet sich die Qualität der zukünftigen Pferd-Mensch-Beziehung. Darüber wird in diesem Buch noch viel zu lesen sein.**

**Fernab vom großen Getriebe der Welt lebt eine Tradition, die sich den ursprünglichsten Zugang zur Natur – und eben auch zu den Pferden – bewahrt hat.**

**Unten sehen wir einen der letzten Ritter unserer Zeit, einen adligen Caballero, der ausschließlich mit und für seine Pferde lebt. „Wir reiten unsere Pferde durch Gedankenübertragung", sagen diese Menschen, „eine Kunst, die sich hier bei uns über die Jahrhunderte der Geschichte bis heute unverändert fortsetzen konnte."**

darzulegen, warum hier dies und dort jenes sinnvoll scheint. Doch bei alledem will ich auch sehr deutlich anklingen lassen, daß das Reiten, überhaupt die Beschäftigung mit dem Pferd, viel, viel mehr sein kann, als im allgemeinen damit verbunden wird.

## Lebendige Traditionen

Hier, in diesem Buch, geht es um die Praxis, geht es darum, die Dinge handfest, belegbar und vor allem „nachmachbar" zu machen. Doch hinter dieser Praxis lebt eine Tradition, auch heute noch, und gerade in unseren Breitengraden – in Frankreich, Spanien, Portugal, im Norden Afrikas –, die diesen besonderen Umgang mit dem Pferd bewahrt und kultiviert. Unsichtbar für die Augen der meisten. Unsichtbar für die Massen. Fernab der öffentlichen Kampf- und Sportstätten, fernab jedes lauten Spektakels und jedes eitlen Marktes.

Warum also, frage ich in diesem Buch, warum versammeltes Reiten am losen Zügel? Was für einen Sinn soll dies haben, außer, na ja ... daß es wunderschön aussieht, daß es unendlich leicht und gefällig ist, daß es von einer schier wunderbaren Harmonie von Reiter und Pferd zeugt, daß alles in einem perfekten Gleichgewicht zu sein scheint ... Eben genau! In diesen Worten steckt bereits ein großer Teil der ganzen Wahrheit. Gestatten Sie mir, daß ich schwärme, aber möglicherweise gelingt es mir, Ihnen einen Hauch jenes Erlebens zu vermitteln, das für mich die pure, reine Faszination des Reitens ist – *el equilibrio natural*, das natürliche Gleichgewicht! Die Verständigung zweier Wesen durch unmerkliche Signale, durch feinste Impulse, durch minimale Veränderungen des Schwerpunktes – **durch reines Denken und Fühlen zuletzt!**

# Wir fangen ganz vorne an! Oder: Für wen ist dieses Buch eigentlich geschrieben?

Um es gleich vorwegzunehmen: **für jeden Menschen, der sich auf irgendeine Art und Weise mit Pferden beschäftigt**. Ganz gleich, welcher der verschiedenen Reitsparten er sich zugehörig fühlt, ganz gleich, welcher Rasse sein Pferd angehört und wie es beschaffen ist.

Versammeltes Reiten am losen Zügel – das scheint so etwas wie ein funkelnder Stern am nächtlichen Himmel, ganz weit weg, ungreifbar und kaum von dieser ach so realen Welt zu sein. Man sieht es funkeln, sieht es glitzern, erfreut sich womöglich für einen Augenblick an der stillen Schönheit dieses Bildes, um sich dann doch wieder dem zuzuwenden, was greifbarer ist, was näher zu liegen scheint, was eher von dieser Welt ist als jenes kleine Licht in der dunklen Nacht.

Doch bleiben wir noch einen Augenblick bei diesem Beispiel und lassen es zur Realität werden: Jules Vernes „Die Reise zum Mond" – auch ein Traum der Menschen, der die Phantasien und die Träume beflügelte und schließlich zur Wirklichkeit wurde. Unendlich lang war dieser Weg, unendlich mühevoll, doch für eine Handvoll Menschen wurde dieser Traum zur Wirklichkeit, der Traum, diesen Planeten zu verlassen, um einen anderen Himmelskörper zu betreten.

Und all die anderen? Das Ziel war der Mond, doch auf dem Weg dorthin lagen unzählige technische Errungenschaften, die uns heute allen nützen. Errungenschaften des Transportes, der Kommunikation, und ein jeder kann sie einsetzen, wie er mag – zum Guten oder zum Schlechten.

Nur sehr wenigen Menschen war es vergönnt, den Mond zu betreten, doch brachte der Weg dorthin unendlich viele neue Erkenntnisse, die heute womöglich wichtiger sind als das eigentliche Ziel.

Und genauso verhält es sich mit unserem Thema. Der funkelnde Stern ist weit und wunderschön anzusehen. Um sich aber auf den Weg dorthin zu machen, bedarf es wirklicher Konsequenz von Anfang an. Viele Fragen müssen neu gestellt und viele Lösungen gefunden und zusammengetragen werden.

**Rechts: Die jungen, wilden Hengste aus den Bergen wurden in einen großen Korral getrieben, wo sie sich einige Wochen an ein weniger freies Leben gewöhnen können. Nach einigen Tagen gelingt es mir, mich dem auserwählten Hengst zu nähern. Um ihn eines Tages auch in völliger Freiheit an mich binden zu können, lege ich auf diese ersten Kontakte den größten Wert. Ich muß die Leithengstrolle in seinem Leben übernehmen, aber gleichzeitig sein volles Vertrauen gewinnen. Wie dies zu schaffen ist, ohne jede Gewaltanwendung, davon wird in diesem Buch die Rede sein.**

**Der junge Hengst wurde in den Stierfänger getrieben. Gleich beginnt das Spektakel – die erste wirkliche Konfrontation mit dem Menschen.**

Und jede einzelne Antwort für sich bildet eine Sprosse auf der Himmelsleiter zu den Sternen.

## Die erste Begegnung mit dem Pferd

Ist also der Weg so weit, ist die Reise so lang, dann muß sie ganz besonders gut vorbereitet sein, dann muß alles ganz besonders gut geplant, die Ausrüstung von ganz besonderer Qualität sein, denn sie muß lange halten, sehr lange und viele Strapazen unbeschadet überstehen.

Und von eben diesen Dingen handelt dieses Buch.

**Darum legen wir auf eines ganz besonders großen Wert: Auf die Anfänge, auf das sichere, stabile Fundament!**

Die erste Begegnung mit dem Pferd! Der erste Augenblick, der so prägend ist und der sich wiederholt, tagtäglich, und niemals von seiner Bedeutung verliert. Das Auflegen des Halfters, **das Führen** – hier wird unsere Raumfähre geschmiedet, die uns hinaufkatapultieren soll in die unendliche Weite. Da muß alles stimmen, alles gut bedacht und überlegt sein.

Und darum fangen wir ganz unten an. **Nichts wird vorausgesetzt** – die üblichen Kenntnisse würden uns hier auch nicht viel weiterbringen. Denn was nützt mir ein noch so perfektes Auto, wenn es mich zu den Sternen zieht? Dazu brauche ich ein ganz anderes Gefährt, das womöglich auch fahren kann, natürlich, aber eben noch viel, viel mehr.

Und darum ist dieses Buch gedacht für jeden Menschen, ob er nun zu den Sternen will oder nicht, denn auf dem Weg dorthin gibt es sehr viel Wissenswertes für alle Sparten des Reitens!

Interessant, denke ich, ist es in jedem Falle, beides, das Reisen und das Träumen, denn:

# Der Weg ist das Ziel!

Dieses Buch ist voll mit Praxis, mit Bildsequenzen und detailliertesten Ausführungen.

Doch alle Praxis nützt wenig oder nichts, wenn der Grundgedanke fehlt, die große Linie. Und da wir es nicht mit Briefmarken, Fahr- oder knatternden Motorrädern zu tun haben, sondern mit lebenden Wesen, will und muß ich zuvor noch auf einen wesentlichen Punkt eingehen.

Er hat scheinbar mit dieser Welt wenig zu tun, die doch eigentlich nur Ziele kennt und für die doch nur der eine wichtig zu sein scheint: der, der siegt. Doch was ist mit all den anderen? Die bleiben auf der Strecke? Die holt der Teufel? Und was ist mit der langen, langen Zeit bis dorthin, bis zum großen Ziel, bis zum großen Sieg?

Wo bleiben die Tage, die Jahre, wo bleiben die Pferde, die es halt nicht geschafft haben? Und wo bleiben die Pferde, die es geschafft haben – nach dem Sieg?

Eine Grundlage für die Reise zu den Sternen kann das nicht sein, denn eine solche Reise ist Aufregung, Leben und Erleben von Sekunde zu Sekunde, von einem Moment zum nächsten.

**Jede Arbeit verursacht Strapazen. Immer aber sollte sie voller Freude ausgeführt werden. Das Zusammensein mit Pferden, so wie ich es verstehe, ist frei von jedem Frust, ist dauernde Freude. Wichtigste Voraussetzung hierfür: Radikale Beseitigung jedes Ehrgeizes und statt dessen Hinhören und Hinfühlen.**

**Links: Ein Pferd richtig zu führen gehört zu den Künsten, die in unserem Lande am meisten vernachlässigt werden. In diesen ersten gemeinsamen Schritten jedoch wird etwas aufgebaut, das in keiner späteren Phase nachzuholen ist. Denn bei dieser Art des Zusammenseins kann ich in allerkürzester Zeit die Rolle des Leithengstes erarbeiten. Wir werden jedoch noch sehen, daß auch diese Kunst viele detaillierte Regeln besitzt.**

**Rechts versucht Trixi in einem Kurs zum erstenmal, ihren Araberwallach ohne Hilfsmittel zu lenken und zu stoppen. Die allerersten Schritte – aber sieht das nicht schon elegant und schön aus?**

## Drei Wahrheiten und das tanzende Kind

Vollziehen wir den Übergang vom Traum zur Realität, wie ein kleines Kind, das tanzen möchte. Es träumt von Glanz und Glimmer – doch davor liegt eben jener weite Weg. Schauen wir ihn uns einmal gemeinsam an und prüfen wir, ob wir nicht eine Menge lernen können von diesem Kind.

Wenn es das große Glück hat, eine gute Schule zu besuchen, und einen guten Lehrer bekommt, dann zeigen sich sehr schnell drei wesentliche Punkte – und eben diese scheinen mir auch für unsere Arbeit immens wichtig zu sein.

### 1. Es macht immer Spaß!

Zugegeben, Lernen kann harte, sehr harte Arbeit sein, doch das Wichtigste ist, daß es immer mit Freude, mit Erfüllung, mit Reifen und Wachstum verbunden ist.

Nur in einer schlechten Schule würde das Kind, von Ehrgeiz traktiert, sich überfordern und bald den wichtigsten Antrieb, die Freude und die Motivation, verlieren. Dann träumen bald nur noch die Eltern von dem funkelnden Stern, nicht mehr das Kind. Ein guter Lehrer jedoch verbindet Spiel und natürlichen Ausdruck und die Freude am Lernen mit dem jeweils von ihm gewünschten Ausbildungsziel.

Es ist sehr leicht, uns selbst eben das zu schenken, und auch unseren Pferden! Das wichtigste Ziel dieses Buches ist es, diesen Weg aufzuzeigen, erkenntlich zu machen, daß das, was wir tun, nur sinnvoll ist, **wenn es mit Freude und Erleben verbunden ist, für uns und unsere Pferde!**

Ursprünglich komme ich aus dem Theater- und Kunstbereich (und für mich ist die Arbeit mit den Pferden höchster körperlicher Ausdruck und Kunst), und es war mir vergönnt, eine Zeitlang als Kunstlehrer an der Freien Schule in Bochum zu arbeiten. Dort galt auch der Grundsatz, daß ein Kind nur dann wirklich etwas lernen kann, wenn die Arbeit mit Einsicht, lebendiger Motivation und Freude an der Sache verbunden ist. Diese Kinder waren außerordentlich diszipliniert und

**Zeit ist für mich der wichtigste Faktor im Zusammensein mit Pferden. Zeit hinzuhorchen, Zeit, um das Wesen Pferd wirklich zu verstehen, Zeit, um von den Pferden zu lernen! Pferde sind vollständige und komplexe Wesen. Was für eine Arroganz, ihnen etwas beibringen zu wollen! Nein! Wir können nur versuchen, eine Basis der Verständigung zu finden, um dann Augenblicke des Lebens miteinander zu teilen. Wenn mir das jedoch gelingt, dann sind Dinge möglich mit Pferden, die in keiner Dressur der Welt zustandegebracht werden.**

sehr selbständig. Das Verblüffendste jedoch war, daß kein Kind nach Hause wollte, wenn der Unterricht beendet war. Sie mußten sozusagen hinausgeworfen werden! Das ist es, was wir erreichen wollen mit unseren Pferden: daß wir sie schlußendlich aus der Reitbahn hinauswerfen müssen, vor lauter Begeisterung an der Arbeit, vor lauter Begeisterung, Neues zu lernen und zu erfahren!

Also: **Arbeiten wir immer so, daß es Spaß macht, uns und den Pferden – sonst hat doch alles keinen Wert – oder?**

## 2. Es sieht immer schön aus!

Das ist etwas ganz Entscheidendes! Wenn das, was wir tun, richtig und gut ist, dann sieht es eben auch richtig, gut und schön aus, gleich auf welchem Niveau wir uns bewegen! Wenn unser kleines Kind am Anfang seiner Reise, mit fünf oder sechs Jahren, seine ersten tapsigen Übungen vollführt, ganz weit entfernt vom großen Tanz – hat es dann nicht dennoch unendlich viel Charme, das, was es uns da zeigt, auf seine unbeholfene, aber reizvolle Art und Weise? Wenn der Weg, den wir gehen, ein guter ist, dann hat jeder einzelne Ausbildungsschritt seinen ganz eigenen Ausdruck, seine ganz eigene Schönheit. Schließlich arbeiten wir mit Tieren, die symbolhaft für Schönheit und Eleganz stehen!

Das ist es doch, was man allenthalben zu hören bekommt auf den Reitplätzen – in den Hallen. Doch bei uns gibt es sie nicht: Sätze wie „Das sieht noch nach nichts aus, wir brauchen noch drei Jahre!"

Natürlich, wenn ich die Pferde knebele und verschnüre, wenn ich ihnen den natürlichen Bewegungsrahmen nehme, dann verlieren sie alles, all den Charme ihres natürlichen Ausdrucks. Und vor allem den Spaß, die Freude an der Arbeit und ihren lebendigen Glanz in den Augen. In diesem Buch finden Sie viele Abbildungen. Die meisten davon zeigen Pferde, die ihre Ausbildung gerade beginnen oder noch recht weit in den Anfangsgründen stecken. Bitte urteilen Sie selbst, ob da nicht Charme, Schönheit, Eleganz, Kraft und Freude sichtbar, spürbar werden.

Also: **Alles, was wir tun, sieht immer schön aus – von der ersten Lektion an!**

## 3. Und schließlich – was ist, wenn?

Was ist, wenn ... unser kleiner Stöpsel das große Ziel niemals erreicht? Wenn er es niemals zu einem großen Künstler – zu einer wirklichen Meisterschaft bringt? Wurscht ist es! Wunderbar war die Zeit! Wunderbar war die Reise zu den Sternen! Und was alles hat er gewonnen? (Immer unter der Voraussetzung, es war eine gute Schule – ein guter Lehrer!)

Dieser Mensch hat in all den Jahren seinen ganzen körperlichen Ausdruck geschult. Er ist selbstbewußter geworden, hat Muskeln und Körper geschmeidig gehalten und gymnastiziert, hat seine Musikalität und das Gefühl für Rhythmus entdeckt und fördern können usw.

**Ist der Weg gut, den wir eingeschlagen haben, und wird der ewig aufkommende Ehrgeiz, besser und größer sein zu wollen als die anderen, besiegt und überwunden – wie herrlich! Dann gibt es keinen Streß mehr! Denn alles, was wir tun, macht immer Spaß, sieht immer schön aus, und das Ziel schließlich ist unwichtig geworden. Es wird ohnehin niemals erreicht, auch von dem Begabtesten nicht (siehe Geleitgeschichte).**

Also machen wir uns auf den Weg zu den Sternen, ein jeder mit dem, was er zur Verfügung hat – mit einem Astralleib oder mit all seinen körperlichen Mängeln und Gebrechen. Mit einer genialen Musikalität oder mit dem Takt einer Hackmaschine! Schieben wir den Ehrgeiz zur Seite, und beginnen wir zu hören und zu sehen! Und vor allem zu fühlen! Diese Gabe nämlich hat Gott einem jeden von uns geschenkt. Fangen wir an, uns zu fühlen und das Pferd zu begreifen, und begeben wir uns auf jene Reise, die von dauerndem Erfolg und von dauernder Freude begleitet ist. Die es uns ermöglicht – tatsächlich wie es uns die Pferde lehren –, hier und jetzt zu leben, und die nicht alle Früchte des Lohnes auf das Morgen und Übermorgen, auf irgendein fragwürdiges Ziel verlegt!

Hier arbeitet der Autor im Picadero mit einem Junghengst aus den Pyrenäen. Es ist immer wieder erstaunlich zu beobachten, wie gerade diese nervigen, unverdorbenen Tiere auf die einfachen Körpersignale reagieren. Sehr schnell baut sich so ein enges Vertrauens- und Dominanzverhältnis auf – Grundlage für ein Reiten mit feinsten Hilfen.

# KOMMUNIKATION, DOMINANZ UND VERTRAUEN

Das Pferd in der Natur zeigt Verhaltensweisen, die es von allen anderen Tieren unterscheidet. Zu diesen Verhaltensweisen gehören der Aufbau der sozialen Struktur und das Phänomen, individuelle Freundschaften zu schließen. Der Schlüssel zu beidem, zur notwendigen Dominanz und zum intimen, verständnisvollen Vertrauen, ist die pferdegemäße Kommunikation, ist die Sprache des Körpers.

# Wenn wir das Ganze betrachten ... Die zwei Säulen des Reitens

Dieses Buch möchte **Erkenntnisse** vermitteln, nicht langweilige, graue Theorie.

Jemand, der sich um **Erkenntnisse** bemüht, wird immer versuchen, das Ganze zu betrachten.

Gerade in unserer westlichen Zivilisation neigen wir dazu, das Ganze immer weiter zu zerstückeln. So gibt es bekanntermaßen immer mehr Menschen, die von immer weniger immer mehr wissen. Das Ganze jedoch – der Mensch, die Natur, die Schöpfung und das Leben – bleibt auf der Strecke!

In diesem Buch betrachten wir einen ganz organischen Vorgang – das Zusammenspiel zweier Lebewesen. Das ist Natur, pure Natur. Wenn wir hier anfangen zu zerstückeln, dann laufen wir sehr schnell Gefahr, das Wichtige aus den Augen zu verlieren.

Was aber ist das Ganze des Reitens, auf den Punkt gebracht? Ganz einfach: Es ist **Kommunikation und Balance**.

Dieses Wesen da hat vier Beine und ist unglaublich stark. Wenn ich mich darauf schwinge, dann muß es eine Möglichkeit der Verständigung geben, denn sonst macht das Ganze begreiflicherweise keinen Spaß.

Solch ein Medium der Kommunikation kann beispielsweise der rüde Gebrauch von Zügel und Gerte sein. Bei genauer Betrachtung jedoch wird man erkennen müssen, daß dies eine sehr primitive, einfache und zu guter Letzt wenig effektive Form der Kommunikation ist.

## Reiten ist ganz einfach!

Wenn es mir nun gelingt, mich mit diesem urtümlichen Wesen zu verständigen, wir uns also in Bewegung setzen können und uns mehr oder weniger über die Richtung geeinigt haben, dann fängt es an, ganz schön zu schaukeln, und die wunderbare Harmonie all der Bewegungen des Pferdes ist dahin. Es stakst unsicher daher und empfindet mich nicht unbedingt als eine enorme Bereicherung seines Pferdedaseins. Es taucht also ein neues Problem auf, das des Gleichgewichtes, das der gemeinsamen Balance.

Mehr aber ist es nicht!

Reiten aus meiner Sicht ist ganz einfach! Ich sage das nicht nur, ich schreibe das nicht nur, ich meine das auch so!

Ist Ihnen schon einmal aufgefallen, wie schnell kleine Kinder reiten lernen?

Wissen Sie, warum? Weil sie nicht so eingleisig denken wie wir, dafür aber noch eine ursprüngliche Körpersprache, also eine ursprüngliche Form der Kommunikation besitzen und außerdem ein viel ursprünglicheres Gefühl für Bewegung und Balance.

Die Kinder machen es uns vor – reiten kann jeder, denn es ist eines der ursprünglichsten und natürlichsten Dinge der Welt.

In meinen Kursen geht es weniger darum, daß die Menschen neue Dinge lernen, es geht vielmehr darum, daß sie vieles wieder verlernen. Daß sie wieder zurückfinden zu den Dingen, die sie alle einmal besaßen, zu einem ursprünglicheren Körpergefühl, zu einer ursprünglichen Form archetypischer Kommunikation und der Fähigkeit, Takt, Rhythmus und Balance zu erspüren.

Mehr noch: daß sie ihr natürliches Selbstvertrauen und ihren natürlichen Selbstbehauptungs- und Selbsterhaltungstrieb neu entwickeln. Die Auseinandersetzung mit einem Pferd gehört zu den elementarsten Handlungen überhaupt, und darum müssen auch wir zurück, zurück zu unserer Ursprünglichkeit. Das ist gar nicht so schwer, und tun wir das, dann werden Dinge möglich, die wir nicht für möglich gehalten haben.

Behalten wir also das Ganze im Auge, wenn wir uns jetzt langsam dem Thema nähern und uns fragen: Auf welche Art und Weise denn kann ich mich meinem Pferd verständlich machen? Welche Möglichkeiten gibt es, mit ihm zu kommunizieren?

Und welche Voraussetzungen müssen dafür geschaffen werden?

**Für meine Arbeit ist es wichtig, daß die Pferde auch auf weite Entfernungen meine Signale verstehen und vertrauensvoll umsetzen. Gesten des Vertrauens und Gesten einer freiwilligen Ergebenheit werden immer wieder in das gemeinsame Spiel miteinander eingebaut. Gerade bei einem Pferd wie Janosch sind diese Dinge sehr wichtig, denn er hatte sich jahrelang sehr erfolgreich jedem Zugriff des Menschen deutlich widersetzt. Dieses Pferd ist nicht nur körperlich recht schwierig, sondern auch in seiner Psyche. Solche Pferde landen nicht selten schon in jungen Jahren und nach häufigem Besitzerwechsel beim Schlachter. Nähert man sich ihnen jedoch mit Verständnis und vor allem in einer sachkundig-pferdegerechten Art und Weise, dann sind gerade solche Pferde die treuesten und ergebensten Kameraden. Janosch werden wir in seiner etwas schwierigen, aber nicht weniger charmanten Art noch häufiger in diesem Buch erleben.**

Wann überhaupt ist Kommunikation möglich?

## Gehorche mir und liebe mich!

Ja, da kommen wir gleich auf ein Grundproblem, auf ein Grundphänomen schlechthin zu sprechen.

Wir alle kennen das – schlage und strafe ich mein Pferd, dann wird es mir zwar mehr oder weniger gehorchen, aber es wird mich nicht „lieben", das heißt, es wird mir nicht wirklich vertrauen. Umgekehrt natürlich genauso. Welcher Ausbilder weiß nicht ein Lied zu singen von Pferden, die betüddelt werden und zum Dank ihren Besitzer an die Wand drükken oder zärtlich mit den Hufen streicheln. Vertrauen oder Gehorsam, eines von beidem scheint nur möglich, oder von beidem ein bißchen.

**Um aber so mit einem Pferd zu arbeiten, wie wir das wollen, ist beides unbedingt vonnöten! Und zwar in seiner höchsten Form!**

Als ich begann, mit Pferden zu arbeiten (und das ist noch gar nicht einmal so lange her), da sagte man mir: Das muß so sein! Zwiebele ihm mal anständig eins auf die Nuß! Das gehört eben dazu, zum Pferdesport. Und so tat ich denn auch – nicht ganz so feste wie die anderen –, aber immer noch feste genug, um mich zu schämen.

Und so fragte ich mich, mit welcher Berechtigung ich das denn täte. Damit ich ein Wesen habe, das mich ein bißchen durchs Gelände trägt oder über den Reitplatz?

Wenn mir jemand einen Hund schenken würde – dachte ich bei mir – und mir dann sagte: Wenn du mit diesem Tier leben willst, dann mußt du da jeden Morgen zehnmal draufhauen – ich würde doch dankend ablehnen – Sie nicht?

Nun gut – Pferde jaulen nicht, ducken sich nur ein wenig und ertragen geduldig all die Schmach, die sie zu erleiden haben. Warum machen sie es den Menschen auch so leicht, selber schuld!

Möglicherweise bin ich nicht hart und männlich genug, aber das wollte ich nicht länger. Kurzentschlossen kaufte ich mir mein erstes Pferd – eine Araberstute – und streichelte sie so lange und ausgiebig, bis sie mir mit einem kräftigen Hieb beinahe den Oberarm brach. Jetzt schließlich hatte ich die Nase voll von Pferden – oder zumindest beinahe, denn jetzt begannen die Jahre des Studiums, des Experimentierens, des Lernens und des Fühlens!

Ich ging verbissen der Frage nach, wieso ein Pferd so handelt und ob es nicht möglich ist, ein Pferd zu dominieren, ohne zu strafen, mit welchen subtilen Mitteln auch immer.

Genau davon handelt dieses Buch. All die hier beschriebenen Übungen der Basisarbeit zielen – neben anderen Dingen – auch immer darauf ab, dieses Paradoxon aufzulösen.

Dabei bitte ich Sie, mich wörtlich zu nehmen. Wenn ich schreibe, daß wir weder die

**Es ist soweit, der „Stierfänger" wird aufgesperrt, und der junge Hengst schießt gegen den Strick. Diese Arbeit liebe ich besonders, denn hier ist die Auseinandersetzung mit dem Pferd am elementarsten. Oft wird in Spanien mit einer Serreta gearbeitet, einem Halfter mit einer Stahleinlage. Das sind brutale Methoden, die ich ganz und gar ablehne. In meiner Arbeit mit den jungen Hengsten benutze ich lediglich ein Stallhalfter, und es gibt kaum einen erhebenderen Moment als den Augenblick, wo sich das Pferd mir voller Vertrauen zuwendet. Das Ganze dauert nur wenige Minuten. Danach sind wir beide schweißgebadet, doch diese Minuten sind prägend und entscheidend. Die Sprache meines Körpers vermittelt dem Pferd, daß ich ein Wesen bin, dem man sich anvertrauen, dem man sich unterordnen kann, ohne seinen Stolz und seinen Lebenswillen auch nur im mindesten aufgeben zu müssen. Im Gegenteil! Jemand, der mich mit so wenig Mitteln zu bezwingen vermag, von dem kann ich getrost lernen; mit ihm zusammenzusein hebt und steigert mein Selbstbewußtsein!**

Gerte noch irgendein anderes Instrument (Nasen- oder Führkette beispielsweise) jemals einsetzen, um ein Pferd zu bestrafen, so meine ich das im absolut wörtlichen Sinne! Hier in Spanien, wo dieses Buch größtenteils entstanden ist, arbeite ich tagtäglich mit jungen Hengsten aus den Pyrenäen. Diese Tiere sind wild, kräftig, blitzschnell und darum wahrlich nicht immer ungefährlich. Nach Minuten jener Arbeit, deren Grundzüge ich im folgenden beschreiben werde, verwandelt sich ein buckelndes wildes Tier in ein zahmes Pferd — ein einfacher Führstrick und ein Halfter genügen mir dafür. Nach wenigen Minuten erreiche ich jenen hohen Grad an

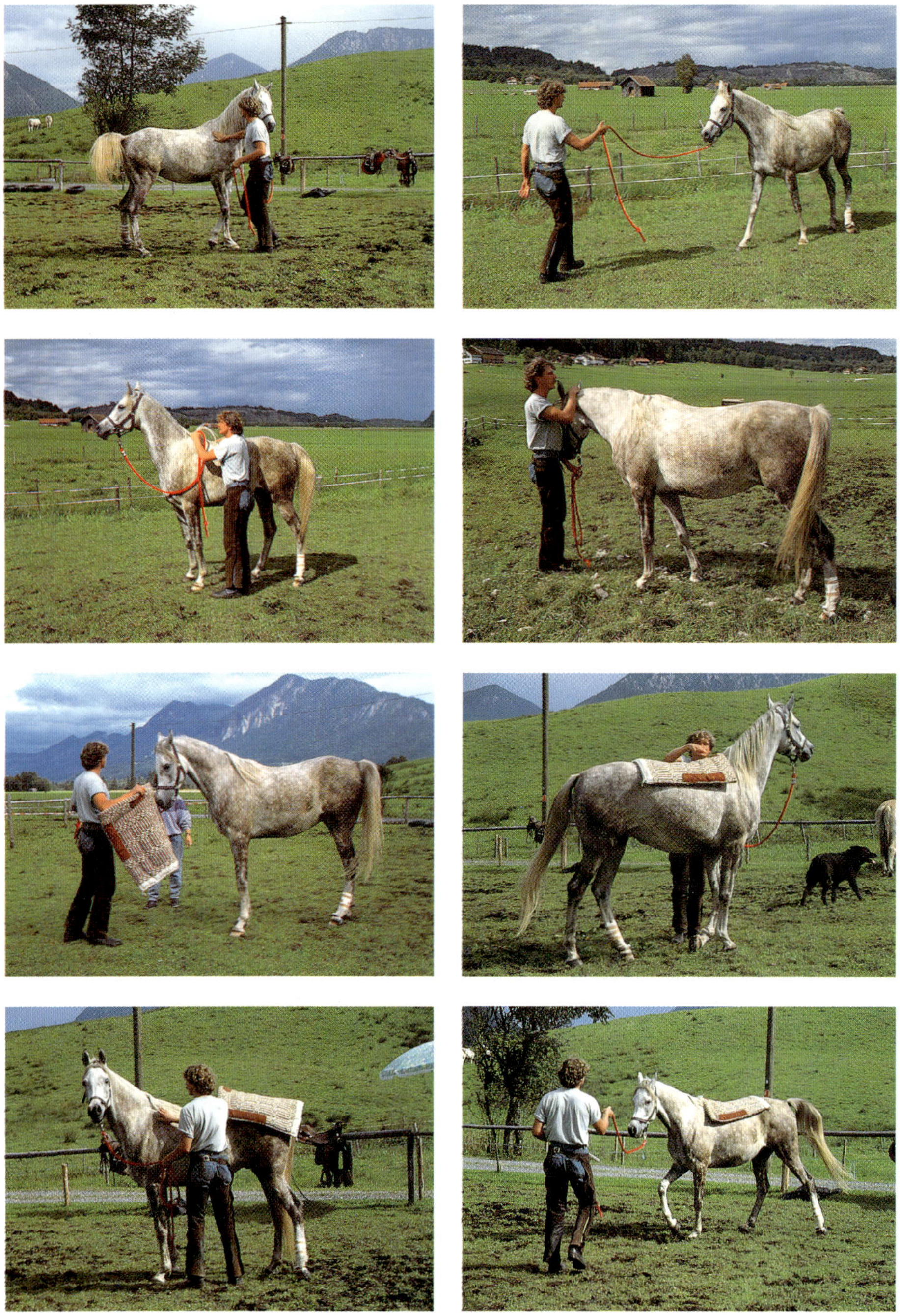

**Eine sehr häufige Situation in meinen Kursen: Dieser Araberwallach ist sehr ängstlich, seiner Besitzerin gegenüber aber dominant und von daher für sie recht schwierig. Zwar konnte sie ihn satteln, aber immer war dies mit Tohuwabohu verbunden, eine katastrophale Situation.**
**Wie kann man dem abhelfen? Nun, zum einen durch stundenlanges „Drangewöhnen" – nicht nur eine für alle Beteiligte sehr lästige Geschichte, sondern vor allem eine immer unsichere und letztlich wenig effektive Methode. Ich gehe da ganz anders vor: In wenigen Minuten kläre ich ganz eindeutig das Vertrauens- und Dominanzverhältnis zwischen uns beiden. Dazu ist das Pferd während der gesamten Arbeitsphase nicht angebunden! Zeigt das Pferd eindeutige Dominanzgesten, ohne sich irgendwie zu demütigen, und zeigt das Pferd mir sein Vertrauen dadurch, daß es mir immer und überall hin wie ein kleiner Hund hinterherläuft (das geschieht nach ca. 2–3 Minuten), dann ist das Auflegen der Decke kein Problem mehr, denn es vertraut mir voll und ganz.**
**Ist das Vertrauen erst einmal da, gibt es überhaupt keine Probleme mehr, denn das Pferd sieht, daß ich vor der vermeintlichen Gefahr keine Angst habe, und ordnet sich als rangniedriges Tier diesem Verhalten unter. Ich gewöhne die Pferde also nicht etwa an irgendwelche Plastiktüten, Mülleimer oder knatschrote Gummibälle, sondern an mich!**
**Ich tue genau das, was auch der Leithengst in der Wildherde tut – und dann wird auch keines seiner Tiere ausscheren, nur weil ein rotgetupftes Eichhörnchen am Wegesrand sitzt! Alles das werden wir in diesem Buch Stück für Stück aufdröseln.**

Dominanz und Vertrauen, der für unsere Art sensitiven Reitens notwendig ist.

Wenn wilde Pferde ohne Peitsche, Gerte, Führkette und andere Instrumente auf einfache Weise zu dominieren sind, so ist dies mit normal domestizierten Pferden erst recht möglich.

Die einzige „Waffe", die wir einsetzen, ist die Sprache unseres Körpers, der koordinierte Ablauf jeder einzelnen Bewegung, absolute Wachheit und Konzentration und einen starken Willen. Alles das läßt sich erlernen. Und glauben Sie mir: Unsere Pferde helfen uns dabei!

# Zwei Seelen wohnen, ach, in seiner Brust

Betrachten wir also das Ganze, und gehen wir folgerichtig einen Schritt nach dem anderen. Und beobachten wir! Wenn wir uns das Verhalten einer Herde, womöglich einer großen Wildherde anschauen, dann sind da sehr viele augenfällige Dinge, die aber eigentlich niemand so recht zu beachten scheint. Tatsächlich ist das Verhalten der Pferde untereinander äußerst interessant und wesentlich vielschichtiger, als wir glauben. Das Geheimnis jedenfalls, das der Lösung unseres Problemes zugrunde liegt, finden wir genau hier.

In vielerlei Hinsicht hat das Pferd etwas Einzigartiges. Eine ganz besondere Charakteristik läßt es zu einem Wesen werden, das eine ganz eigene Art des Umganges erforderlich macht. Eine Charakteristik, die genauso offensichtlich wie allenthalben unbekannt ist. Das Geheimnis, dem wir auf die Spur kommen wollen, ist, daß das Pferd gleichzeitig die Verhaltensweisen eines Rudel- wie eines Familientieres zeigt. Sein Verhalten entspricht in vereinfachter Darstellung dem eines Hundes und einer Katze zugleich!

Wir wollen hier näher untersuchen und begründen, warum dieser Punkt so entscheidend wichtig ist für unsere Arbeit – überhaupt für das Verstehen der komplizierten Psyche eines Pferdes.

Hunde, oder in ihrer Urform Wölfe, leben in mehr oder weniger großen Verbänden zusammen. Ihre gesamte soziale Struktur ist hierarchisch gegliedert. Diese Tatsache macht es so vergleichsweise leicht, einen Hund abzurichten und damit gleichzeitig an einen Menschen zu binden. Die Treue des Hundes ist sprichwörtlich. Natürlich hat dieses Verhalten mit Treue im menschlichen Sinne nichts gemein. Das, was für uns so aussieht, ist in Wirklichkeit das angeborene, instinktive Verhalten, sich einem stärkeren Wesen unterzuordnen und sich ihm schutzsuchend anzuschließen. Ein verprügelter Hund wird immer noch winselnd und mit eingekniffenem Schwanz die Nähe seines Besitzers suchen, denn dieser gibt ihm, innerhalb seiner einfachen sozialen Struktur, Schutz und Sicherheit. Sein Verhalten in der Natur entspricht ausschließlich einer vergleichsweise einfachen linearen Dominanzhierarchie.

## Wer dominiert, wird geliebt

Wer sich mit Hunden mehr beschäftigt, kennt das Phänomen: Kaum hat ein Hundeausbilder ein, zwei Stunden mit dem bislang fremden Tier gearbeitet, wird er von ihm nicht nur

**Den Schutz zum Überleben sucht das Pferd in der großen Herde. Hier ordnet es sich ein in ein soziales Dominanzgefüge. Schaut man aber genauer hin, dann erkennt man, daß sich innerhalb der Herde sehr enge Zweierfreundschaften herausbilden. In der Regel sind das Pferde, die sich äußerlich und charakterlich sehr ähnlich sind.**

wesentlich besser akzeptiert als der Besitzer, er wird auch mehr geliebt als dieser (natürlich vorausgesetzt, es handelt sich um jemanden, der sein Handwerk versteht).

Die Besitzer sind dann natürlich regelmäßig richtiggehend eifersüchtig und zweifeln nun doch stark an der „Treue" ihres Vierbeiners. Das Verhalten des Hundes jedoch ist absolut folgerichtig, denn der, der ihn wirklich zu dominieren weiß, dem kann er vertrauen und der wird eben auch „geliebt".

Das Verhalten einer Katze hingegen ist genau gegenteilig. Kaum jemand wird auf den Gedanken kommen, eine Katze abrichten und dressieren zu wollen. Ihre Zuneigung und ihr Vertrauen gewinnt man nicht, indem man sie zu dominieren trachtet, sondern ganz im Gegenteil indem man sich ihr sanft und liebevoll nähert und sich ihren Wünschen anpaßt. Derjenige wird geliebt, der ihr Geduld, Sanftmut und Toleranz entgegenbringt.

Zurück zum Pferd.

Dieses lebt, wie wir wissen, in mehr oder weniger großen Herdenverbänden zusammen. Die soziale Struktur innerhalb einer Herde ist, ebenso wie bei den Wölfen, hierarchisch strukturiert und sehr präzise festgelegt. Betrachtet man jedoch einmal eine Pferdeherde genauer, so erkennt man, daß jeweils zwei, selten auch einmal drei Pferde innerhalb der Herde einen sehr engen freundschaftlichen Kontakt miteinander pflegen. Das aber unterscheidet das Pferd von einem reinen Herden- oder Rudeltier. **Seinen Schutz sucht das Pferd in der Sicherheit der großen Herde, seine persönliche, vertrauensvolle Bindung jedoch in der individuellen Zuneigung zu in der Regel nur einem einzigen Artgenossen.** Das ist der Grund dafür, daß man in der Zusammenstellung einer Pferdeherde darauf bedacht sein sollte, daß die Anzahl der Pferde paarweise wächst.

In diesem natürlichen Verhalten des Pferdes nun liegt begründet, warum das Zusammenleben mit ihm so schwierig und so faszinierend zugleich ist. Und eben dieses Verhalten ist die eigentliche Ursache dafür, daß so viele Pferdebesitzer zu ihrem Schützling nicht das Verhältnis haben, das sie sich wünschen.

**Dominanz und Vertrauen zeigen sich besonders in kritischen Situationen. Dann, wenn sich das Pferd erschreckt, wenn etwas Unerwartetes eintritt. Aber gerade dann zeigt sich, ob das Pferd mit feinsten Hilfen unter meiner Kontrolle bleibt. Bin ich gezwungen, in einer solchen Situation zu kämpfen, sprich etwa mit den Zügeln grob zu arbeiten, dann ist die ganze Arbeit zuvor für die Katz gewesen. Versammeltes Reiten am losen Zügel nicht nur in der Reitbahn, sondern immer und zu jeder Gelegenheit! Unser Pferd und wir lernen nicht für die Reitbahn, sondern für das Leben!**

**Eine sehr wichtige Ausbildungsphase. Der junge Hengst Fulano lernt gerade, unter allen Umständen in meiner Nähe zu bleiben. Ein sehr großer Beweis der fortgeschrittenen Dominanz, denn die Stuten vor seiner Nase locken und schreien. Bei alledem aber gebrauche ich niemals irgendwelche Gewalt, nicht einmal der Führstrick wird angenommen. Wie angewurzelt stehe ich auf meinem Fleck und demonstriere dem Pferd, was ich von ihm wünsche. Pferde in der Natur lernen ausschließlich durch Nachmachen, und sie machen es demjenigen nach, der sich als würdig erweist. Präzises, klares, eindeutiges und dominantes Verhalten, das Darstellen der eigenen Persönlichkeit, der totale Verzicht auf jede wütende oder zornige Reaktion, das sind die Qualitäten, die in den Augen eines Pferdes, und eines Hengstes erst recht, Respekt einflößen und anerkannt werden. Wir Menschen müssen lernen, nicht die Pferde!**

## Schwächer oder stärker

Auf den Punkt gebracht:

Ein Pferd ist auf der einen Seite ein Herdentier. Es kennt daher in seiner jahrmillionenalten genetischen Anlage vor allem und zuallererst nur eine einzige sehr einfache Unterscheidung: Schwächer oder stärker – dominieren oder dominiert werden. Etwas dazwischen gibt es nicht. Diese Einschätzung kann variieren, kann sich von einem Augenblick zum nächsten verändern, doch immer macht ein Pferd zuallererst diese Differenzierung.

Dies ist die erste und wichtigste Festlegung in seinem sozialen Verhalten. Wird ein Pferd nicht wirklich dominiert – und hierzulande findet man sehr wenige wirklich dominierte Pferde – so befindet es sich in einem dauernden psychischen Konflikt. Es ist sozusagen – aufgrund seiner genetischen Veranlagung – *gezwungen*, immer wieder zu kämpfen, und sei es nur in Form von gelegentlichem Ungehorsam. Sind wir also mit einem Pferd zusammen, so ist es **absolut notwendig, vor allem zur psychischen Befriedigung des Pferdes, dieses hundertprozentig zu dominieren! Denn erst dann kann es sich all den anderen untergeordneten Lebensfragen widmen, psychisch zur Ruhe kommen und eine entsprechende Stabilität und Ausgeglichenheit finden!**

Für unsere Art der feinen, sensiblen Arbeit ist die Frage der Dominanz noch viel entscheidender, denn ein Pferd, das kämpft, und sei es nur gelegentlich, kann niemals mit feinen, kommunikativen Hilfen geritten werden.

Wie bekannt, bedient man sich für gewöhnlich eben sehr einfacher Hilfsmittel, um die Dominanzfrage zumindest halbwegs zu klären.

Nach dem zweifelhaften Einsatz von Peitsche, Gerte, Sporen und anderen Instrumenten wird das Pferd jedoch nicht wie ein Hund winselnd hinter mir herkriechen. Es wird sich von mir abwenden, lethargisch werden, Ängstlichkeit zeigen und mir in der unterschiedlichsten Weise demonstrieren, daß ich nicht sein Freund bin. Mein Pferd wird mir nicht wirklich vertrauen, denn die andere Seite seines Wesens zeigt das elitäre, eigenbrötlerische, abweisende Verhalten eines Einzelgängers oder Familientieres.

Wie also bringe ich diese beiden Dinge zusammen? Ist es überhaupt möglich?

# Das Geheimnis der Ritter

Gestatten Sie mir bitte, daß ich ein paar Jahrhunderte zurück in die Geschichte streife – in eine Zeit nämlich, in der das Pferd eine außerordentlich starke Waffe war.

In der Zeit zwischen dem 11. und 14. Jahrhundert wurde beinahe der gesamte abendländische Raum von einer Handvoll Männer beherrscht, die sich Caballeros oder Ritter nannten und in christlichen Mönchsorden organisiert waren*). Sie alle waren nicht nur ausgebildet in der Kunst des Schwertkampfes, sie alle besaßen ganz ungewöhnliche Fähigkeiten in der Beherrschung ihrer Pferde. Ungeachtet all der politischen und menschlichen Hintergründe dieser Zeit und dieser Bewegungen wollen wir uns einen Augenblick dieser außergewöhnlichen Reitkunst und ihrem Geheimnis widmen.

In der Tat hatte ihre Reitkunst einen solchen Ruf, daß man noch heute in Teilen Frankreichs und Spaniens nicht von der hohen Schule des Reitens, sondern von der „Mönchsschule" spricht.

Kriegerische Auseinandersetzungen wurden in diesen Zeiten vor allem mit dem Schwert zu Fuß oder eben zu Pferd ausgefochten. Die christlichen Ritterorden verdanken ihre ungeheure Macht über Jahrhunderte nicht zuletzt der perfekten Beherrschung ihrer Pferde. Was aber unterschied diese Männer von dem einfachen Volk, das genauso wie sie beritten und in aller Regel zahlenmäßig weit überlegen war?

Es war etwas ganz Wesentliches, ein Geheimnis, das sie hinter den dicken Mauern ihrer Klöster sorgsam hüteten (und noch heute hüten).

Die Ordensritter kannten jenes Geheimnis, die zwei „Seelen" ihrer Pferde zu vereinen. Sie waren in der Lage, das Paradoxon aufzulösen, die Gegensätze zu verbinden. Das einfache Volk schlug seine Pferde und kastrierte die Hengste, um sich ihrer halbwegs bemächtigen zu können. So gehorchten sie zwar, doch wann immer möglich versagten sie ihren Dienst. Wo die Ritter und Caballeros mit ihren Gegnern kämpften, kämpfte der einfache Reiter zuallererst einmal mit seinem Pferd. Die Ritter zogen in die Schlachten mit Pferden, die ihren gesamten Impuls und ihre Wendigkeit einer extrem kräftigen und versammelten Hinterhand verdankten. Und sie zogen in die Schlachten, in der linken Hand den Schild, in der rechten das Schwert! Ihre Pferde gehorchten auf einfache Körpersignale.

Jenes Geheimnis, von dem hier so viel die Rede ist, liegt in der Natur der Pferde begründet. Sie sind nämlich nicht nur strikt hierarchisch strukturiert, sie erkämpfen und erhalten diese Struktur untereinander zudem auf eine sehr differenzierte Weise. Schauen wir, was das ist:

* Kaum eine Zeit unserer Geschichte ist so wenig beleuchtet und wird so kontrovers diskutiert wie die Zeit des Rittertums, vom Beginn seiner Entstehung bis zu seinem vermeintlichen Untergang. Kirchliche, politische und andere weltliche Mächte kämpften erbittert für- oder gegeneinander. Die Pakte und Fronten wechselten. Bis heute rätselt man, wer eigentlich mit- oder gegeneinander gekämpft hat. Einig ist man sich darüber, daß die Ritter des Templerordens eine zentrale Organisations- und Machtposition innehatten und daß die Disziplin seiner Mitglieder und ihre Fertigkeiten auf vielen Gebieten alles Vergleichbare aus jener Zeit weit überflügelten. Wenn hier von „Rittertum" die Rede ist, dann beziehe ich mich auf die Überlieferungen dieses Ordens und auf ganz persönliche Erfahrungen und Übermittlungen aus jener Welt, die sich einen unmittelbaren Zugang zu diesen Traditionen bewahren konnte.

**In der rechten Hand das Schwert, in der linken Hand den Schild, zogen die Ritter in die Schlachten. Man berichtet von solchen, die sogar gänzlich ohne Zaumzeug ins Feld zogen wie auf dieser Darstellung, einem Fresko in der Templerkapelle zu Cressac.**

# Nur die Schwachen kämpfen!

Im Dominanzverhalten der Pferde gibt es etwas sehr Bemerkenswertes: Die Rangkämpfe der unteren Chargen werden mit vergleichsweise harten Mitteln ausgetragen. Hier wird gebissen und geschlagen, das untere, niedere Volk prügelt sich um die Plätze am unteren Ende der Hierarchieleiter. Je weiter nun ein Pferd diese Leiter hinaufgelangt, desto weniger grobe Mittel setzt es ein, um seine erlangte Stellung zu behaupten oder sich weiter nach oben „durchzuboxen". Das ranghöchste Pferd schließlich wird kaum mehr zu irgendwelchen „körperlichen Mitteln" greifen, um seine Position zu behaupten. Elegant stolziert es daher, und überall, wo es erscheint, wird ihm ehrerbietig der Hof gemacht. Die Herde braucht dieses Tier, denn von seinem Instinkt, von seiner Wachsamkeit und Erfahrung hängt das Schicksal aller ab. Oftmals sind diese ranghohen Pferde gar nicht einmal die größten und stärksten. Was also zeichnet sie aus? Wodurch ist ihre Stellung berechtigt und begründet?

In den großen Junghengstherden kann man diese Verhaltensweisen besonders gut studieren. Interessanterweise kämpfen die Junghengste miteinander ohnehin auf eine beinahe zärtliche Art und Weise. Auch Rangauseinandersetzungen zwischen freien, rivalisierenden Hengsten sind vergleichsweise harmlos, schwerwiegende Verletzungen sind selten. Auch hier gewinnt nicht unbedingt der Stärkere, der nur körperlich Überlegene.

Wenn in den großen Junghengstherden hier auf der spanischen Finca einmal sichtbare Verletzungen auftreten, dann infolge von Rangauseinandersetzngen am unteren Ende der Hierarchie.

Damit kommen wir dem Geheimnis der Ritter schon etwas näher.

Ranghohe Pferde also besitzen irgend etwas, das ihnen die Macht verleiht, ihre Position zu erhalten, ohne in aller Regel dafür kämpfen zu müssen.

Wenn nun ein Mensch hinter dieses Geheimnis kam, so konnte er ein Pferd dominieren, **ohne jede Form physischer Gewaltanwendung!**

Das heißt, er konnte mit einem Pferd schmusen, um sein Vertrauen werben wie um das einer Katze, es aber gleichzeitig auch dominieren. Mit eben den Mitteln, die auch der „nicht kämpfende" Leithengst einsetzt.

**Genau das war und ist das Geheimnis der Caballeros, der Ritter!**

## Ranghohe Position durch Imitation

Die Ritter erkundeten und übernahmen die Verhaltensweisen der ranghöchsten Tiere und entwickelten eine derart ranghohe Position, daß sie ohne jedes physische Mittel zu dominieren vermochten, aber im gleichen Augenblick auch das ganze Vertrauen ihrer Pferde gewannen. Tatsächlich waren sie niemals in irgendeiner Weise grob zu ihren Pferden. Ganz im Gegenteil, all ihre Bewegungen waren langsam, fein, immer wohlwollend, fast tänzerisch. Ihre Stimme klang ruhig, sanft und vertrauensvoll. Und doch dominierten sie ihre Pferde derart, daß diese auch auf die nur erdenklich feinsten Hilfen gehorsamst reagierten.

Wenn nicht durch grobe, körperliche Mittel – wodurch dann vermag ein ranghohes Tier eine ganze Herde zu dominieren und zu leiten?

**Die ranghohen Positionen werden nicht selten von Pferden eingenommen, die eigentlich körperlich anderen unterlegen sind. Hier zählen andere Qualitäten, die der Pferdemensch zum Nutzen für sich und sein Pferd erkunden und übernehmen sollte.**

# Die zwei Säulen der Dominanz

Zwei ganz entscheidende Faktoren sind dies:

1. Wer einmal einen wirklich dominanten, starken Leithengst oder eine ebensolche Stute gesehen hat, wird vor allem von einem beeindruckt sein: von ihrer Persönlichkeit, ihrer immensen Ausstrahlung. Da ist eine solche Kraft, eine solche Würde, die kaum jemandem gestattet, dieses Wesen jemals zu hinterfragen!

Diese Komponente spielt in der Tierwelt eine außerordentlich große Rolle, das heißt, es sind beileibe nicht immer die großen, starken, schnellen, körperlich überlegenen Tiere, die die anderen leiten und anführen, sondern eben solche, die sich vor allem durch ihre Persönlichkeit, ihre Ausstrahlung und ihren Willen hervortun.

Ausstrahlung, Persönlichkeit, Würde, Überlegenheit, Erfahrung, Intelligenz, das sind die Dinge, die ein ranghohes Tier besitzen muß. Diese „Waffen" sind eher psychologischer Natur und den rein physischen weit überlegen.

2. Ranghohe Tiere entwickeln ein ganz bestimmtes Verhaltensrepertoire, Zeichen sozusagen, mit denen sie ihre Macht nach außen hin demonstrieren und festigen können – auf friedlichste Art und Weise.

Das sind ganz bestimmte Verhaltensmuster, die sie als eben solche ranghohen Tiere ausweisen. Es sind so etwas wie genetisch verankerte Führungssignale. Diese werden ausschließlich über die Bewegung, über die Gestik, über die Sprache des Körpers vermittelt. Und in der Tat sind sie gar nicht so verschieden von den Signalen, die auch wir Menschen, meist unbewußt, benutzen.

## Das Pferd als Medium

Das Hauptthema dieses Buches ist es, diese beiden Dinge genau zu beleuchten, zu beschreiben und für die Arbeit mit unserem Pferd nutzbar zu machen.

Noch einmal kurz zurück zu unseren alten Rittern. Sie wußten genau, daß sie nur mit Pferden leben und kämpfen konnten, die ihnen gleichzeitig ihr ganzes Vertrauen und ihren absoluten Gehorsam schenkten. Sie dominierten ihre Pferde kraft ihrer Persönlichkeit und ihrer individuellen Ausstrahlung und mit Hilfe eben jener Zeichen und Gesten, die in der freien Natur ausschließlich sehr ranghohe Pferde gebrauchen. Sie pflegten mit ihren Pferden den humansten Umgang, den man sich nur vorstellen kann, denn sie ersetzten einem Pferd alles, die ganze Herde. Sie gaben ihm eine wirklich gefestigte Dominanzstruktur und gleichzeitig die Möglichkeit, Freundschaft zu schließen.

Alles das sind die Grundlagen zum versammelten Reiten am losen Zügel. Wir müssen also ganz unten anfangen, bei der Auseinandersetzung mit unserem Körper und unserer Persönlichkeit. Alles das erkannten natürlich auch die Rittersleut. Ihnen war klar, daß nur Menschen mit einer sehr stark ausgeprägten Persönlichkeit auf diese Weise mit Pferden umgehen konnten. Entsprechend hart war die Auslese unter den Bewerbern. Sie erkannten aber auch, daß diese Art der Arbeit mit dem Pferd die Persönlichkeit eines Menschen immer weiter fördert und stärkt. So war der Umgang mit dem Pferd schließlich nicht mehr reiner Selbstzweck, sondern vor allem Mittel zum Zweck! Das Pferd diente diesen Menschen in der Ausbildung ihrer Persönlichkeit.

Die weitere Beschreibung dieses sehr umfassenden und interessanten Bereiches der Hippologie würde den Rahmen dieses Buches sprengen und muß einer anderen Publikation vorbehalten bleiben.

Doch so viel sei zu diesem Thema noch erwähnt: Wenn es heute, in unserer technisierten, quadratischen Welt immer mehr Menschen zum Pferd hinzieht, dann nicht, davon bin ich überzeugt, um dieses als Sportgerät oder billiges Freizeitobjekt zu betrachten. Es ist meiner Meinung nach die intuitive Erkenntnis, daß mir dieses Wesen einen Weg weisen kann in eine Welt, zu der heute scheinbar alle Türen verschlossen sind.

# Pferdesprache – Körpersprache

Daß Pferde gelegentlich mit den Ohren wakkeln und daß dies etwas zu bedeuten hat, das weiß inzwischen jedes Kind. Diese wenigen Signale, die weithin bekannt sind, reichen jedoch bei weitem nicht aus, eine Herde wilder Pferde in der freien Natur zu strukturieren, zusammenzuhalten und zu organisieren. Tatsächlich ist das Kommunikationssystem der Tiere untereinander um ein Vielfaches komplizierter und differenzierter, als wir gemeinhin annehmen. Um nun ein Pferd am losen Zügel reiten zu können, um sich mit ihm auf der Basis feinster Signale verständigen zu können und eben vor allem **um es sanft, aber wirklich zu dominieren, ist es unabdingbar notwendig, mit dem Pferd zu kommunizieren**. Wir können nicht von einem Pferd verlangen, daß es unsere Sprache erlernt – obwohl ich manchmal das Gefühl habe, daß genau das viele Reiter tun. *Wir* aber sind durchaus in der Lage, die Sprache der Pferde zu erlernen, um so eine phantastische Basis der Verständigung zu schaffen.

**Pferde besitzen eine eigene Sprache!** Es ist die Sprache ihres Körpers, eine Sprache mit einem unglaublich breiten Spektrum an Ausdrucksmöglichkeiten. Der Leithengst einer wilden Herde befindet sich in der Regel im hinteren Teil der Gruppe. Von hier aus kann er seinen gesamten „Verantwortungsbereich" überblicken. Mit den Tieren seiner Herde kommuniziert der Leithengst nun ausschließlich durch die Sprache seines Körpers. Bestimmte Signale werden die Herde dazu bringen, abrupt anzuhalten und gegebenenfalls Minuten regungslos stehen zu bleiben. Andere Signale bedeuten Richtungsänderungen, und wieder andere lassen die gesamte Herde einen Kreis bilden, um sich so vor einem Angreifer zu schützen und zu verteidigen.

Ich habe das Glück, mit wirklich unberührten, in Freiheit aufgewachsenen Pferden arbeiten zu können, Pferden, die ihren ganzen ursprünglichen Habitus erhalten und ausprägen konnten. Kamen Besucher hier nach Spanien, die sich für meine Arbeit interessierten, so führte ich eine Stute oder einen Junghengst in den Picadero und demonstrierte dort allerlei Kunststückchen. Das Pferd folgte mir ohne Führstrick und Longe, drehte seine Runden perfekt in Schritt, Trab und Galopp, ließ sich auf feinste Kommandos durchparieren in eine niedrigere Gangart oder sogar zum versammelten Stopp auf der Hinterhand.

Barbara hatte es nicht so leicht mit ihrem Friesenwallach, der über Jahre die Herrschaft übernommen hatte. Um so verdutzter war dieser, als sie plötzlich mit ganz einfachen Signalen das Zepter in die Hand nahm. Hernach jedoch war er ausgeglichen wie nie zuvor. Endlich hatte er in Barbara das gefunden, was er schon immer gesucht hatte: jemanden, an den er sich anlehnen, dem er folgen konnte.

**Mit wenigen Körpersignalen vermittelt Birgit dem kleinen Janosch all die Zeichen, die dieser sofort verstehen und umsetzen kann. Birgit spricht mit ihrem Körper zu dem Pferd wie wir Menschen untereinander mit Worten. Und da sie das auf eine spannende und nette Weise tut, kann sie sicher sein, daß das Pferd aufmerksam und interessiert zuhört und mitmacht.**

Das alles frei, ohne jede mechanische Einwirkung. Es wechselte perfekt von einer Hand auf die andere, um hier dann wieder in ähnlicher Weise gearbeitet zu werden. Nach knapp 10 Minuten war meine kurze Demonstration beendet, und meine Besucher waren recht angetan von meiner kleinen „Freiheitsdressur", obwohl sie sicherlich schon wesentlich spektakulärere Dinge gesehen hatten. Prompt kam jedesmal die Frage, wie lange man benötige, um das Pferd in dieser Weise auszubilden. Jetzt jedoch war die Überraschung groß, und Sie können sich die Gesichter vorstellen, wenn ich sagte, daß das Pferd, mit dem ich soeben gearbeitet hatte, kürzlich erst aus der Wildnis der Pyrenäen zu uns gekommen oder heute gar zum erstenmal mit mir gemeinsam im Picadero gewesen sei!

Tatsächlich hat diese Art des Umgangs mit Pferden mit „Dressur im herkömmlichen Sinne" nichts zu tun – obwohl jemand nach entsprechend langer Arbeit durch eine „Dressurausbildung" Ähnliches erreichen könnte.

Wie aber war dies möglich? Was hatte ich getan?

Die Pferde der Pyrenäen hatten Zeit ihres Lebens praktisch keinen Kontakt zu den Menschen gehabt. Ihre Welt war ausschließlich geprägt durch unverfälschte Natur und durch das Leben innerhalb der Herde. Alles, was nicht „ihre Sprache sprach", war bedrohlich, fremd und angsterregend. Nun standen wir uns zum zweiten oder dritten Mal überhaupt gegenüber. Das Pferd sah ein Wesen, mit dem es rein äußerlich nicht das geringste gemein hatte. Doch was war das? Dieses Wesen spricht ja meine Sprache! Noch dazu benutzt es jene Signale, die auch das Leittier in den Bergen benutzt hatte. Oh, wunderbar – alles ist fremd, aber wir können uns wenigstens verständigen. Dieses Wesen hat zwar einen seltsamen Akzent, aber das soll jetzt wohl heißen, daß ich folgen soll. Und das wohl, daß eine Gefahr im Anzug ist und ich abrupt aus dem vollen Galopp halten soll ...

**Hier zeigt uns Birgit eine Übung, auf die wir noch ausführlich zu sprechen kommen: das Schulterherein. Das Besondere: Das Pferd ist frei und agiert ausschließlich aufgrund einer präzisen Körpersprache.**

Gabrieles Warmblutstute war ursprünglich sehr schwierig und sogar nicht ganz ungefährlich. Das klare Dominanzverhältnis und das Vertrauen, das das Pferd schließlich gewann, veränderten jedoch alles. Mit den klaren Signalen der Körpersprache kann sich Gabi jetzt mit ihrer Stute verständigen, die konzentriert und freudig bei der Sache ist.

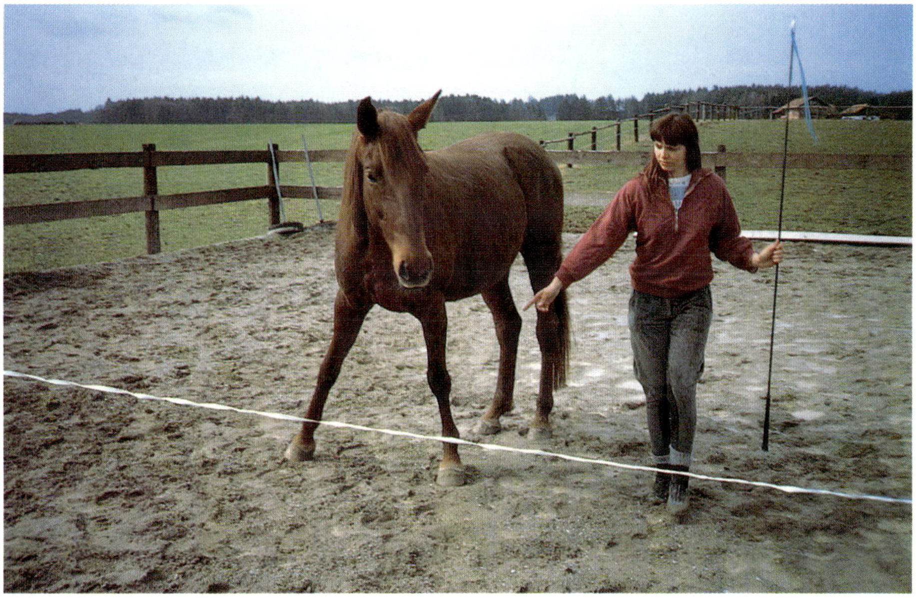

Pferde sind untereinander nicht selten recht brüsk und hart. Niemals aber zeigen sie Wut oder Zorn. Das sind typisch menschliche Eigenschaften, die in der Auseinandersetzung mit Pferden nichts zu suchen haben.
Das höchste aller Gefühle ist ein deutliches Körpersignal, das jedoch ohne jede Emotion lediglich den Sachverhalt klarstellt. Schon bei der ersten Reaktion des Pferdes wird freundlich gelobt und wie immer fortgefahren.

## Die Menschen müssen lernen, nicht die Pferde!

Durch die konsequente Anwendung der Pferdesprache konnte ich mit einem Pferd nicht nur Dinge demonstrieren, die für gewöhnlich wesentlich mehr Dressurarbeit erforderlich machen. Das wirklich Wunderbare an alledem ist, daß man auf diese Weise in wenigen Minuten ein wirkliches Dominanz- und Vertrauensverhältnis aufbauen kann. Vom ersten Augenblick an fühlt sich das Pferd in der Welt der Menschen „verstanden".

Die meisten Pferde und wahrscheinlich auch Ihr Pferd sind nicht in derart natürlichen Strukturen aufgewachsen. Zudem haben sie mit Sicherheit bereits „schlechte" Erfahrungen – welcher Art auch immer – mit Menschen gemacht. Dennoch ist es immer wieder erstaunlich, wie schnell sich auch diese Pferde auf die Kommunikation mit uns Menschen einlassen. In den Kursen, die ich in den letzten Jahren abgehalten habe, gelang es den meisten Kursteilnehmern schon am zweiten Tag, ihre Pferde in der oben beschriebenen Weise frei zu arbeiten. Wobei die „Schwierigkeiten" nicht auf seiten der Pferde lagen, sondern immer auf seiten der Menschen! Denn diese müssen lernen, konzentriert und bewußt von der Sprache ihres Körpers Gebrauch zu machen und sich auf das Wesentliche zu reduzieren. Gerade auf diesen Punkt lege ich in den Grundlagenkursen besonders großes Gewicht – auf jene Elemente, die scheinbar so wenig mit den Pferden und mit dem Reiten zu tun haben. Und doch erhalten wir gerade hierdurch jene Sensibilität, jene Feinfühligkeit auf seiten des Pferdemenschen wie auf seiten des Pferdes, die sich dann später problemlos auf das Reiten übertragen läßt.

Perfekte Kommunikation bis hin zum völligen Verzicht auf alle mechanischen Hilfsmittel – jetzt wird der Traum vom Reiten Wirklichkeit.

Durch unsere Art pferdegerechter Arbeit werden wir für unser Pferd so etwas wie ein Herdenmitglied, ein ranghohes dazu.
Ein Pferd ohne Führstrick zu führen, um Tonnen herum und sogar rückwärts zwischen ihnen hindurch, das ist keine Dressur, es ist nichts weiter als Kommunikation. Wir sind für das Pferd plötzlich nicht mehr nur ein häßliches, auf zwei Beinen stehendes, angreifendes Wesen mit angelegten Ohren, wir sind zu einem Wesen geworden, das zumindest die gleiche Sprache spricht. Diese kleine Übung mit Janosch absolviere ich auf einer großen Koppel. Das Pferd kann sich jederzeit der Übung entziehen, fortlaufen und grasen. Ich befinde mich ein Stück hinter dem Pferd, und dennoch folgt es meinem Signal und geht rückwärts zwischen den Tonnen hindurch. Alles das ist nur denkbar, wenn Vertrauen und Dominanz zugleich vorhanden ist. Und beides wächst zunehmend in der gegenseitigen Kommunikation.

Auch hier wieder die schon einmal beschriebene typische Situation: Das Pferd hat Angst.
Für einige Fotoaufnahmen, die Sie im Verlaufe dieses Buches finden werden, kamen mir die bunten Tonnen gerade recht. Für Janosch waren diese Dinger aber recht unheimlich. Ein Pferd an diese Tonnen zu gewöhnen ist dann ein Leichtes, wenn ich sein Vertrauen besitze, denn dann wird es mir einfach folgen! Ich rede also mit ihm und zeige ihm die Dinger wie einem kleinen Kind – und schauen Sie, wie das Pferd meinen einfachen Handzeichen folgt! So überwindet es seine Angst und wird mutig und selbständig. Ich kann Ihnen gar nicht oft genug sagen, wie wunderschön diese Art des Arbeitens mit Pferden ist!

Schließlich habe ich die bunten Tonnen auf die Wiese geschleppt und einige (ebenfalls bunte) Stangen hinzugelegt. Wieder benutze ich eine eindeutige Körpersprache, um das Pferd langsam an die unheimlichen Dinger heranzuführen. Es schaut zwar mit großen Augen und gespitzten Ohren, schließlich aber folgt es meiner weisenden Hand und springt hinüber. Voller Stolz kommt es dann zurück, um sich das verdiente Leckerli abzuholen.
Wenn eine Übung einmal geklappt hat, wiederhole ich sie niemals ein zweites Mal. Also ab zu den Stangen. Die Neugierde auf das, was jetzt kommt, steht Janosch förmlich im Gesicht geschrieben. Ein paar Handzeichen, und das Pferd geht ziehharmonikaförmig – vollkommen selbständig – durch die Stangen.
Noch einmal: Das ist keine Dressur, das sind Übungen, die ich mir ad hoc ausdenke und die das Pferd ausführt als Folge der Kommunikation und um mir einen Gefallen zu tun für die Fotos.

# Die Basisregeln der Pferdesprache

**Diese Art der Kommunikation kann man dann auch vergleichsweise problemlos auf das Reiten übertragen. Ein Pferd lernt so sehr schnell, ohne Zügel geritten zu werden, anzuhalten und rückwärtszugehen. Voraussetzung ist auch hier wieder die eindeutige, klare Körpersprache.**

Hier die ersten, wichtigsten Regeln der Kommunikation mit Pferden:

### 1. Alles ist Information – aber auch alles!

So wie ein Taubstummer einem anderen Menschen die Worte von den Lippen abliest, so liest ein Pferd in der Gestik, dem Habitus und im gesamten Ausdruck eines Körpers. In aller Regel jedoch wird dies kaum oder gar nicht beachtet, und so sind die Bewegungen und die Signale derart widersprüchlich, undeutlich und unverständlich, daß das Pferd jeden Versuch einer möglichen Kommunikation bald abbricht. Die Wege trennen sich – zur Verständigung werden fortan zwangsläufig mehr oder weniger harte physische Mittel eingesetzt.

Wenn wir uns mit unserem Pferd wirklich verständigen wollen, dann müssen wir unbedingt beachten, daß jede, aber auch wirklich <u>jede noch so kleine Regung meines Körpers</u> – auf dem Pferd oder zu Fuß – <u>eine aussagekräftige Information</u> darstellt! Wollen wir mit unseren Pferden kommunizieren, dann müssen wir erkennen, daß fortan jede Äußerung unseres Körpers für das Pferd Sinn, Inhalt und Bedeutung hat.

Jede Bewegung wird zu einem Wort, zu einem Satz, zu einer Information. Der gesamte Habitus vermag sich zu übertragen auf das Tier.

Bei einem Kurs in der Nähe von München habe ich mir einmal die Zeit genommen zu demonstrieren, wie sehr sich der Habitus des Menschen auf das Verhalten der Pferde überträgt.

Ich habe mir zu diesem Zweck eine Stute genommen, die ich ohnehin etwas besänftigen und beruhigen wollte. Meinen eigentlich recht forschen und energischen Schritt tauschte ich ein gegen einen absoluten Schlurf- und Latschgang. So schleppte ich mich nun neben dem Pferd her, ohne dieses jedoch weiter zu berühren. Ich zog nicht am Halfter, tat eben nichts anderes, als neben diesem Pferd wie ein Halbtoter daherzuschleichen. Nach etwa 10 Minuten bat mich die Besitzerin doch aufzuhören, da sie fürchtete, die Ambulanz für ihr Pferd rufen zu müssen, das inzwischen nämlich beinahe in der gleichen Manier neben mir herwankte. Mit ein paar zackigen Trabschritten haben wir das Pferd dann schnell wieder „wach und munter" gemacht. Demonstrieren wollte ich damit die **immense Wirkung unserer Gestik** auf das Verhalten und die Psyche des Pferdes.

Wenn Sie einmal in einen wirklich guten spanischen Ausbildungsstall kommen, können Sie sehen, wie ein spanischer Ausbilder neben seinen Hengsten „herstolziert". Er hebt die Beine wie ein balzender Hahn und hält sich eben so stolz, aufrecht, und „versammelt", genauso, wie er es gern von seinen Pferden hätte.

Aus alledem leitet sich konsequenterweise unsere zweite Regel ab:

## 2. Informieren heißt Reduzieren!

Wir müssen unbedingt lernen, Information und Geschwätz voneinander klar zu trennen. Es ist wie bei einer geschwätzigen Nachbarin (oder Nachbarn): Möglicherweise hat er/sie wirklich das eine oder andere Wissenswerte für uns bereit, doch ist es verpackt in so viel Unsinn und Gerede, daß wir nach dem zweiten Satz abschalten und unseren eigenen Gedanken nachgehen. Genau das tun unsere Pferde auch. Sie sind deswegen nicht unkonzentriert. Doch mit dem Körper zu kommunizieren heißt, mit Gestik und Bewegungen **bewußt und in dem notwendigen Maß reduziert** umzugehen!

Glauben Sie mir – in all meinen Kursen und Schulungen ist dies der Punkt, der den meisten Teilnehmern am schwersten fällt. Es ist nötig, das Bewußtsein für unseren Körper, für all seine Bewegungen derart zu schärfen, ihn derart zu kontrollieren, daß **aus den bloßen Bewegungen eine Sprache** entsteht! Eine Sprache, die von den Pferden eindeutig und unmißverständlich verstanden wird. In aller Regel ist es so, daß unser Körper permanent in Bewegung ist – meist unbewußt und unkontrolliert. Selbst Menschen, die in der Kommunikation mit anderen Menschen stocksteif wirken und kaum dazu neigen, expressiv zu gestikulieren, sind dennoch oftmals von einer andauernden Unruhe erfüllt, die in der Kommunikation mit Pferden ein absolutes Kauderwelsch zum Ausdruck bringt. Die Videokamera bringt es immer wieder an den Tag und öffnet so manchem die Augen.

**Die ersten Begegnungen mit dem Andalusierhengst Junque. Gerade diese Momentaufnahmen zeigen, daß man die Bewegungen eines Pferdes wie ein Dirigent ein Orchester beeinflussen und regulieren kann. Sie zeigen auch sehr deutlich, wie aufmerksam das Pferd meine Bewegungen beobachtet. In der Tat ist jede einzelne Regung meines Körpers für dieses Pferd eine Information, die es umzusetzen weiß. Nach einigen Tagen wird das Pferd präzise nach diesen Bewegungsvorgaben tanzen, durch den Zirkel wechseln und sogar die Versammlung in den einzelnen Gangarten danach ausrichten. Alles ist Information!**

**Diese Aufnahmen zeigen mich bei der Arbeit mit dem Junghengst Fulano. Um solch ein junges, temperamentvolles Tier auf die Arbeit zu konzentrieren, auf seine Aufgaben und Herausforderungen, ohne es mit groben Mitteln zu quälen, muß man die Sprache seines Körpers sehr präzise einsetzen. Gerade dies ist der Punkt, der den meisten Teilnehmern meiner Seminare am schwersten fällt. Tatsächlich erfordert gerade dies eine ungeheure Konzentration und Disziplin von uns Pferdemenschen.**
**Machen Sie bitte selbst einmal die Probe aufs Exempel und stehen Sie für die Dauer von 10 Sekunden absolut still. Aber es darf sich wirklich nichts bewegen! Jetzt merken Sie, wie lang 10 Sekunden sein können. In der Arbeit mit Pferden ist das jedoch nichts. Ich verharre nicht selten Minuten regungslos vor einem Tier – und Sie ahnen nicht, was das für eine Wirkung hat!**

Gerade diese Art der Arbeit mit den Pferden schult uns ungemein, ein Bewußtsein zu entwickeln für jeden einzelnen Körperteil. Die Caballeros sagen darum auch nicht: Ich arbeite mit meinem Pferd, sie sagen: Ich meditiere mit meinem Pferd (Meditation = Reduktion!).

Und tatsächlich hat dieser Vergleich seine Berechtigung, denn wie auch in den Meditationspraktiken des Ostens ist das Ziel dieser Übungen eine gewisse Verinnerlichung und Kontemplation. Mit erhöhtem Bewußtsein für all dies und mit verbesserter Konzentration gelingt es uns dann sehr schnell, Wichtiges von Unwichtigem zu trennen. All unsere Bewegungen werden harmonisch, fließend, rund und schön. Von Stunde zu Stunde entdecken wir deutlicher die Signale und die Sprache unseres Körpers – wir erkennen, wie unsere Pferde prompt, wie von Geisterhand geführt, darauf reagieren, und ein wunderbares Einvernehmen entsteht.

### 3. Immer dieselben Vokabeln verwenden!

Wenn wir uns auf diese Art der natürlichen, pferdegemäßen Arbeit einlassen, merken wir

**Hat das Pferd erst einmal erkannt, daß auch der Mensch sich über seinen Körper verständlich machen kann, dann ist es sehr wichtig, mit immer demselben präzisen „Vokabular" zu agieren.**
**Auf dem Foto oben ist zu erkennen, daß ich den rechten Fuß ein wenig schleifend nachziehe und den rechten Arm langsam in die Höhe hebe. Das ist für das Pferd das Signal zum Anhalten. Im Foto darunter sieht man den letzten Schritt, und dann steht das Pferd in einem recht schönen Rechteck.**
**Das sind Dinge, die wir dem Pferd nicht erst beibringen müssen, das sind Dinge, die wir aus der Natur hervorlokken! Durch das präzise Arbeiten und durch die klaren, vorbereitenden Vokabeln laufen die Bewegungen von Mensch und Pferd synchron. Der Abstand zwischen mir und dem Hengst verändert sich praktisch nicht.**
**Im vorletzten Foto gebe ich wieder ein deutliches Signal zum Antreten: Der rechte Arm geht nach unten, das linke Bein nach vorne, und die Hüfte geht zurück. Sogleich setzt sich das Pferd wieder mit mir in Bewegung. Erste Anfänge einer langen Reise, die auf Partnerschaft und Kommunikation begründet ist und die eben diese Gesetze deutlich und kompromißlos befolgt.**

sehr schnell, was da alles zurückkommt. Die Pferde öffnen sich uns voll und ganz, finden großes Vertrauen und Anlehnung. Jetzt ist es wichtig, daß wir diese naiven Wesen nicht durcheinanderbringen. Das kann recht schnell geschehen, wenn wir ein und dieselbe Absicht mit unterschiedlichen Vokabeln belegen. Mit „Vokabeln" sind hier natürlich Bewegungen, Zeichen und Gesten gemeint.

Das ist in der Tat eine außergewöhnlich große Klippe, denn nicht wenige Pferde werden bestraft, obwohl sie eigentlich das Richtige getan haben, wir aber „Vokabeln" benutzen, die unklar oder sogar gegensätzlich sind.

Das bedeutet für uns eine ständige Selbstkontrolle und ein ständiges Hinterfragen. In den folgenden Kapiteln werde ich die unterschiedlichsten Signale vorstellen und erläutern. Das sind Signale, die direkt aus der „Pferdesprache" abgeleitet wurden. Dennoch wird jeder von Ihnen im Laufe der Zeit seinen eigenen „Dialekt" entwickeln, seine eigenen Variationen. Das ist gut so, das soll und muß so sein. Denn wir sind Individuen, und je mehr wir uns auf diese Art und Weise mit Pferden beschäftigen, desto deutlicher wird sich unsere eigene Persönlichkeit entwickeln. Entscheidend aber ist, daß wir einmal gefundene Zeichen und Symbole beibehalten und für ein ganz bestimmtes „Anliegen" anwenden. Handeln wir entgegen dieser Regel, dann kann es sein, daß das System unserer Kommunikation auseinanderbricht.

## 4. Vom Fluß zum Impuls

Wieder etwas ganz Spezielles – und wieder etwas ganz Wichtiges!

Ist es Ihnen nicht auch schon einmal so ergangen? Sie wollen fernsehen, und neben Ihnen sitzt jemand und zuckt dauernd mit Fuß, Bein oder Finger. Eine minimale Bewegung, die uns zum Schluß rasend macht. Gut, daß sie das tut – denn genau das will auch die Natur.

Bitte schauen Sie einmal auf die Abbildung auf der nächsten Seite. Dort sehen Sie ein menschliches Auge im Schnitt. Der rote Winkel zeigt die Rezeptoren, die farbig sehen können. Darum herum sind die Rezeptoren

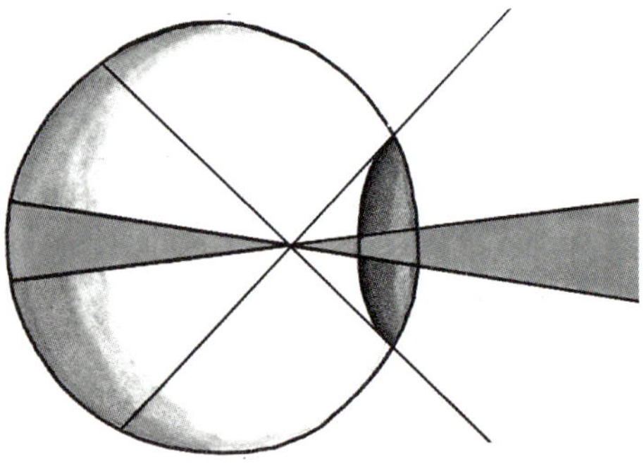

angeordnet, die wir zum Schwarzweißsehen benötigen. Sie sehen weniger scharf, sind dafür aber wesentlich empfindlicher. Ganz außen folgen die sogenannten Bewegungsrezeptoren. Hier werden alle Objekte registriert, die sich bewegen. Wie absolut lebenswichtig diese sind, hat jeder schon erfahren, der beispielsweise einmal blitzartig vor einem heranbrausenden Motorrad zur Seite gesprungen ist. „Den habe ich überhaupt nicht gesehen!" sagen Sie dann – und dennoch haben Sie blitzartig reagiert! Weil diese Rezeptoren so lebenswichtig sind, haben sie, was unsere Körperreaktionen betrifft, den absoluten Vorrang.

Was Sie auch gerade bewußt und voller Konzentration betrachten – werden diese Rezeptoren angesprochen, erfolgt automatisch eine Reaktion – **zu unserem Schutz!** Darum also bringt uns das nervöse Zucken eines Fingers am Rande unseres Blickfeldes so auf die Palme – weil nämlich unsere Bewegungsrezeptoren **ständig Alarm schlagen**.

Der Blickwinkel eines Pferdes umfaßt beinahe 360 Grad. Der Hauptanteil eines Pferdeauges besteht aus eben diesen Bewegungsrezeptoren, für ein Fluchttier eine außerordentlich sinnvolle Einrichtung. Jede wahrzunehmende Bewegung im Sichtfeld eines Pferdes wird sogleich reflektorisch registriert und löst Alarm aus.

Feines Signalreiten am losen Zügel bedeutet, daß unser Pferd jede kleine Äußerung von uns als Information verstehen und umsetzen muß.

In aller Regel bewegen sich die Menschen recht gedankenlos in der Umgebung von Pferden. Ihre Bewegungen sind hektisch, abrupt und unkontrolliert. Ein rohes Pferd würde in einer solchen Situation panikartige Reaktionen zeigen, denn die Rezeptoren seines großen Blickfeldes würden laufend Alarm schlagen. Unsere Pferde jedoch haben sich daran gewöhnt, sie stumpfen ab und können schließlich eben nur noch mit vergleichsweise groben Hilfen gesteuert werden. Genau das wollen wir aber nicht! Darum bewegen wir uns in der Nähe von Pferden **immer** äußerst

**Um eine impulsartige Reaktion bei einem Pferd auslösen zu können, ist es wichtig, daß das Signal hierzu ebenfalls impulsartig erfolgt. Aus einer ruhigen Gehbewegung heraus erfolgte das impulsartige „Untertreten" meinerseits, was dann zu der dargestellten Reaktion führte.**

behutsam und langsam: Alle unsere Bewegungen sind fließend, rund, weich, *beinahe tänzerisch*. Zucken wir dann einmal nur ein kleines bißchen mit der Spitze unseres kleinen Fingers, wird unser Pferd schlagartig reagieren, denn es ist auf kleinste Impulse sensibilisiert!

Alles, was wir tun, tun wir ausgesprochen langsam, bedächtig und ruhig. Kippen wir dann einmal unser Becken impulsartig ab – kaum merklich –, wird unser Pferd dies sofort als wichtige Information erkennen und ohne jede Zügelhilfe zum Beispiel blitzartig aus dem vollen Galopp abstoppen. Ohne die Beachtung dieser grundlegenden Regel ist feines, sensitives, kommunikatives Reiten nicht denkbar!

## 5. Leiser – leiser – nur noch denken!

Zu Beginn der Arbeit ist es wichtig, daß ich möglichst klar und unmittelbar von meinem Pferd verstanden werde. Darum wird das Signal deutlich, sogar überdeutlich, ausfallen müssen. Das Ziel der Arbeit jedoch ist die optimale Kommunikation, also die beinahe nur gedachte Information. Um dorthin zu gelangen, ist es wichtig, ein Signal bei jeder Wiederholung etwas schwächer zu gestalten. Ein solcher „Reduktionskeil" (siehe Abb. unten) kann sich über Wochen oder Monate hinziehen, an seinen Endpunkt jedoch gelange ich nur dann, wenn ich **vom ersten Tag der Arbeit an** diese Regel konsequent beachte. Aber bitte nicht vergessen, daß auch das feinste Signal impulsartig zu erfolgen hat. Auch die kleinste Bewegung, kaum wahrnehmbar, kann wie ein Pfeil abgeschossen werden und so punktartig eine Reaktion auslösen.

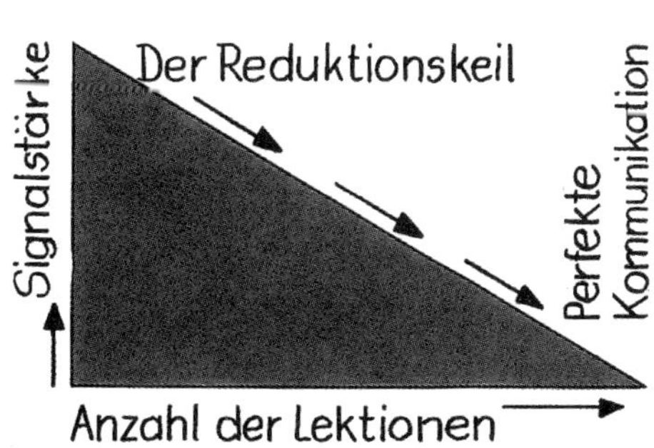


## 6. Nicht mit der Tür ins Haus fallen!

Die letzte Regel unseres ersten kleinen Regelkanons ist sozusagen eine Benimmregel. Unsere Arbeit mit den Pferden wird diese auf ungeahnte Weise sensibilisieren. Wenn wir uns nun in dem harmonischen Fluß der Arbeit befinden und einen neuen Impuls vermitteln möchten, der gegebenenfalls wirklich zu einer blitzartigen Reaktion führen soll, dann sollten wir nach Möglichkeit **nicht gleich mit der Tür ins Haus fallen**!

Vielmehr sollten wir jeden neuen Impuls wenn möglich durch ein vorsichtiges „Anklopfen" vorbereiten. Das Pferd wird sich dann darauf einstellen können, daß wir im nächsten Augenblick einen Wunsch äußern möchten. Es wird sich dann nicht erschrecken und das Geforderte ruhig und gelöst ausführen. Wie ein solches Anklopfen aussehen kann, wird in den jeweiligen Kapiteln genau erläutert.

Diese Regeln beziehen sich auf die Kommunikation, die von uns ausgeht. Vergessen wir aber bitte niemals, daß auch **das Pferd ständig mit uns kommuniziert**! Es drückt sich ständig aus, teilt uns sein Befinden mit und ob es mit der jeweiligen Arbeit einverstanden ist oder nicht.

Ich meine jetzt nicht jene groben Äußerungen, die schon mehr Hilfeschreie sind, wie wir sie allenthalben kennen. Nein– wenn wir beispielsweise ein Pferd an der durchhangenden Longe arbeiten und ganz allmählich den Zirkel verkleinern, dann sind es die ganz feinen Signale und Zeichen, die uns sagen wollen, daß wir jetzt etwas zuviel verlangen (oder auch zuwenig). Diese ganz feinen Äußerungen sind es, auf die wir unser Augenmerk richten müssen, unsere ganze Aufmerksamkeit! Tun wir das, werden wir Pferde haben, die immer mit wirklicher Freude bei der Arbeit sind, wie Kinder, die spielen und sich im Spiel erfahren und erproben. **Das ist nicht zu verwechseln mit Disziplinlosigkeit** – ganz im Gegenteil! Wir verhalten uns korrekt und diszipliniert, wach, verständig und reif – und genau das bekommen wir zurück von unserem Pferd. Genauso wie wir alle Grobheiten und Ungerechtigkeiten wiederfinden in ihrem Verhalten!

Immer wieder gebe ich dem Pferd durch die unterschiedlichen Übungen Gelegenheit, die neue Gleichgewichts- und Schwerpunktsituation mit mir als Reiter zu bewältigen und zu lösen. Erst wenn uns beiden gemeinsam dies gelingt, dann kann sich das Pferd mit mir zusammen wieder harmonisch und organisch bewegen, erst dann ist Reiten möglich!

# DIE BALANCE

## *Geritten werden aus der Sicht des Pferdes*

Ein Pferd wird nicht mit einem Sattel geboren. Ist es überhaupt dafür geschaffen, ohne Schaden einen Menschen zu tragen? Wir wollen in diesem Kapitel das Reiten genauer betrachten, aber nicht mit unseren Augen, sondern aus der Sicht des Pferdes! Das ist nicht nur sehr aufschlußreich, es ist vor allem sehr folgenreich für unser Tun!

# Alle sind besten Willens – oder?

Wenn wir es geschafft haben, uns wirklich miteinander zu verständigen – und in dem nächsten Kapitel werden wir ganz praktisch und detailliert damit anfangen –, dann meldet sich plötzlich das Pferd, zumindest wenn es noch roh ist, denn wir sind ihm lästig und unbequem.

Das Thema der Balance ist also nicht nur ein Problem des Reiters, es ist vor allem ein Problem des Pferdes.

Meine Art des Umgangs mit dem Pferd, die Art und Weise des Arbeitens und des Reitens fußt auf ganz bestimmten Erkenntnissen, Überlieferungen und Traditionen.

Sie ist ein in sich geschlossenes, einheitliches Ganzes, eine Betrachtungsweise, die alle Komponenten dieses Themas in sich einschließt und vor allem auch im einzelnen begründet. Das bedeutet aber auch, daß man deutlich Positionen bezieht, beziehen muß, um sich verständlich und glaubwürdig darzustellen. Das bedeutet auch, daß man Dinge ansprechen muß, die zwar leider Realität sind, aber durchaus nicht richtig und nicht schön.

Dies dient nicht dem Zwecke der Verunglimpfung, sondern dem der Aufklärung – denn ich setze voraus, daß alle besten Willens sind!

**Das Pferd ist ein Gleichgewichts- und Ausdauerwesen. Seine Körpermasse kann es mit den vergleichsweise zierlichen Gliedmaßen nur dadurch tragen, daß es sich permanent in einem perfekten Gleichgewicht befindet. Wenn ich mich nun als Reiter diesen natürlichen Bewegungsmechanismen anpasse, dann kann es doch lediglich meine Aufgabe sein, den gemeinsamen Schwerpunkt mit dem Pferd zu finden. Aufrichtung und Beizäumung werden sich doch dann unter dem Reiter genauso einstellen wie bei einem freien Pferd.**

**Links: Oberstes Prinzip meiner Arbeit ist es, das Pferd in seinen Bewegungen niemals zu stören. Das Pferd ist ein Geschöpf der Natur und als solches perfekt! In der Freiheit seiner Bewegungen findet es immer und zu jeder Zeit sein Gleichgewicht. Die Aufgabe des Menschen ist es nun, dem Pferd solche Bewegungsvorschläge zu machen, daß es dieses wunderbare Gleichgewicht auch unter dem Reiter aufrechterhalten kann. Verwende ich jedoch straff gehaltene Führstricke, Longen und Zügel, dann kann das niemals gelingen.**

**Noch einmal Janosch in einem recht frühen Ausbildungsstadium. Er hat zuallererst einmal gelernt, ohne Zügel geritten zu werden. Das ist eine der leichtesten Übungen, nutzt man die natürliche Sprache der Pferde. Doch schon in diesem Stadium zeigt sich recht deutlich, daß ein ungestörtes Pferd, mit einem Reiter im gemeinsamen Schwerpunkt, auch wieder sein natürliches Gleichgewicht findet. Nicht nur, daß mir Zügel dabei überhaupt nicht helfen können – im Gegenteil, sie sind eher hinderlich, und bei unsachgemäßem Gebrauch bewirken sie das genaue Gegenteil. Im Vergleich zu der obigen Abbildung wird deutlich, wie sehr sich die Bewegungsphasen in Freiheit mit und ohne Reiter ähneln.**

**Vergleichen Sie das rechte Bild mit der Abbildung links unten: Das Pferd findet auch unter mir sein Gleichgewicht – Aufrichtung und Beizäumung erhält es automatisch, die Zügel können durchhängen. Ich befinde mich mit dem Pferd im Gleichgewicht, und so reichen minimale Körpersignale aus, um das Pferd in der Versammlung zu halten und zu lenken.**

# Am Anfang war das Pferd

„Schau, wie schön es sich bewegt, wie es trabt, wie es galoppiert – ist das nicht ein wunderschöner Anblick – einmal nur sollte es mit mir zusammen ebenso gehen!"

Solche oder ähnliche Aussagen höre ich oft. Was ist es, was uns so fasziniert an einem freilaufenden Pferd? Es ist, glaube ich, die Leichtigkeit, mit der dieses Tier seine doch recht große Masse in Bewegung versetzt und erhält.

Bezogen auf diese große Masse des Pferdes hat es vergleichsweise zierlich ausgeprägte Gliedmaßen. Erst die Tatsache, daß es sich in einem dauernden Gleichgewicht befindet, versetzt es in die Lage, sich derart elegant zu bewegen.

Das Pferd in der freien Natur legt täglich außerordentlich große Strecken zurück. Selten bewegt es sich schnell, meistens geht es Schritt oder langsamen Trab. Im Spiel oder aus überschäumender Lebensfreude galoppiert es gelegentlich, aber immer in einer Geschwindigkeit, die es ihm ermöglicht, das so wichtige Gleichgewicht zu erhalten. Schon die Fohlen faszinieren in ihren Bewegungen, die von Anbeginn an elegant, leicht, und immer ausgewogen anmuten.

**Pferde sind von ihrer ganzen Physiologie her Ausdauer- und Gleichgewichtswesen.** Die täglichen langen Strecken können sie nur zurücklegen, weil sie ihre körperlichen Aktionen permanent den jeweili-

**Die Fluchtreaktionen des Pferdes werden im Rennsport ausgenutzt – mit natürlich all den Begleiterscheinungen, von denen hier die Rede ist.**
**Sehr deutlich erkennt man, daß sich das Gleichgewicht des Pferdes zuungunsten der Vorhand verschiebt. Die Hinterhand ist in dieser Situation nicht mehr in der Lage, wirklich Gewicht zu tragen, sie dient einzig dem Vorwärtschub.**

gen Gegebenheiten anpassen und so ihr Gleichgewicht erhalten. So können sie die zur Verfügung stehende Energie über einen langen Zeitraum verteilen.

„Schau, wie schön es sich bewegt!" – Warum tut es dies nicht auch unter dem Reiter? Kann es das überhaupt unter dem Reiter?

Im Leben eines Pferdes gibt es drei Ausnahmesituationen: die Flucht, den Kampf und das Gerittenwerden.

Diese drei Dinge wollen wir einmal aus der Sicht des Pferdes betrachten, immer unter dem Gesichtspunkt des Gleichgewichts und der Ausdauer. Ich will versuchen, Ihnen darzulegen, wie eng diese Ausnahmesituationen miteinander in Verbindung stehen.

## Flucht oder Kampf!

Das Pferd ist ein Fluchttier – gut. Für uns Pferdemenschen entscheidend zu wissen ist, daß die Flucht in der Natur praktisch der einzige Augenblick ist, in dem das Pferd sehr schnell, eben panisch, galoppiert. So schnell, daß es seinen zwei überlebenswichtigen Grundprinzipien notgedrungen zuwiderhandelt: Es verpulvert kurzzeitig seine Energie, und es opfert sein Gleichgewicht zu Lasten der Vorhand! Für das Verständnis des folgenden wollen wir außerdem noch festhalten, daß die Fluchtreaktion immer auch mit Angst, Adrenalinausstoß und Panik verbunden ist.

Ganz im Gegenteil hierzu wird in der kämpferischen Auseinandersetzung nicht die Vorhand belastet, sondern vor allem die Hinterhand.

Hier können sich der Impuls und die Sprungkraft entwickeln, die in der kämpferischen Auseinandersetzung – neben anderen psychischen Faktoren – über Sieg oder Niederlage entscheiden.

## Der große Unterschied

Wir können also folgendes festhalten: Die Vorhand wird in der Natur des Pferdes dann vermehrt eingesetzt, wenn das Tier in großer, ängstlicher Bedrängnis ist. Dies ist immer verbunden mit den psychisch negativen Komponenten der Flucht.

Die Hinterhand hingegen ist entscheidend bei kämpferischen Auseinandersetzungen – dann, wenn es um den Selbstbehauptungswillen, um das Durchsetzungsvermögen eines Individuums geht.

Wenn wir uns jetzt einmal, ohne groß Anatomie betreiben zu wollen, nüchtern die Vorhand und die Hinterhand eines Pferdes betrachten, dann erkennen wir einen elementaren Unterschied:

Die **Vorhand** ist vergleichsweise linear aufgebaut. Zusätzliche Belastungen, die die Vorhand betreffen, können nicht durch Winkel und Federkräfte abgefangen werden, vielmehr dringen sie ungebremst in dieses lineare System ein und verursachen dort all die bekannten Schäden.

Die **Hinterhand** hingegen ist ziehharmonikaförmig aufgebaut, einem zusammenklappbaren Zollstock ähnlich. Hier können leicht Feder-, Spann- und Winkelkräfte entwikkelt werden, die jede zusätzliche Belastung auffangen und wie der Stoßdämpfer eines Autos abfedern. Hinzu kommt, daß ohnehin die Hinterhand mit wesentlich größeren Muskelkräften ausgestattet ist als die Vorhandpartie.

Diese Dinge möchte ich hier festhalten, um gleich bei der Betrachtung des Reitens darauf zurückzukommen.

**Links: Wie sehr Pferde dazu neigen, auch zu kämpfen, werden vor allem diejenigen erkennen, die mit vielen Pferden arbeiten.
Das Zusammensein der Pferde überhaupt ist vor allem durch Konkurrenz und Kampf geprägt. Ich wundere mich immer, daß in der Pferdewelt so wenig passiert, sitzen doch die meisten Reiter auf Pulverfässern – die reine Gutmütigkeit dieser Tiere verhindert das Schlimmste! Dabei genügen 30 Sekunden klarer Pferdesprache, um eine Harmonie für alle Zeiten zu begründen. Für uns von Bedeutung: Im Kampf setzt das Pferd vermehrt seine Hinterhand ein. Sie entscheidet über Sieg oder Niederlage, neben anderen psychischen Faktoren, die sich aber letztlich auch aus diesem Faktum herleiten lassen.**

Vorhand und Hinterhand im Vergleich

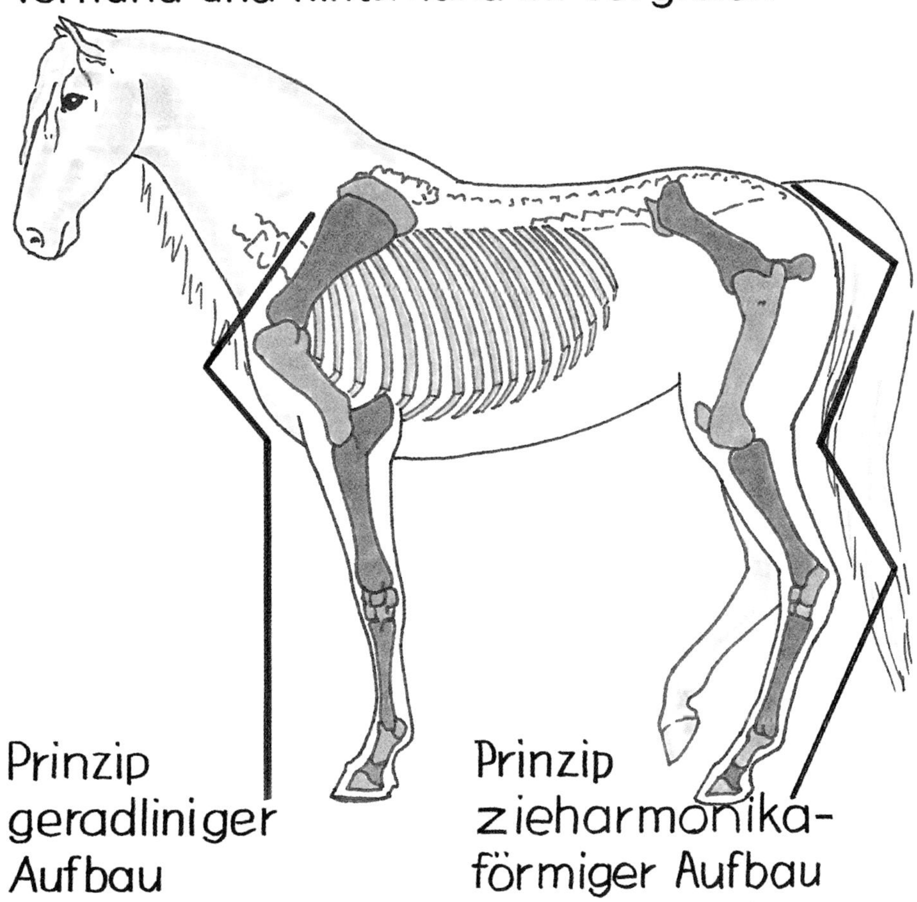

# Hilfe, ich falle!

Bevor wir uns also der Bedeutung all dessen zuwenden, möchte ich einen kleinen Sprung zu den Abbildungen auf dieser Seite machen.

Ich hatte Britta gebeten, sich einmal auf meine Schultern zu setzen, um Reiter und Pferd zu spielen. Nach einigem Tohuwabohu ist uns das dann auch gelungen. Nachdem wir einigermaßen unser Gleichgewicht gefunden hatten, bat ich Britta, sich einmal vornüberzubeugen. Die Abbildung in der Mitte zeigt diesen Moment, eine sehr instabile Situation, denn wir beide drohen auf die Nase zu fallen. Um dies zu verhindern, bin ich schnell einen Schritt nach vorne gegangen – die Situation war gerettet. Was aber wäre, wenn Britta weiterhin vornüber sitzen würde? Ich müßte zwangsläufig noch einen Schritt nach vorne machen und noch einen und noch einen – immer schneller werdend, mit stetig wachsender Angst, auf die Nase zu fallen!

## Der Kreis schließt sich

Warum klagen so manche Reiter, und nicht unbedingt nur die blutigen Anfänger – darüber, daß ihnen ihr Pferd gelegentlich durchgeht? Der Galopp werde immer schneller und schneller – mit nichts ließe sich das Pferd aufhalten! Hat es sich dann aber endlich von seinem Reiter befreit, steht es ruhig grasend neben ihm. Nichts mehr brächte es auf den Gedanken davonzulaufen. Was aber ist nun wirklich geschehen?

Eben dies, was ich soeben beschrieben habe! Der Reiter belastet fast ausschließlich die Vorhand des Pferdes. Das so wichtige Gleichgewicht ist völlig aus den Fugen geraten. Um es wiederherzustellen, setzt das arme Tier nun *immer schneller werdend* einen Fuß vor den anderen, bis es schließlich in panischer Flucht davonstürzt, durchgeht, aus purer Angst, schlicht und einfach auf die Nase zu fallen!

Ist das „gleichgewichtsstörende Element" – der Reiter – erst einmal beseitigt, besteht überhaupt kein Grund mehr zur Flucht. Aber was alles ist noch passiert? Genau der Teil des Pferdes wurde übermäßig belastet, der **am wenigsten dafür geschaffen ist: die Vorhand**! Der Körperteil, der außerdem nur dann verstärkt und schmerzhaft ins Spiel kommt, wenn sich das Pferd in panischer Flucht befindet. Die Reaktionen der Flucht sind darüber hinaus umgekehrt natürlich genauso wirksam. Fordern die Angst und der erhöhte Adrenalinspiegel die Flucht und damit die schmerzhafte Belastung der Vorhand, so fordert die schmerzhafte Belastung der Vorhand ihrerseits natürlich die Angst und die Körperreaktionen der Flucht. Der Teufelskreis ist perfekt!

Ist das das einfache Geheimnis, das die vielen »schwer auf dem Zügel liegenden« und »durchgehenden« Pferde in sich tragen? Ja! Das ist es in der Tat, denn jetzt ist er geboren, der Durchgänger, und dazu die Krücke

**In der leichten Unschärfe hat die Fotografin ihr Lachen verewigt. Das, was die Bilder dennoch verdeutlichen, ist eher ernst und gravierend. Denn es ist schon eine ganz schön wakkelige Angelegenheit für einen Menschen, jemand anderen zu tragen – für das Pferd nicht auch? Noch problematischer aber wird es, wenn der da oben auch noch das Gleichgewicht stört.**

**Britta geht mit ihren Schultern leicht nach vorne und zwingt mich nun, um nicht auf die Nase zu fallen, einen Schritt nach vorne zu machen.**

**Die Situation ist gerettet! Was aber wäre, wenn Britta weiterhin vornüber sitzen geblieben wäre? Ich hätte zwangsläufig noch einen Schritt nach vorne tun müssen und noch einen . . . immer schneller werdend!**
**Ist das das Geheimnis der durchgehenden Pferde, die sofort friedlich grasen, wenn sie ihren Reiter – Peiniger – abgeworfen haben? Hat das Pferd nicht dieselbe Angst, auf die Nase zu fallen, wie auch ich sie hätte mit einer uneinsichtigen, ständig vornübersitzenden Britta?**

Da es uns fernliegt, irgend jemanden zu kompromittieren, sind wir bei einigen der folgenden Abbildungen von unserer Regel abgewichen, die Dinge exakt fotografisch zu dokumentieren. Den Zeichnungen auf diesen beiden Seiten liegen jedoch Originalfotos namhafter Reiter zugrunde. Alle vier Zeichnungen zeigen – unabhängig von der dargestellten Situation – sehr deutlich, daß der größte Teil des Gewichts von Reiter und Pferd auf die Vorhand drückt. Die Abbildung oben zeigt eine Galopp-Phase. Der Sattel liegt geradezu auf der Vorhand – auf dem Teil des Pferdekörpers, der überhaupt nicht dafür eingerichtet ist. Die Kandare muß natürlich nun voll angenommen werden, um dem Pferd wenigstens psychologisch das Gefühl zu geben, „gehalten" zu werden.
In der Mitte ist das so bekannte „Treiben in Rückenlage" dargestellt. Ich nenne es eher Vollgas geben mit angezogener Handbremse. Die gesamte Aktion Pferd/Reiter spielt sich in der vorderen Hälfte des Pferdes ab. Die Hinterhand dient jetzt praktisch ausschließlich dem Vorwärtsschub, das eigentlich tragende Potential der Hinterhand bleibt völlig ungenutzt. Zügel und Vorhand tragen Pferd und Reiter.
Das gleiche trifft auch auf das unten abgebildete Paar zu, das eine andere gerade „moderne" Variante der Reiterei demonstriert, ohne das Problem des Schwerpunkts dadurch besser lösen zu können.

des Reiters, das sogenannte fünfte Bein – der dauerhaft angenommene Zügel.

Die Bilder auf diesen Seiten mögen diese Ausführungen belegen und deutlich machen. Jene Aktion des spanischen Stierkämpfers verdeutlicht uns sehr anschaulich, wie ein Pferd beschaffen und geritten sein sollte, damit es das Gewicht des Reiters ohne physische und psychische Schäden tragen kann. Die physischen Schäden der Pferde sind uns hinlänglich bekannt, die psychischen können wir nur erahnen, wenn wir uns die Gesichter der Pferde anschauen.

Fällen wir das Lot vom Gesäß des spanischen Stierkampfreiters abwärts, dann erkennen wir, daß sein gesamtes Gewicht von der kräftig untertretenden Hinterhand des Pferdes getragen wird. Das Pferd ist stolz aufgerichtet, die Vorhand ist frei. Das Pferd ist kurz und kompakt, der Rücken gerade so lang, daß ein Sattel darauf Platz hat.

Tun wir das gleiche bei einem „klassischen" Dressurreiter in der Piaffe, so erkennen wir, daß selbst in dieser „maximalen" Versammlung der Reiter immer noch vor allem die Vorhand belastet. Die Schenkel sind derart weit vorne, daß sie ganz unmöglich einen Einfluß haben können auf die Hinterhand, deren ganze Kraft und Energie ungenutzt bleibt – der Huf ist kaum in der Lage, sich aus dem Reitbodenbelag zu erheben.

**Eine Reiterin in der Piaffe, eine versammelnde Übung der Hohen Schule. Das Lot, durch ihren Körper gefällt, verrät jedoch, daß selbst in einer solch versammelnden Übung das Gewicht immer noch zum großen Teil von der Vorhand getragen wird. Sehen Sie dazu im Vergleich die Abbildung auf der rechten Seite:**

Auch auf diesem Detail aus dem Parthenon-Fries ist das Pferd klein, kompakt und kurz. Es zeigt all die Attribute, die man quer durch die Geschichte mit gutem Reiten gleichsetzte. Dies z. B. war vor mehr als 2000 Jahren! Kann da unser „modernes“ Dressurgehoppel mithalten?

Der Stich links zeigt François Robichon de la Guérinière im Schulterherein, einer Übung, über die wir im Verlauf des Buches noch ausführlich sprechen werden.
Auch hier wieder das aufgerichtete, freie, versammelte Pferd am losen Zügel. Können Sie, wenn sie dieses Bild sehen, glauben, daß sich unsere heutige Dressurreiterei u. a. auf diesen Mann und seine Lehren beruft? Ich auch nicht!

Das Pferd dieses Stierkämpfers ist kompakt, kurz und sichtbar dazu in der Lage, den Reiter ohne Schaden zu tragen. Das Lot weist auf die untertretende Hinterhand, die die Masse beider Körper sicher und kräftig trägt. Das Pferd ist in einer optimalen Aufrichtung – die Vorhand ist frei und spielt.

### Was bedeutet das alles für uns?

Ein Pferd kommt nun einmal nicht mit einem Sattel auf die Welt. Belaste ich dieses Tier mit einem zusätzlichen Gewicht, gerät zwangsläufig das natürliche Gleichgewicht aus den Fugen. Immer zu Lasten der Vorhand! Das Reiten mit angenommenen Zügeln, die dem Pferd quasi als „fünftes Bein" dienen sollen, ist die erste Konsequenz.

Die Erkenntnis aus alledem kann darum auch nur die sein, ein Pferd ohne jedes zusätzliche Gewicht schon derart zu gymnastizieren, daß es überhaupt erst einmal in die Lage versetzt wird, einen Reiter in einem angenäherten Gleichgewicht aufzunehmen. Die Kräftigung der Hinterhand und der Rückenmuskulatur, die erste Versammlung des Pferdes beginnt also sinnvollerweise von der ersten Übungslektion an. Immer wieder biete ich dem Pferd Übungslektionen an, die ihm die Möglichkeit geben, die Hanken zu biegen und sich und den Reiter auf der Hinterhand, sprich im Gleichgewicht, zu tragen.

Um ein Pferd überhaupt reiten zu können, ist es unabdingbar erforderlich, es zu versammeln, das heißt sein Gleichgewicht auch unter mir zu erhalten.

Vielleicht sollten wir aber jetzt erst einmal kurz klären, was denn das eigentlich überhaupt ist, die Versammlung – denn auch hier gehen die Ansichten weit auseinander.

# Ursache, Wirkung, Täuschung Die Versammlung und das Sauerteigbrot

Jahrtausendelang aßen die Menschen das volle Getreidekorn. Das war ohne Frage sehr gesund – aber eben auch hart und sehr schwer verdaulich. Darum buk man Sauerteigbrote, Brote, die sich Wochen und sogar Monate hielten. Läßt man einen einfachen Mehlbrei ein paar Tage stehen, dann bilden sich unter ganz bestimmten Umständen jene Bakterien, die die harten Randschichten des vollen Kornes „verspeisen" und in verdauliche Stoffe umwandeln. Das Schöne dabei: Diese Bakterien bilden gleichzeitig Gase, die den Teig lokkern und nach dem Backen ein weiches, gut verdauliches, schmackhaftes Produkt entstehen lassen. Die Ursache ist die Tatsache, daß das Getreidekorn unbehandelt praktisch unverdaulich ist.

Die Wirkung ist das Entstehen der Gasprodukte, die das Brot locker und lecker machen.

Jetzt kommt die Täuschung: Auch heute zieht es die Menschen Gott sei Dank wieder hin zur naturbelassenen Ernährung, zum Vollkorngetreide. Doch siehe da, das Vollkornbrot

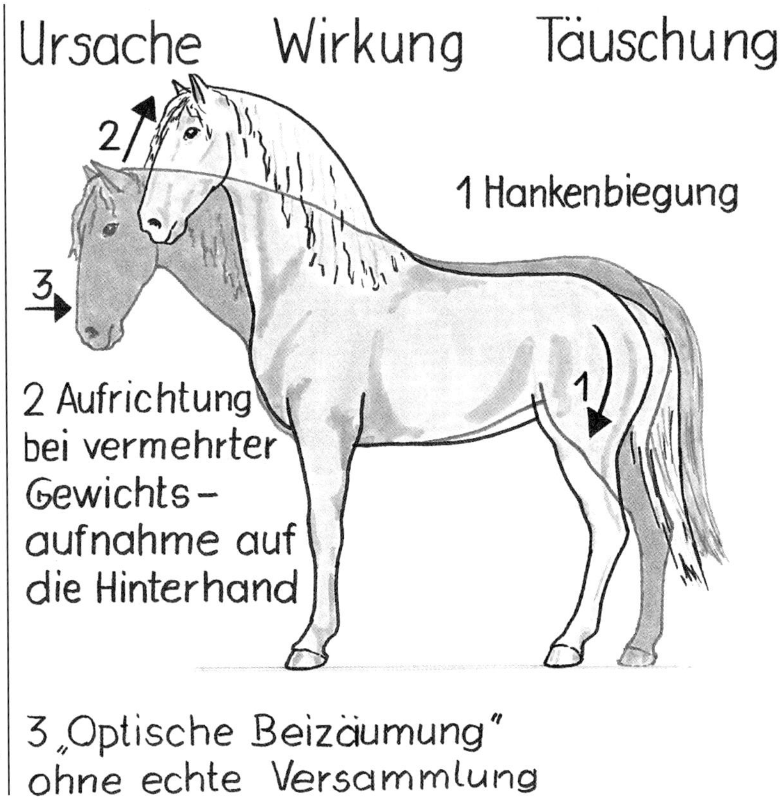

heute hat mit dem von anno dazumal in aller Regel nichts mehr zu tun, denn: Wieder einmal unterliegen viele Menschen einer fatalen Täuschung. Ein Sauerteigbrot herzustellen kostet viel Zeit – wesentlich schneller geht das Ganze mit Hefe. Die Hefebakterien jedoch ernähren sich nicht von den Randschichten des Korns, sondern von Milch oder Honig, also von dem, was man dem Teig hinzugibt. Das heißt, mein Brot ist zwar locker und weich und auch schmackhaft, aber absolut unverdaulich!

Sinn und Zweck des Säuerns war ja nicht die Lockerung des Teigs, sondern die Vorverdauung des Getreides. Darum klagen so viele Menschen heute über die unterschiedlichsten Probleme beim Verzehr von Vollkornprodukten – sie sind einer Täuschung zum Opfer gefallen, so schmackhaft sie auch sein mag.

## Hals hoch – Kopf ran!

Zurück zu den Pferden, zurück zur Versammlung. Auch hier haben wir es mit Ursache – Wirkung und Täuschung zu tun (wie in vielen anderen Bereichen unseres Daseins leider auch!). Sinn und Ursache der Versammlung ist es, die Hanken des Pferdes so zu gymnastizieren und zu beugen, daß das Pferd das zusätzliche Reitergewicht aufnehmen und mit Leichtigkeit und in Balance tragen kann. Das also ist die Ursache. Und was ist die Wirkung? Das gesamte Pferd wird sich zusammenschieben. Es wird kürzer werden, den Kopf höher tragen **(Aufrichtung)** und konsequenterweise ein Stück weiter abknicken **(Beizäumung)**. Das aber ist vergleichsweise unwichtig. Wichtig ist die **Hankenbiegung** und die Übernahme des Gewichts auf die Hinterhand.

Jetzt kommt wieder das Hefevollkornbrot, die Täuschung. Ein Pferd ausschließlich „von hinten" zu arbeiten ist mit sehr viel Zeit, Geduld und Aufwand verbunden (siehe Sauerteigbrot). Den äußeren Eindruck (die Täuschung) – Hals nach oben, Kopf abknicken – erreicht man schließlich auch, wenn man entsprechend kräftig und nur mäßig geschickt an den Zügeln zieht. Diese Art von Aufrichtung und Beizäumung – so wichtig für viele Reiter – hat aber nur mittelbar etwas mit der Versammlung zu tun! Erzwinge ich die Aufrichtung und die Beizäumung durch die Zügel, wird mein Pferd in vielen Fällen schließlich den Rücken wegdrücken, und eine wirkliche Hankenbiegung ist für alle Zukunft nur noch sehr schwer möglich. Ich erreiche zwar eine optische Täuschung, mein Pferd ist aber in Wahrheit keinesfalls bereiter, mein Gewicht im Zustand der Balance zu tragen (es ist sozusagen – Pardon – wie ein unbekömmliches Hefebrot).

**Beizäumung und Aufrichtung sind Konsequenzen einer pferdegemäßen Arbeit, das Ergebnis einer konsequenten Ausbildung, die das Pferd auf eine kleinere Basis stellt und die ausschließlich dazu dient, das Reitergewicht im Gleichgewicht zu tragen. Die Zügel hängen durch, denn Aufrichtung und Beizäumung entstehen und erhalten sich „automatisch".**

# Hohe Schule der Hohen Schule wegen?

Eben nicht!

Vergessen wir doch bitte nicht, daß all die Übungen, die wir in den Dressurvierecken und Vorführungen zu sehen bekommen, einmal der Natur der Pferde abgeschaut wurden, einzig zu dem Zweck, diese optimal zu gymnastizieren und gesund zu erhalten.

Und nichts weiter ist der eigentliche Sinn der Hohen Schule. Das Pferd ist von Anbeginn an frei und bleibt es bis zum Schluß.

Es kann mich in seinem freien Gleichgewicht tragen und am dauerhaft durchhängenden Zügel seinen Weg bestimmen.

Ohne Frage wären derart ausgebildete Pferde in gewisser Hinsicht in den üblichen Dressurprüfungen unterlegen. Nicht in der Brillanz der Ausführung, nicht im Schwung, im Ausdruck und in der Kraft der Darbietungen, nicht in Schnelligkeit und Wendigkeit, sondern in der präzisen Monotonie, im roboterartigen Ablauf einer abgespulten Lektion.

**Meine** Pferde sind und bleiben freie Wesen! Ich gebe die Richtung vor und die Gangart – und manchmal nicht einmal das –, dann aber lasse ich das Pferd frei! Sicher und ohne jede Störung sucht es seinen Weg, unglaublich gewandt und unglaublich behende. Mein Gewicht spürt das Pferd nicht mehr, denn ich sitze in der Bewegung, in seiner Bewegung, und befinde mich mit ihm im völligen Gleichgewicht. Das Pferd ist sich und seiner Natur wieder überlassen. So gehen wir stundenlang durch schwierigstes Gelände – ich habe noch niemanden gefunden, der mir folgen konnte. Und noch nie hatte ich ein lahmendes oder krankes Pferd.

Irgendwo in einer Waldlichtung dann spielen wir miteinander, im Schulterherein, in Zickzack-Traversalen, in der Passage und in der Piaffe.

Dann, wenn es niemand sieht, wenn uns die Stille der Natur und die grenzenlose Schönheit der Einsamkeit kommentarlos bewundern können, dann beginnen wir zu tanzen. Zu unserer Erbauung und zu unserer Freude – und natürlich zum Wohle meines Pferdes, denn das ist der eigentliche und einzige Sinn!

**Auch der Spanische Schritt ist eine sehr sinnvolle Übung der Hohen Schule. Voraussetzung ist, daß das Pferd sich selbst tragen kann, die Vorhand frei ist zum Agieren und die Hinterhand in der Versammlung untertritt. Auch diese Übung kann ohne Zügelhilfe geritten werden. Sie dient nicht der Show, sondern dem Spiel- und Präsentationsbedürfnis des Hengstes. Wird das Pferd in der richtigen Weise an diese Übung herangeführt, dann ist es ein wunderbares Mittel, das Selbstvertrauen des Pferdes zu unterstützen.**

# Großes Pferd – kleines Pferd – ganz egal?

Vielleicht haben Sie sich, wenn Sie mir bis hierhin gefolgt sind, schon gefragt, ob denn nun alle Pferde für diese Art Reiterei gleich gut geeignet sind.

In der Tat ist es so, daß sich nicht jedes Pferd gleich gut dazu eignet, geritten zu werden. Dabei spielt die Rasse kaum eine Rolle, wenngleich man sagen kann, daß eben bestimmte Rassen in aller Regel mehr „gute Reitpferde" hervorbringen als andere.

Die ursprünglichen, naturbelassenen Pferderassen besitzen fünf Kreuzwirbel – in der modernen Sportpferdezucht finden wir in aller Regel Pferde mit sieben Kreuzwirbeln. Daß natürlich ein derart langes, normalerweise auch recht großes Pferd wesentlich schwieriger in seiner Basis zu verkürzen, zu versammeln ist – ich denke, das liegt auf der Hand.

Warum diese Pferde so gezüchtet werden, weiß ich leider nicht, aber in letzter Zeit meine ich Tendenzen und Strömungen wahrzunehmen, die auch diese Zuchtlinien wieder in die mehr quadratische und kleinere Form zurückwünschen.

Die Abbildung auf Seite 55 zeigt einen Ausschnitt aus dem berühmten griechischen Parthenon-Fries. Die Größenverhältnisse entsprechen denen des ursprünglichen Reitens. Da die Menschen damals insgesamt wesentlich kleiner waren als heute, kann man die Pferde auf ein Stockmaß von etwa 135 cm schätzen, proportional umgerechnet auf eine heute übliche Körpergröße von 1,80 m immer noch höchstens 1,45 m!

Viele Menschen haben etwas über die Beurteilung von Pferden gesagt und geschrieben, darunter sicherlich auch sehr viel Sinnvolles. Gestatten Sie mir, daß ich im folgenden kurz auf die Dinge der Pferdebeurteilung eingehe, die in aller Regel eher unerwähnt bleiben, die ich jedoch, aus der Sichtweise des natürlichen Reitens und eben aus der Sichtweise der Pferde, für außerordentlich wichtig halte.

1. Aus meiner Erfahrung heraus sollte ein Pferd für einen Menschen mit einer Körpergröße von etwa 170 cm zwischen 145 und 155 cm Stockmaß haben.
   Für einen etwa 180 cm großen Menschen sollte das Pferd ein Stockmaß von etwa 150–160 cm haben.
2. Das erste Kriterium bei der Beurteilung eines Pferdes für mich ist die Frage, ob die Proportionen seines Rumpfes eher ein Rechteck oder eher ein Quadrat ergeben. Die Zeichnung unten verdeutlicht dies. Auch ein langes Rechteckpferd eignet sich dafür, geritten zu werden, jedoch ist dies mit ungleich höheren Aufwand in der vorbereitenden Ausbildung verbunden.

3. Das zweite Kriterium verdeutlicht die Abbildung auf Seite 60. Grundsätzlich kann man einem Pferd eine generelle Körperlinie zuschreiben. Ich nenne die Pferde „Konvex- oder Konkavpferde", je nach Neigung in die eine oder andere Richtung.
   Ein Pferd ist gebaut wie eine Hängebrücke: Vorder- und Hinterbeine bilden die Brückenpfeiler, die Masse dazwischen ist sozusagen aufgehängt.

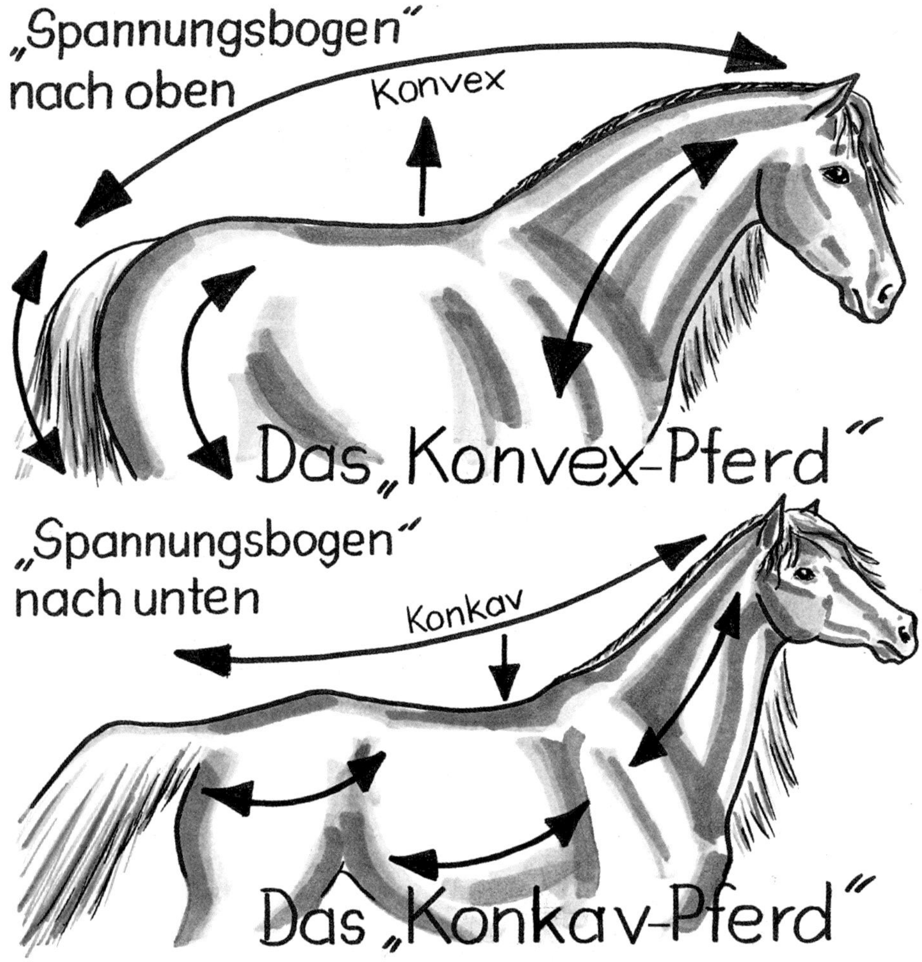


Der Mensch sitzt auf der empfindlichsten Stelle, eben genau zwischen den beiden Pfeilern. Ist die Körperlinie eher konvex, dann fällt es dem Pferd nicht sehr schwer, uns zu tragen, sich zu versammeln, die Hanken zu biegen. Ist die Körperlinie eher konkav, fällt dies dem Pferd schon wesentlich schwerer.

Pferde dieser Art findet man leider sehr häufig in den Ställen der Freizeitreiter, die dann zu alledem auch noch jede Anstrengung unterlassen, diese Tiere zu versammeln.

Könnten die Pferde doch sprechen oder weinen!

**Ich behaupte, daß ein Durchschnittsfreizeitreiter weder über die Kenntnisse noch über die Zeit verfügt, ein Konkavpferd zu einem Reitpferd hin auszubilden.**

4. Die Breite und Mächtigkeit der Brust des Pferdes ist für sein Gleichgewicht, die Sicherheit seiner Bewegungen und die Langlebigkeit seiner vorderen Gliedmaßen von großer Bedeutung. Modeströmungen sind es, die heute in aller Regel das Erscheinungsbild von Hunden, Pferden und womöglich auch von anderen Tieren prägen, nicht so sehr die natürliche Robustheit. Viele Pferde heute leiden unter einer zu schmalen Brust, was dazu führt, daß die Vorderbeine dauerhaft falsch belastet werden. Das sieht womöglich „elegant und schnittig" aus, landet dieses Pferd dann jedoch mit Beendigung seines 7. Lebensjahres beim Schlachter, dann fällt diese „optische Qualität" kaum mehr ins Gewicht.
5. Ein entscheidender Punkt für die Beurteilung eines Pferdes ob seiner Qualitäten als Reitpferd ist die Oberlinie im Bereich der

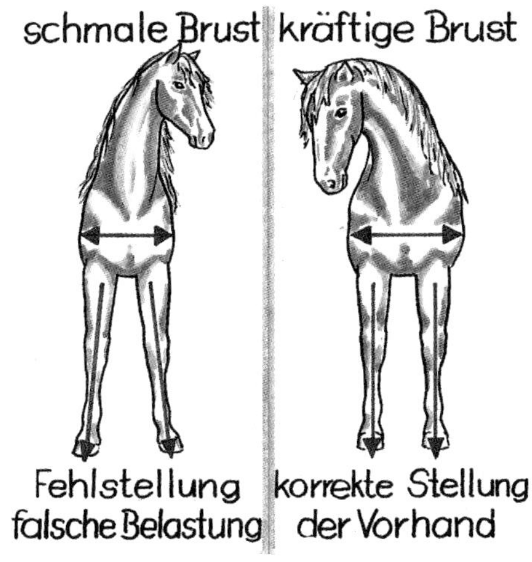


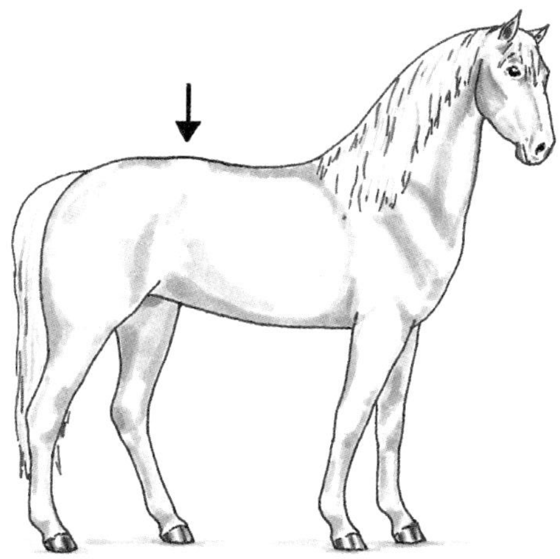

Nierenpartie. Meiner Meinung nach leiden heute zu viele Pferde an einem schwachen, matten Rücken. Interessanterweise ist auch das, so glaube ich, eine Modefrage, denn solch ein matter, gesenkter Rücken wirkt auf einen Laien eigentlich „recht schön" und harmonisch — nur reiten läßt sich solch ein Pferd kaum ohne Schmerzen — was dann dazu führt, daß der ohnehin schon geschwächte Rücken noch weiter weggedrückt wird — ein Teufelskreis.

Etwa zwei Handbreit vor der Kruppe sollte sich die ansonsten harmonische Linie des Pferdes noch einmal - gerade noch für das Auge erkennbar — aufwölben. Die Zeichnung oben verdeutlicht diesen Punkt. Bei vielen gut gezüchteten Andalusiern und auch bei den Robustrassen kann man dieses beobachten. Einem Laien wird dieser Punkt eigentlich eher negativ ins Auge fallen, denn er scheint die harmonische Oberlinie eher zu stören — aber welcher Laie kauft sich auch schon ein Pferd — oder?

6. „Schau, was ich für ein Pferd habe, ist das nicht eine Bombe?" So tönt es aus dem Munde eines Pferdebesitzers, der mit seinem neu erstandenen „Ferrari" glänzt. Doch schaut man dann einmal unter die „Motorhaube", dann sieht man den Motor eines Goggomobils mit knapp 15 PS.

   Die „Motorhaube", der Schweif des Pferdes, wird hier in Spanien zuallererst von den Gitanos, den Zigeunern, beim Kauf eines Pferdes „aufgemacht", sprich zur Seite geschoben, denn was nützt die tollste Karosse, wenn die Power fehlt, sie in Gang zu setzen? Zu beschreiben in einem Buch, worauf es da ankommt, ist fast unmöglich. Ihre Intuition und ein guter Pferdekenner können Ihnen da weiterhelfen.

   Gehen Sie einmal mit offenen Augen durch Ihren Stall oder einen Mietstall in der Nähe, und lüften Sie ganz unauffällig die „Motorhauben" der Pferde (Vorsicht bitte!). Die Pferde, deren Gang und Ausdruck Ihnen wirklich gut gefallen, diese Pferde weisen zwischen den Hinterbeinen eine ganz andere Muskulatur, eine ganz andere Kompaktheit auf . . .

Bleibt zu diesem Thema noch zu sagen:

Es gibt kein perfektes Pferd, doch es gibt Pferde, die einem aus der Box entgegenspringen und sagen: „reite mich", und es gibt solche, die erst durch sehr lange Vorbereitungen dazu gebracht werden müssen. Ein niedlicher kleiner Pudel mit Wuschelkopf mag ein netter Kerl sein, als Wachhund wird man ihn dennoch nicht einsetzen wollen.

Haben Sie nun aber einen solchen „süßen Wuschelkopf", ein Pferd, das womöglich durch alle unsere Rasterpunkte gefallen ist, dann behalten Sie es um Gottes willen, und machen Sie das Beste daraus. In diesem Buch finden Sie alles, was Sie dazu brauchen.

Doch beim nächsten Pferdekauf machen Sie es sich dann leichter, indem Sie diese Kriterien — neben den allseits bekannten — beachten.

Zum erstenmal verläßt der Junghengst Fulano den Korral, in den er vor drei Tagen hineingetrieben wurde und wo er zum erstenmal in seinem Leben direkten Kontakt mit den Menschen hatte.
Nach dreitägiger intensiver Arbeit ist das Verhältnis zwischen uns so weit gediehen, daß ich das Pferd gefahrlos am langen Strick und lediglich am Stallhalfter auch an der Stutenherde vorbeiführen kann.
Wichtig ist jetzt, daß das Pferd seine Rangposition zu mir dauerhaft akzeptiert und festigt. Um dies zu erreichen, werden wir in den nächsten Wochen viele gemeinsame Spaziergänge unternehmen, unter Einhaltung ganz exakter Regeln.
Es sind die Regeln einer natürlichen Pferdegemeinschaft.

# DIE BASIS

## *Das Führen des Pferdes*

Das Führen des Pferdes hierzulande dient in aller Regel lediglich dazu, ein Pferd von einem Ort zum anderen zu transportieren.
Nicht selten kommen Zweifel auf, wer denn da eigentlich wen führt!
Tatsächlich aber ist diese einfache Handlung einer der wichtigsten, grundlegendsten Ausbildungsabschnitte überhaupt. Wird die Phase einfach übergangen, dann ist ein feines, versammeltes Signalreiten praktisch unmöglich. Denn nur hier kann Dominanz, Vertrauen und Mut des Pferdes in der notwendigen Weise aufgebaut und geschult werden.

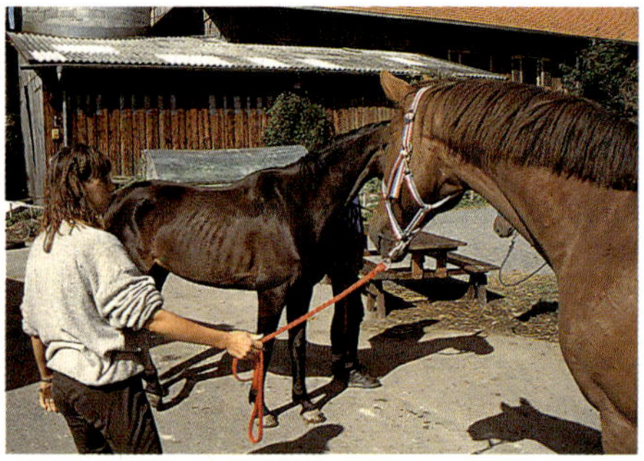

Das sind typische Bilder, wie sie sich mir in aller Regel zu Beginn meiner Kurse bieten. Susanne und Maria haben hier mit ihren Pferden genau jene Probleme, die das Zusammensein mit ihnen in der angestrebten Weise absolut unmöglich machen. Wie soll ein Pferd jemals begreifen, daß es unter dem Sattel auf leichte Hilfen reagieren soll, wenn zuvor ständig an ihm herumgezerrt wird? Das ist nicht nur unschön und mitunter recht gefährlich, das ist eine Art des Umgangs, die das Pferd in allergrößte psychische Konflikte bringt!

## Die typischen Bilder?

## So fängt es an!

So also fängt es an!
Heide wird hier zu Beginn des Kurses von ihrem Andalusierwallach quer durch die Bahn gezogen. Das Pferd dominiert, der Mensch ist weniger als eine Mücke. Von Kommunikation keine Rede. Das könnte man ändern durch Führketten und andere Gewaltmittel – das Ergebnis wäre dann jedoch ein eingeschüchtertes, vielleicht renitentes, vor allem aber ängstliches und mißtrauisches Tier. Besser, schneller und dauerhafter gelingt das alles über die Gesetze der Herde und des Führens.

Der Kampf um Dominanz und Vertrauen.
Um jahrelange Gewohnheiten zu durchbrechen, muß man schon eine gehörige Portion Energie aufbringen. Wichtig ist, daß das Pferd über Körpersignale und konkrete Positionierung in seine Schranken gewiesen wird, nicht mit Gewalt.

## Der Kampf um Vertrauen und Dominanz

## Die Weichen sind gestellt.

Die Weichen sind gestellt.
Am nächsten Tag schon sieht das Ganze ganz anders aus. Das Pferd folgt Heide am langen Führstrick – das Dominanzverhältnis ist mit einfachsten Mitteln geklärt worden. Nicht nur das, das Pferd hat außerdem bereits gelernt, die Hand- und Körpersignale richtig zu deuten. Es schaut zwar nicht ganz so glücklich aus wie Heide, das ist aber absolut begreiflich, denn in diesen wenigen Stunden hat sich das Verhältnis beider exakt umgedreht, und das will erst einmal verdaut werden!

**Auch bei Maria und Susanne sieht das Bild jetzt ganz anders aus. Susannes Warmblutwallach hat sich so schnell in die neue – und für ihn viel angenehmere – Rolle hineingefunden, daß er seiner Partnerin schon am zweiten Tag willig ohne Führstrick folgt. Sam, das Welsh-Pony, konnte sich anfangs nicht ganz so leicht mit einer untergeordneten Position anfreunden.**

# Der Positionskreis

Oft werde ich – auch in meinen Kursen und Schulungen – mit sehr schwierigen, zum Teil sogar gefährlichen (gefährlich gemachten) Tieren konfrontiert. Ähnlich wie bei den jungen, wilden Hengsten dauert es maximal einige Minuten, um aus einem Wildpferd oder einem „wilden Pferd" ein zahmes, lammfrommes Kuscheltier zu machen. Das alles natürlich, ohne in irgendeiner Weise dem Pferd Schmerzen zuzufügen! Leider, muß ich sagen, mußte ich dies schon unzählige Male unter Beweis stellen.

Die Beobachter, vor allem die Besitzer dieser Pferde, glauben dann an irgendwelche Zauberkräfte oder an irgendeinen Hokuspokus, denn sie sehen während dieser ganzen Aktion mehr oder weniger nichts!

Natürlich kommen bei dieser Arbeit viele Faktoren zusammen. Eine Reihe davon findet sich in diesem Buch wieder. Der wichtigste Aspekt hierbei ist jedoch vor allem die Beachtung des „Positionskreises", wie ich es nenne.

Der Positionskreis – was hat das zu bedeuten? Mit einem Pferd an einem Führstrick kann ich jeden x-beliebigen Punkt auf dem Zirkel der Abbildung einnehmen. Jeder Punkt jedoch hat eine andere Bedeutung. Grob läßt sich ein solcher Positionskreis in drei Abschnitte einteilen:

**Abschnitt 1** ist der Bereich der größten Dominanz, der größten Macht über das Pferd. Das ist genau jene Position, die das Muttertier einnimmt bei einem Fohlen bei Fuß. Gleichzeitig aber ist es die Position, die dem Pferd jede Selbstständigkeit nimmt.

**Hier sehen wir sehr schön drei unterschiedliche Führpositionen, die wir im einzelnen noch beschreiben werden. Wichtig ist, daß alle drei Pferdefrauen sich im ersten Bereich des Positionskreises aufhalten.**

**Zone 1:**
- **Größte Dominanz**
- **Minimale Selbständigkeit des Pferdes**
- **Entwicklung eigenverantwortlichen und mutigen Handelns des Pferdes unmöglich**

**Abschnitt 2** markiert jene Positionen, die das jeweils rangniedrigere Tier einnimmt. Es ist die dominanzschwächste Position überhaupt! Befindet sich der Pferdeführer in diesem Bereich, so signalisiert er dem Pferd, daß er **der Unterlegene, der Schwächere** ist.

Merkwürdigerweise ist dies die Position, die hierzulande am häufigsten anzutreffen ist. Also:

Die Position, in der hierzulande die Pferde meist geführt werden, gibt ihnen – von den Pferdeführern in aller Regel unbeabsichtigt – die größte Dominanz. Auf den kommenden Seiten demonstriert uns Steffi, wie sie ihr Pferd korrekt führt, unter Beachtung der im Positionskreis aufgezeigten Positionen.

**Zone 2:**
- **Geringste Dominanz**
- **Entwicklung der Selbständigkeit in Grenzen möglich**
- **Entwicklung eigenverantwortlichen und mutigen Handelns des Pferdes in Grenzen möglich**

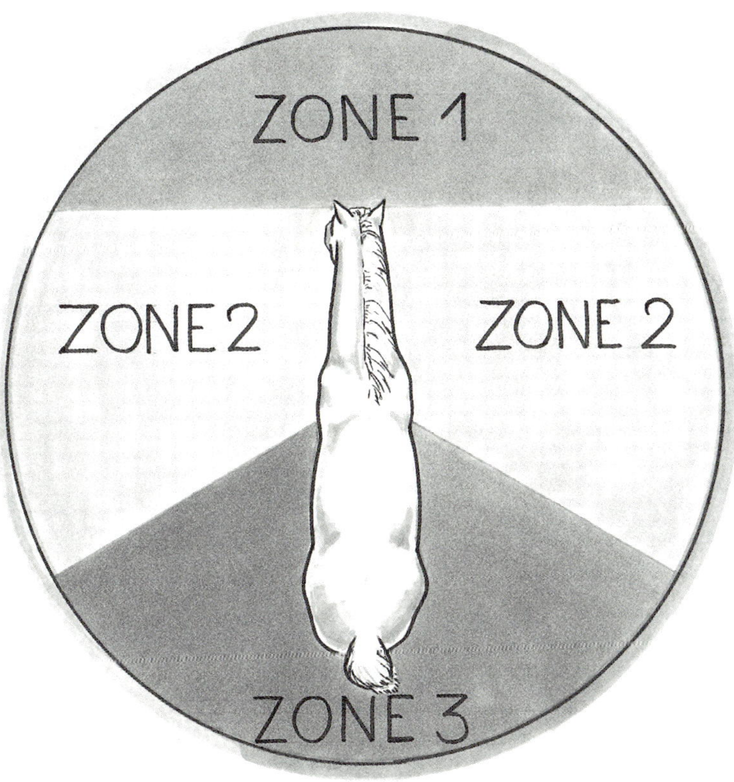


Nun zu dem letzten Tortenstück unserer Zeichnung. Die Positionen von **Abschnitt 3** können von rangniedrigen Tieren, durchaus aber auch von ranghohen Herdenmitgliedern eingenommen werden. Kraft seiner Persönlichkeit besitzt ein ranghohes Tier oder etwa der Leithengst einer Herde in diesem Feld eine vergleichsweise große Dominanz. Nehmen wir, nach vorbereitenden Übungen, diese Position ein, dann können wir aus dieser Position heraus unseren Schützling zu höchster Eigenständigkeit und größtem Mut führen. Wir kennen diese Position auch aus der Arbeit am langen Zügel. Diese Position ist optimal, um ein Pferd an der Hand auszubilden, zu leiten, zu lenken und zu fördern.

Um aber diese Position einnehmen zu können, sind sehr umfangreiche Vorübungen notwendig! Bitte beachten Sie dies!

Gerade dann, wenn wir später an den Übungen der Hohen Schule arbeiten, der Piaffe und der Passage, dann ist das Arbeiten in dieser Position unerläßlich.

**Zone 3:**
- **Mittelstarke Dominanz**
- **Optimale Entwicklung der Selbständigkeit**
- **Optimale Entwicklung eigenverantwortlichen und mutigen Handelns**

# Unser Handwerkszeug für den Anfang

Wir benötigen für unsere Arbeit am Anfang eigentlich nicht sehr viel – das wenige aber sollte funktionell sein und passen. Wir benötigen:

1. Einen ca. 5–6 Meter langen, geschmeidigen, aber dennoch kräftigen **Strick**.
2. Ein möglichst feines, gutsitzendes **Stallhalfter**.
3. Eine lange, gute **Gerte**, die ein feines, aber festes Touchieren ermöglicht. Die Qualität der Gerte spielt für das Gelingen unserer Arbeit eine nicht zu unterschätzende Rolle!
   Die Gerte ist sozusagen die Verlängerung meines Armes und muß ebenso sanft und präzise einzusetzen sein wie die Spitzen meiner Finger. Sehr gute Gerten werden vornehmlich in England hergestellt. **Niemals benutzen wir die Gerte zum Bestrafen – damit würde sie jeden Wert für unsere Arbeit verlieren!**
4. Die **Flatterbandstraße**
   Flatterband ist ein universelles Hilfsmittel für die Arbeit mit Pferden. Jedes gewünschte Areal kann man hiermit abtrennen, Gassen, Straßen und Winkel bauen.
   Die Flatterbandstraße ist etwa 4–5 Meter breit und ca. 20 Meter lang. Sie dient uns für viele Übungen.
5. Den **Picadero**
   Das ist nun etwas ganz Spezielles, und für die Beschreibung dieses „Hilfsmittels" nehmen wir uns etwas mehr Raum. Der Ursprung dieses kleinen „Pferdetempels" liegt sehr weit zurück. Hinweise darauf finden sich sogar an einigen Stellen des Alten Testaments!
   Ein Picadero ist im Grunde eine kleine, quadratische Reithalle mit den Innenmaßen von genau 10,75 × 10,75 m, das heißt, die Pferde bewegen sich auf einem quadratischen Hufschlag von 10 m Seitenlänge. Interessanterweise sind diese Maße für alle Pferderassen, vom Pony bis zum großen Warmblüter, ideal. Er kann natürlich genausogut als offener Platz hergerichtet sein. Das Material, das wir zur Abgrenzung benutzen, spielt praktisch keine Rolle, wichtig ist nur, daß die angegebenen Maße möglichst genau eingehalten werden. In einem solchen Picadero können Pferde bis zur Hohen Schule ausgebildet werden.

Von den Westernreitern kennen wir eine Einrichtung, die eine ähnliche Funktion übernimmt, der sogenannte Roundpen. Er ist rund und hat ebenfalls einen Durchmesser von in der Regel 10 m. Vor der Benutzung eines solchen Roundpens möchte ich allerdings eindringlich warnen – er leistet lange nicht die Dienste eines Picaderos.
Die Gründe hierfür sind sehr einfach: Als die Spanier nach Amerika kamen, wurde

**Der Führstrick, den wir benutzen, sollte eine Länge von 4–5 Metern haben. Wichtig ist, daß wir gegebenenfalls einen großen Abstand zum Pferd einhalten können. Niemals sollte der Abstand zum Pferd zu klein sein (wie ich es in aller Regel hier beobachten kann). Das Pferd braucht immer das Gefühl der Freiwilligkeit!**

**Das Arbeiten in eng abgegrenzten Bereichen ist sehr hilfreich. Unten führt Gabi ihre Stute durch die Flatterbandstraße.**

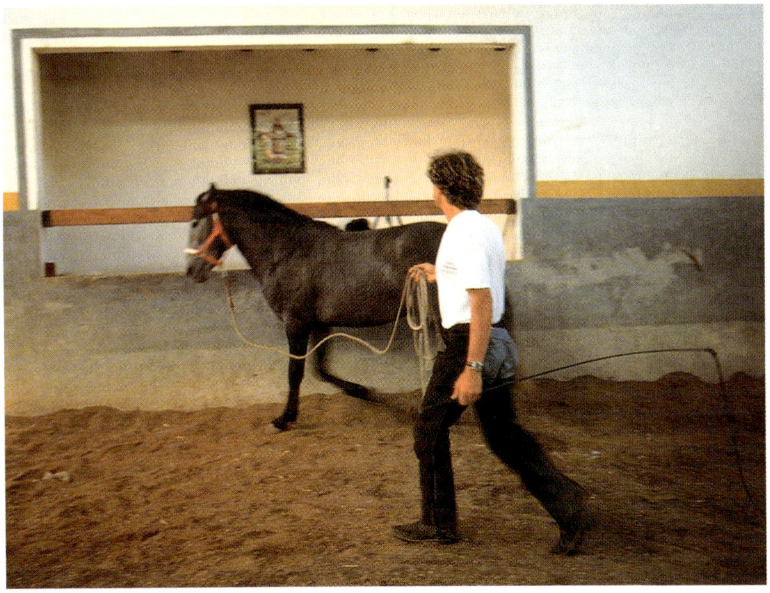

**Der Picadero ist ein Hilfsmittel von so großer Wichtigkeit, daß man ihn – wenn möglich – aus solidem Zaunmaterial errichten sollte. Hier arbeite ich mit Fulano in einem typischen spanischen Picadero. In vielen Fällen wirkt dieses Gebäude wie ein kleiner Tempel.**

**Die Olivenbäume vor dem Hauptgebäude der Finca stehen in einem Abstand von genau 11 Metern zueinander. Ein idealer Platz, um sich im Freien einen provisorischen Picadero einzurichten. Viele Fotos zu diesem Buch sind in diesem „Picadero" entstanden.**

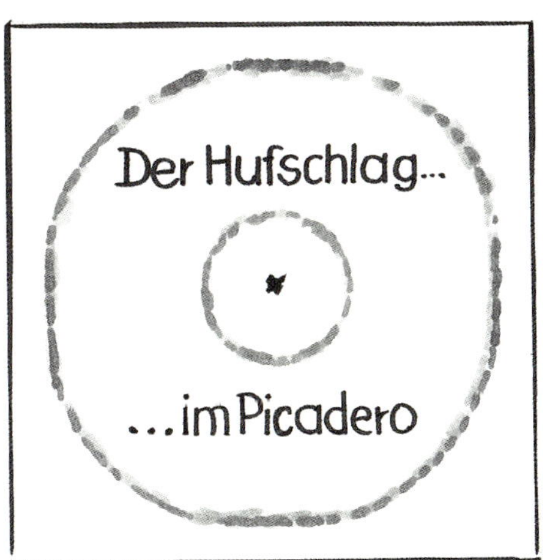


der Gedanke des Picaderos dort übernommen. Man beobachtete, daß die Pferde in einem Quadrat gearbeitet wurden – aber letztlich doch nur im Kreis herum liefen. Das eine oder andere sture Pferd hielt sich dann aber auch gelegentlich einmal in den Ecken auf – da macht man das Ding doch besser gleich rund! Auf den ersten Blick scheint das zu stimmen – doch auch auf den zweiten? Denn betrachten wir den Kreis einmal genauer, den die Pferde in einem Quadrat zurücklegen, dann stellen wir fest, daß es in Wahrheit doch kein exakter Kreis ist, sondern vielmehr ein abgerundetes Viereck! Diese Figur, die das Pferd automatisch beschreibt, zwingt es, ständig seine Biegung zu verändern, sich so ständig zu gymnastizieren!

Ein weiterer wichtiger Aspekt: Wir Menschen halten uns in aller Regel in eckigen – viereckigen – Räumen auf. Tatsächlich ist es so, daß Menschen, die sich in runden Räumen lange Zeit aufhalten, bald jede Orientierung verlieren und schließlich sogar krank werden. Mit den Tieren verhält es sich ähnlich.

Und ein dritter Punkt: Der innerhalb des Picaderos eingenommene Standort sollte nach bestimmten Gesichtspunkten, auf die wir noch zu sprechen kommen, sehr häufig wechseln. Nur so ist es möglich, auf die jeweiligen Erfordernisse der Arbeit einzugehen. Alles das ist in einem Roundpen nicht möglich.

Also: Obwohl unsere Pferde innerhalb des Picaderos vornehmlich Zirkel beschreiben, sollte die Abgrenzung in jedem Falle viereckig sein.

6. Die **Longierpeitsche**, die wir benötigen, sollte vergleichsweise kurz sein. Ich habe sehr gute Erfahrungen mit den unterschiedlichsten Fahrpeitschen gemacht.

# Das Geheimnis der Parade

Ein Pferd richtig anzuhalten ist für mich der Schlüsselpunkt des ganzen Themas. In dem Augenblick, in dem es mir gelingt, ein Pferd richtig durchzuparieren, in dem Augenblick bin ich auch in der Lage, ein Pferd ohne den mechanischen Gebrauch der Zügel zu versammeln. Zu versammeln, ohne zu verbremsen. Nicht **Verpulverung von Energie**, sondern **Umwandlung** von Energie. Der Tanz beginnt!

Jeder Mensch, der mit Pferden zu tun hat, kennt die Begriffe der ganzen und halben Parade. Hinterfragt man jedoch einmal genauer, was eigentlich damit gemeint ist und wie man das, was damit wohl gemeint sein soll, eigentlich durchführt, so hat es für mich immer an befriedigenden Antworten gemangelt.

Ganze Parade, halbe Parade – was sagen die Laien, was sagen die Profis?

Die Laien:

Ganze Parade = feste am Zügel ziehen!

Halbe Parade = ein bißchen weniger am Zügel ziehen!

Die Profis, wie ich sie verstehe:

Ganze Parade = Das Pferd durchparieren bis zum Halt, indem wir das Pferd durch Kreuzanspannen und Schenkelaktivierung gegen den Zügel treiben.

Halbe Parade = Das Pferd verkürzt seinen Gang bei gleichzeitiger Versammlung, indem die oben beschriebenen Hilfen vermindert eingesetzt werden.

Gut und schön – wie immer auch das Kreuzanspannen und die Schenkelaktivierung zu verstehen sind, fest steht jedenfalls, daß die Zügel notwendig sind, auch wenn ich im Idealfall nicht daran ziehe, um eine Parade zu geben. Kreuzanspannen und Schenkelaktivierung wird auch eingesetzt, um „Gas zu geben". Dann jedoch, wenn ich das richtig verstanden habe, lasse ich die Zügel vorne locker, und mein Pferd schießt von dannen. Gas geben und Anhalten ist also jeweils mit denselben Hilfen verbunden, nur einmal lasse ich meine Faust stehen, das andere Mal gebe ich ein wenig nach – aber nur ein wenig, denn ich will ja die Versammlung nicht aufgeben.

Wenn ich also alles richtig verstanden habe, **dann wird auch bei den Profis das Pferd ausschließlich mit den Zügeln angehalten, denn die Art des Zügelgebrauchs ist der einzige Unterschied in der Hilfengebung zwischen Anhalten und Gas geben!**

Und bei den Freizeit- und Westernreitern? Bei den meisten „zügellos" reitenden Freizeitreitern ist es letztlich auch so, daß der Traum vom losen Zügel dann für einen Augenblick unterbrochen wird, wenn es darum geht, das Pferd anzuhalten.

Ein Pferd im freien Lauf stoppt immer, indem es die Hinterhand unterschiebt. Diese Phase ist immer mit einer Versammlung verbunden. Nur so kann ein Pferd ohne Schmerzen seinen Gang verkürzen oder anhalten. Benutzt der Reiter zu diesem Zwecke die Zügel, dann muß das Pferd hierzu notgedrungen die Vorhand verstärkt einsetzen – mit all den Folgen, die wir bereits besprochen haben.
Das erste, was ein Pferd – und vor allem auch der Reiter – darum lernen muß, ist, ohne den Einsatz der Zügel den Gang zu verkürzen beziehungsweise anzuhalten. Dies ist eine unabdingbare Voraussetzung für jedes pferdegemäße Reiten.

Bei einigen guten Westernreitern kann man perfekte Stopps aus dem vollen Galopp sehen, mit wirklich durchhängenden Zügeln. Sie setzen ihre Schenkel, ihr Becken und das Gewicht ihres Oberkörpers ein, das eben nicht nach hinten, sondern ganz im Gegenteil leicht **nach vorne verlagert** wird!

Wenn trotzdem der Oberkörper – bei guten Westernreitern – hinten zu liegen scheint, dann liegt das ausschließlich daran, daß das Pferd sehr weit untertritt, die Hanken biegt und sich somit in einer enormen Schräglage befindet. Jedoch wird diese wunderschöne Geschichte – aus meiner Sicht – leider nicht dazu verwendet, das Pferd in den weiteren Ausbildungsstufen zu versammeln.

Pferde in Freiheit, ohne Sattel und Reiter, stoppen immer im Gleichgewicht, indem sie die Hinterbeine untersetzen. Gibt der Leithengst das Kommando Halt für die Herde, dann stoppen alle Pferde ebenfalls auf der Hinterhand. Benutze ich eben dieses Kommando des Leithengstes innerhalb meiner Körpersprache, dann stoppt mein Pferd, ohne jede vorhergehende Dressur perfekt auf der Hinterhand.

Ist es nun möglich, dieses Signal des Leithengstes auch auf das Reiten zu übertragen? Das wäre ja phantastisch, denn dann hätte ich ein Hilfsmittel an der Hand, um mein Pferd ohne Zügelhilfe durchzuparieren. Und zwar im Gleichgewicht auf der Hinterhand! Ich hätte aber noch etwas ganz Wichtiges gewonnen. Wenn ich mein Pferd durch eine ganze Parade ohne Zügel zu einem versammelten Stopp bringen kann, dann muß es folgerichtig auch möglich sein, die sogenannte halbe Parade zu entwickeln – ohne den Einsatz der Zügel –, die zu einer Gangverkürzung, damit zu einer Versammlung und Aufrichtung führt.

Der wichtigste Baustein für das versammelte Reiten am losen Zügel ist die solcherart ausgeführte ganze und halbe versammelnde Parade!

Hieraus schließlich, eingebettet in viele begleitende Übungen, entwickeln wir nach und nach die wirkliche, echte Hankenbiegung, eine echte Versammlung, ohne jede Einbuße an Impuls.

Schauen wir uns erst einmal an, wie wir das Pferd in der „Arbeit an der Hand" gemäß dem Vorbild der Natur zum versammelten Halten bringen können.

# Ganze und halbe Paraden in der Bodenarbeit

Wie gesagt, ein Pferd ist vor allem ein Langstreckenläufer, ein Tier, das sich dank seiner Ausdauer und seines permanenten Gleichgewichts in einem ruhigen Tempo über viele Stunden fortbewegen kann. Gibt ein Leithengst nun ein Signal, so geschieht dies außerhalb der Norm. Das heißt, das Signal erfolgt impulsartig – es ist quasi eine momentane Unterbrechung des sonst so gleichförmigen Bewegungsflusses.

Das Pferd in der Natur lernt ausschließlich durch Nachmachen. Ein Pferd auf diese Weise an der durchhängenden Longe zu stoppen hat nichts mit Dressur zu tun, es sind die natürlichen Reflexe, die dies automatisch bewirken. Bitte sehen Sie, wie schön der Hengst auf der Hinterhand stoppt, wie schön seine ganze Haltung, seine Aufrichtung ist. Nicht Dressur, sondern Kommunikation!

Zum zweiten nutzt ein solches ranghohes Tier die Tatsache, daß Pferde in freier Wildbahn ausschließlich durch Zuschauen und Nachmachen lernen und sich entsprechend innerhalb einer Gruppe verhalten.

Tatsächlich können sich beispielsweise ganz bestimmte, auserwählte Junghengste dem Leithengst in einer Weise nähern, wie dies selbst andere hochgestellte Pferde nicht dürfen. Einen solchen „talentierten" und privilegierten Junghengst nimmt der „Alte" dann unter seine Fittiche, um ihn auszubilden – „wissend", daß er eines Tages von ihm geschlagen, womöglich sogar aus der Herde verjagt wird.

Eine solche Ausbildung geschieht ausschließlich durch Provokation und durch Lernen im Nachmachen, nach dem Motto: Jetzt mach mal das, was ich mache!

Diese Form des „Handelns durch Nachmachen" ist so sehr in der Natur der Pferde verwurzelt, daß der Leithengst durch einen impulsartigen Stopp eine ganze Herde wilder Pferde schlagartig zum Halten veranlassen kann.

Man kann kaum beschreiben, wie verdutzt meine Kursteilnehmer oft sind, wenn sie durch so einfache Mittel Kontrolle über ihr Pferd gewinnen können.

Bitte gehen Sie unvoreingenommen ans Werk und probieren Sie einfach aus, was ich Ihnen beschreibe. Wenn Sie es genauso ausführen, werden Sie von dem Erfolg überrascht sein.

Das Signal zum Halten in der Bodenarbeit ist folgerichtig:

**Aus der fließenden Bewegung heraus wird dem Pferd impulsartig das Untertreten der Hinterhand vorgemacht – ebenso wie das darauf folgende konsequente, regungslose Stehenbleiben.**

Das heißt, der Pferdemensch „springt" aus der fließenden Bewegung heraus in eine Art angedeutete Hocke und **verharrt augenblicklich in dieser Stellung**!

Gerade das letzte scheint vielen Menschen außerordentlich schwerzufallen, das jedenfalls zeigt die Erfahrung in meinen Kursen. Dieses Signal wird praktisch jedes Pferd dazu veranlassen, auf der Stelle anzuhalten, und zwar versammelt auf der Hinterhand.

Die anfänglich recht deutliche Geste wird von Mal zu Mal weiter reduziert, schließlich reicht ein – kaum mehr wahrzunehmendes! – superleichtes Zucken der Hüften aus, um das Pferd selbst aus dem rasantesten Galopp zu einem spektakulären Stopp durchzuparieren.

Und die **halbe Parade**?

Um ein Pferd aus dem Trab in den Schritt in dieser Weise durchzuparieren, gehen Sie ebenfalls deutlich mit Ihrer Hüfte hinunter in eine angedeutete Hocke, gehen jedoch dann ruhigen Schrittes weiter. Wenn Sie für diese Dinge allmählich ein feines Gefühl entwickeln, dann reichen minimale Verzögerungen aus, um das Pferd ohne jedes Hilfsmittel vom Boden aus zu versammeln und in seinem Gang zu verkürzen.

Es ist in der Tat eine phantastische Sache – bitte erlauben Sie mir diese kleine Schwärmerei. Aber wenn Sie beobachten können, wie sich die Pferde verändern, wie sie wach werden, runder, kürzer, schöner, wie sie schließlich – ausschließlich durch die Arbeit

**In dieser Bilderserie sieht man sehr schön, wie der kleine Janosch die ihm vorgemachten Handlungen präzise nachmacht. Er stoppt mit tief untergesetzter Hinterhand. Seines ungünstigen Gebäudes wegen nimmt Janosch den Kopf bei diesen Aktionen noch recht hoch, im Verlauf der Arbeit jedoch verändert sich dies von selbst.**
**Nach und nach wird meine Gestik immer knapper, und doch reagiert das Pferd prompt und korrekt.**

vom Boden aus – allmählich in einen kadenzierten Schultrab und schließlich in einen ausdrucksstarken, ansatzweise versammelten, kurzen Galopp kommen, dann werden Sie diese Begeisterung verstehen und nachvollziehen können. Jede Parade, die auf diese einfache Art und Weise gegeben wird, wirkt immer auf die Hinterhand, das Pferd bleibt in jedem Augenblick austariert und im Gleichgewicht, denn nichts ist da, was die Harmonie der Bewegungen stören könnte.

Etwas später kommen wir auf die Arbeit im Picadero zu sprechen, dann werden wir diese Dinge noch einmal im komplexen Zusammenhang der Arbeit erläutern.

Zunächst aber zurück zu den Anfängen, zu der Praxis der Führarbeit und den ersten Stopps aus den dominanten Führpositionen heraus.

# Die drei dominanten Führpositionen

Die erste Führposition gewährt dem Pferdemenschen die größte Dominanz. Die Brust ist dem Pferd zugewandt, eine mitgeführte Gerte vermag vibrierend in den Anfangsphasen zu unterstützen. Wichtig ist der große Abstand zum Pferd, der von Anbeginn an respektiert werden muß. Auch in der freien Arbeit mit den Pferden müssen die einzelnen Führpositionen korrekt eingehalten werden.

**Bitte verwenden Sie für diese Arbeit keine anderen Hilfsmittel als die angegebenen!**

Mit den Übungen und Anweisungen der folgenden Kapitel möchte ich Ihnen ein System an die Hand geben, das Ihnen in kürzester Zeit sehr große Dominanz über Ihr Pferd verleiht, bis zu dem Punkt, wo Sie das wirkliche, volle Vertrauen des Pferdes besitzen und eben gleichzeitig seine freudige, ungebrochene, stolze Ergebenheit!

Hier zunächst die drei Führpositionen im einzelnen. Sie alle bewegen sich innerhalb des ersten Feldes des Positionskreises!

## Führposition 1:

Sie stehen frontal zu Ihrem Pferd mit einem Abstand von ca. 1–3 m. Der Mindestabstand von ca. 1 m sollte niemals unterschritten werden! Mit der rechten und der linken Hand ergreifen Sie den Führstrick so, daß Sie Ihre Arme sehr weit auseinander halten können. Die Hand, die das Ende des Führstrickes hält, trägt zumindest in den ersten zwei, drei Übungslektionen eine Gerte! Dies ausschließlich zur Verstärkung der Körpersprache! **Niemals ist die Gerte ein Instrument der Bestrafung!**

Der Führstrick muß immer in einem leichten Bogen durchhängen und darf niemals angenommen werden. Das Pferd wird sehr schnell lernen, dem Pferdemenschen willig im entsprechenden Abstand zu folgen.

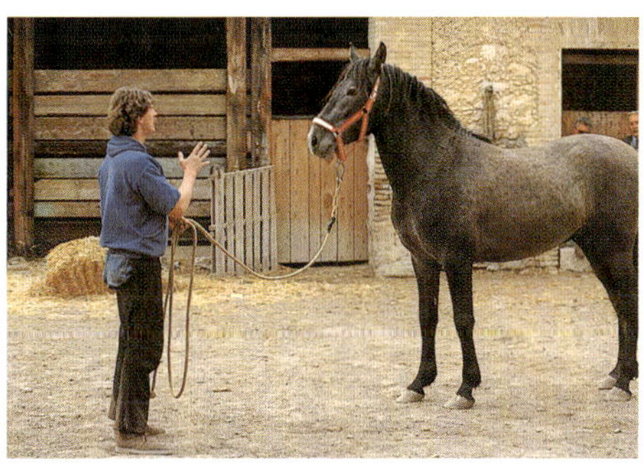

## Führposition 2:

Die Handhabung des Führstricks hat sich nicht geändert, lediglich die Position zum Pferd (siehe Abbildung oben)! Auch hierbei sollte der Abstand zum Kopf des Pferdes 1 m nicht unterschreiten. Die Führhand wird weit hinter dem Körper getragen. Sie ist so etwas wie eine Mauer, die vom Pferd in kürzester Zeit akzeptiert wird. Bitte beachten Sie diesen sehr wichtigen Punkt, und lassen Sie sich von einem Freund besonders in dieser Hinsicht immer wieder kontrollieren und korrigieren!

Grundsätzlich sollte man sein Pferd immer im Auge behalten. Bitte niemals einfach so daherlatschen! Denn dann wird die feine Verbindung der Kommunikation sofort unterbrochen.

Die Dinge, die wir hier besprechen, scheinen kleine Details zu sein. Doch gerade das Arbeiten in diesen kleinen, feinen Nuancen schafft eben die Basis, auf der sich alles weitere leicht aufbauen läßt.

Wie soll denn ein Pferd lernen, auf feinste, fast nur gedachte Hilfen zu reagieren, wenn es ansonsten herumgeschubst und herumgezerrt wird? Wie soll denn ein Pferd ohne grobe Zügelhilfe dirigiert werden, das nicht vor allem durch die Arbeit an der Hand gelernt hat, auf feinste Signale hin zu reagieren? Ein Pferd ist dann wirklich dominiert, wenn es Ihnen **ohne jede grobe Hilfe** folgt, wohin und wann immer Sie wollen! Freiwillig und freudig!

**Aus der ersten Führposition läßt sich sehr leicht die zweite entwickeln. Hier gelten dieselben Prinzipien wie bei der ersten Position. Immer müssen wir darauf achten, einen großen Abstand zum Pferd zu wahren und es immer im Auge zu behalten.**

**Auch in kritischen Situationen, wenn beispielsweise wie rechts im Bild ein Hengst den Stuten nachschreit und nicht wenig Lust verspürt, einfach davonzustürmen, zählt die eindeutige und prägnante Körpersprache und nicht der angenommene Führstrick.**

### Führposition 3:

Dies ist die endgültige Führposition rechts und links von Ihrem Pferd (siehe Abbildung). Die Handhabung des Führstrickes hat sich wiederum nicht geändert. Er hängt sehr lokker durch.

Auch aus dieser Führposition sollten Sie Ihr Pferd immer im Augenwinkel behalten und die Führhand immer hinter dem Körper tragen. Das Pferd sollte mit seinen Nüstern immer im Bereich der Führhand gehen! Auf keinen Fall darf es die Führhand überholen, denn dann würden Sie sich im zweiten Feld des Positionskreises befinden – in genau jenem Bereich, der dem Pferdeführer die geringste Dominanz zuordnet.

**Die dritte Führposition schließlich ist die endgültige Position zum Pferde hin (bleibt noch die Position 4 für ganz bestimmte Übungen). Wichtig ist, daß sich der Pferdemensch immer mit seiner Schulter vor den Nüstern des Pferdes bewegt. Wird hiergegen verstoßen, dann bricht das kommunikative System der Körpersprache in sich zusammen.**

**Wie im Bild links demonstriert, ist es äußerst wichtig, ein Pferd gleichmäßig von beiden Seiten zu arbeiten.**

**Auch wenn wir wie hier links im Bild eine kleine Pause einlegen, sollten wir – zumindest in den Anfangsphasen – immer in der richtigen Position verbleiben.**

# Das Arbeiten zu zweit

Die Ausbildung eines Pferdes ohne die Hilfe eines lieben Mitmenschen ist nur sehr schwer möglich. Bis hin zu den Übungen der Hohen Schule sollten viele Abschnitte der Ausbildung zu zweit, also mit einem Helfer, ausgeführt werden.

Diese Art der Arbeit erleichtert und verkürzt nicht nur den langen Weg einer soliden Pferdeausbildung, sie garantiert auch immer eine gewisse Kontrolle, auf die man niemals verzichten sollte!

Ich spreche hier nicht von den vielen Stunden, die Sie mit Ihrem Pferd in Zweisamkeit inmitten der Natur verbringen, sondern von den reinen – meist neuen – Übungsabschnitten!

# Wir fangen an . . .

**Am Anfang ist es leichter und hilfreicher, die einzelnen Bewegungsphasen miteinander einzustudieren. Auf dem Bild rechts sehen wir zwei wichtige Phasen des Führens. Barbara links demonstriert uns das Stoppen. Sie macht einen energischen Schritt auf ihre Partnerin zu und hebt gleichzeitig ihre Führhand. Am Anfang sollten diese Signale sehr deutlich ausfallen. Unser Pferd muß sich erst einmal daran gewöhnen, und für uns ist es leichter, die einzelnen Signale zu differenzieren.**
**Rechts sehen wir Birgit, die gerade durch das Absenken der Führhand und durch das Zurücknehmen der Hüfte ihrem „Pferd" signalisiert, ihr doch bitte zu folgen. Bitte nicht vergessen: Folgt unser Pferd auch der kleinsten Anweisung, dann bekräftigen wir dies durch ein kleines, zustimmendes akustisches Lob.**

. . . und zwar ganz langsam!

Bitte schauen Sie sich die folgenden Fotos an. Sie sagen Ihnen mehr, als ich Ihnen beschreiben kann. Daß da zwei erwachsene Menschen miteinander Reiter und Pferd spielen, mag ziemlich dumm und albern aussehen, aber es ist außerordentlich hilfreich – und schont die Nerven Ihres Pferdes. Machen Sie diese Übungen mit einem Freund so lange, bis alle Bewegungen weitgehend selbstverständlich geworden sind. Schließlich ist es eine Sprache, die Ihr Pferd versteht, die Sie aber erst einmal einstudieren und lernen müssen.

Das Prinzip ist ganz einfach. Wenn Sie in einem Auto sitzend einem anderen Verkehrsteilnehmer etwas deutlich machen wollen, dann tun Sie dies, indem Sie sich einfacher und klarer Handsignale bedienen. Diese Bewegungen sind gar nicht so unähnlich denen, die wir mit unseren Pferden benutzen wollen. Am nächsten aber kommen jene Bewegungen an unser Körperspiel heran, die Sie aus dem Volkstanz und den höfischen Tänzen kennen. **Mit Pferden tanzen** – das ist kein ferner Traum, das beginnt in der ersten Sekunde des Zusammenseins und begleitet uns in die höchsten Schulen des Reitens. **Mit Pferden tanzen** – dazu gehören zwei Partner. Und ein jeder von ihnen hat seinen Part zu tanzen, muß seine Schritte kennen, Rhythmus halten und Grazie entwickeln. **Mit Pferden tanzen zu wollen heißt zuerst einmal, tanzen lernen!**

Jetzt also das Ganze mit Pferd. Diese

**Oben sehen wir Barbara noch einmal, wie sie ihr „Pferd" Christiane durch einen energischen Schritt nach vorne und durch das Anheben der Führhand stoppt.**

**Die Rollen sind vertauscht, Christiane ist nun der Pferdeführer. Rechts demonstriert sie, wie die Führhand der Bewegung des Körpers vorausgehen sollte.**

**Die Arbeit mit dem Pferd wird sehr erleichtert und effektiver durch die Mitarbeit eines anderen Pferdemenschen. Barbara hilft ihrer Freundin – ebenfalls Barbara –, den manchmal etwas eigensinnigen Friesenwallach bei der Sache zu halten. Immer wenn dieser sich anderen Dingen zuwendet als der geforderten Aufgabe, tritt sie mit leichten Signalen unterstützend in Aktion. Eine solche Hilfestellung ist nur in den allerersten Lektionen notwendig.**

Übungen mögen dem einen oder anderen lächerlich erscheinen, so unbedeutend sehen sie aus. Das gebe ich gern zu – doch glauben Sie mir: Leicht sind sie dennoch nicht – und korrekt ausgeführt von grundlegendem, durchschlagendem Erfolg.

Ihr Helfer ist mit einer **Signalgerte** ausgerüstet hinter Ihr Pferd getreten. Jetzt fordern Sie dieses durch Ihre Körpersprache auf, Ihnen zu folgen (siehe Abbildungen). In aller Regel tut es das. Wenn nicht, dann **bitte nicht an Ihrem Strick zerren**.

Dieser sollte unbedingt immer in der gleichen Weise durchhängen. Durch ein kleines Signal mit der Gerte oder durch ein einfaches Schnalzen mit der Zunge setzt Ihr Helfer Ihr Anliegen durch!

Sie gehen schnurstracks zu Ihrem Übungsplatz und achten darauf, daß sich der Abstand zu Ihrem Pferd nicht verändert. Das heißt: Träumt Ihr Pferd und kommt nicht mit, dann tritt, schon bevor sich der Strick spannt, Ihr Helfer oder Ihre Helferin in Aktion.

Wahrscheinlicher ist der umgekehrte Fall: Ihr Pferd holt auf, überholt, versucht womöglich sogar, Sie umzurennen – und genau das müssen Sie unbedingt verhindern!

Schon bei den ersten Anzeichen (Demonstration **seiner** Macht, des absoluten Ignorierens Ihrer Person), setzen Sie mit allen gegebenen Mitteln Ihre Körpersprache ein.

Was heißt das?

Beginnen Sie damit, daß Sie drohend die Hand heben – keinen Erfolg?

Jetzt vibrieren Sie kräftig mit der hinter Ihrem Rücken gehaltenen Gerte – immer noch keinen Erfolg?

Jetzt führen Sie einen Affentanz auf, wie ihn Ihr Pferd noch niemals zu Gesicht bekommen hat – so lange, bis Sie Erfolg haben!

Ihr Pferd wird erstaunt sein, verdutzt, erschrocken oder sich schlicht und einfach totlachen – aber schließlich langsamer werden oder sogar anhalten. Sie haben gewonnen! Ein kleines, aber wichtiges erstes Stüflein auf der Leiter der Dominanz. Denn hat Ihr Pferd zu Ende gelacht, kommt etwas sehr Wichtiges: der Respekt!

Sind Sie so auf Ihrem Reit- oder Übungsplatz angekommen, dann drehen Sie in derselben Weise zwei, drei Runden. Sie reden nur das Notwendigste, haben immer Ihr Pferd im Auge und gehen zügig und flüssig mit stolzem, kräftigem Schritt!

Ihr Helfer tritt nur dann mit vorsichtig unterstützenden Gesten in Aktion, wenn Ihr Pferd Ihnen nicht mehr zügig folgt.

Zwei-, dreimal halten Sie zwischendurch Ihr Pferd an, indem Sie das vorher beschriebene Körpersignal einsetzen (Hand leicht anheben, einen kleinen impulsartigen Schritt auf das Pferd zu machen, mit einer angedeuteten „Hocke").

Haben Sie Ihr Pferd auf diese Weise er-

**Ingrid demonstriert uns hier mit ihrem Pintowallach sehr schön die ersten Anfänge des korrekten Führens. Mit gleichbleibendem Abstand führt sie ihr Pferd in die Flatterbandstraße und stoppt es schließlich mit einem energischen Schritt nach vorne. Zuvor hat sie dem Pferd akustisch ein paar einleitende Signale gegeben, um es nicht mit der deutlichen Hilfe zu überfallen. Nachdem sie den Pinto angehalten hat, bleibt sie einige Sekunden regungslos stehen, um dann wieder mit heruntergenommenen Armen und leicht zurückgenommener Hüfte anzutreten.**

folgreich angehalten, dann verharren Sie bitte regungslos – tun Sie das, was Sie auch von Ihrem Pferd erwarten!

Beim erneuten Antreten bitte wieder ein deutliches Signal geben.

Schließlich führen Sie Ihr Pferd ruhig in den Stall, um so die Übung zu beenden. Das Ganze hat nur wenige Minuten gedauert, aber glauben Sie mir, die Konsequenz für das Verhältnis zu Ihrem Pferd aus diesen wenigen Minuten ist gar nicht hoch genug einzuschätzen.

**Wichtig:**

Nicht die Heftigkeit der Bewegungen ist entscheidend, sondern die impulsartige, selbstbewußte und deutliche Ausführung. In der Tat komme ich auch bei noch so nervösen, sturen oder wilden Pferden mit minimalen Gesten aus, um mich verständlich zu machen, um mich durchzusetzen. Entscheidend hier ist der Wille, das Selbstvertrauen und nicht zuletzt das gesamte persönliche Auftreten. Das aber ist auch alles eine Sache der Erfahrung, der Übung – wichtig ist zuallererst einmal, daß Sie sich überhaupt verständlich machen, überhaupt durchsetzen.

Außerdem: Ich wiederhole dies noch einmal, weil es wirklich entscheidend ist: Im Anschluß an Ihr Stopp-Signal **bleiben Sie bitte wie angefroren stehen!** Nichts, kein Augenlid sollte sich bewegen. Zählen Sie innerlich etwa 7–10 Sekunden ab, und verharren Sie in dieser Zeit bewegungslos. Sollte Ihrem Pferd das zu lang sein – was selbst in den ersten Übungen kaum passiert – und es von sich aus antreten, dann geben Sie ein wiederholtes Haltsignal und fallen sofort zurück in die „Winterstarre".

Das konsequente Einhalten dieser Regeln ist ganz entscheidend für den Erfolg.

Sie werden sehen, auch Ihr Pferd steht da wie vom Blitz getroffen, und Sie werden sehen, wie schwierig es ist und wieviel Konzentration es erfordert, einmal 7–10 Sekunden regungslos zu verharren. Nach Ablauf dieser Zeit gehen Sie **langsam** in eine normale, bequeme Stellung über und fahren ruhig mit der Arbeit fort.

Genug der Worte – alles weitere entnehmen Sie bitte den Fotos.

# Vom Signal zum Lob: Zeichen geben – verstärken – loben

Wieder ein wichtiges Steinchen in unserem farbigen Mosaik.

Es ist ja nicht nur wichtig, daß mein Pferd mich versteht. Genau so wichtig ist es, daß mein Pferd diese Information auch umsetzt. Das ist beileibe nicht selbstverständlich. Stellt mein Pferd sich stur, so kann das an drei Dingen liegen: Es weiß nicht, es will nicht, es kann nicht! Da muß man dann als Pferdemensch schon sehr genau differenzieren, um in der angemessenen Weise zu reagieren.

Zwei Dinge sind es, die den Kursteilnehmern in aller Regel recht schwerfallen. Zum einen ist es das wirklich konzentrierte und disziplinierte Arbeiten mit den Pferden, zum anderen ist es das Loben. Da wir niemals nach dem Prinzip des Strafens vorgehen, ist es absolut notwendig, daß wir das Positive sehen und ständig verstärken – das heißt loben. Loben heißt hier nicht, daß ich meinem Pferd dauernd um den Hals falle. In aller Regel mögen das die Pferde viel weniger, als wir glauben. Nein – loben heißt, daß ich in der Arbeit immer wieder kleine positive Feedbacks gebe, kommunikative Zeichen, die meinem Pferd bedeuten sollen, daß ich einverstanden bin mit dem, was es gerade macht.

Ein kurzes „fein", „brav", „super" oder was auch immer ist für unser Pferd eine dauernde Anleitung, ist so etwas wie ein Weg, auf dem es sich sicher und zufrieden vorzutasten vermag. Gebe ich meinem Pferd beispielsweise innerhalb einer Lektion zwanzig verschiedene Signale, so lobe ich es eben auch zwanzigmal, immer dann, wenn es meine Absicht richtig umgesetzt hat.

Soviel dazu – nun zu der Eingangsproblematik. Das Pferd soll nicht nur verstehen, sondern das Verstandene auch umsetzen.

Um genau das immer sicherzustellen, benutze ich den – wie ich es nenne – Dreiklang: „Zeichen geben – verstärken – loben".

Was heißt das?

Zum einen: **Ein Signal wird immer nur einmal gegeben – immer!**

Oft sehe ich fleißige, beflissene Pferdeliebhaber im Longierzirkel in regelmäßiger Abfolge irgendein Signal zigmal wiederholen. Nach dem 20. „Galopp!" endlich springt das Pferd dann wirklich in den Galopp. Vom Sattel aus wird das Zeichen zum Angaloppieren wahrscheinlich ähnlich oft gegeben. Ein derart (un)erzogenes Pferd wird natürlich niemals auf feine Signale hin reagieren, denn es hat gelernt, daß auf ein Signal noch mindestens zwanzig folgen und daß dann immer noch genügend Zeit bleibt.

Nein, wir gehen ganz anders vor. Ein solide ausgebildetes Pferd galoppiert an – freudig, ruhig und kraftvoll, sobald sich der Gedanke im Kopf des Reiters gebildet hat. Jeder kann sein Pferd so sensibilisieren, daß es auf das erste leise Zeichen hin reagiert.

Hierzu vergewissern wir uns immer und zu jeder Zeit, daß das, was wir von unserem Pferd verlangen, auch wirklich mit Leichtigkeit und Freude ausgeführt werden kann.

Die Ausbildungsstufen sind also immer gerade nur in der Weise zu steigern, daß die gewünschte Leistung **spielerisch und mit Freude** ausgeführt werden kann.

Nehmen wir eine vergleichsweise sehr leichte Übung, etwa den Übergang vom

**Das Loben des Pferdes ist für unsere Arbeit immens wichtig. Loben heißt nicht immer und unbedingt, einem Pferd um den Hals zu fallen. Nach der Arbeit kann man das sicherlich ausgiebig tun, wie hier Gabi mit ihrer lieben Stute. Aber vergewissern Sie sich bitte, ob Ihr Pferd das auch mag, denn nicht wenige sind davon weit weniger angetan als der Pferdemensch selber!**
**Das Loben während der Arbeit sollte sich fast ausschließlich auf kleine, kurze akustische Signale beschränken, diese aber sollten häufig und präzise erfolgen.**

Schritt zum Trab im Picadero. Das Zeichen für das Pferd ist, neben dem anfänglichen Stimmkommando, das leichte Anheben der Gertenspitze. Schon nach wenigen Minuten lernt **jedes Pferd**, auf den Punkt anzutraben, sobald sich nur die Gerte ein wenig hebt. Es ist müßig zu sagen, daß es dies ohne Angst vor irgendeiner Bestrafung tut.

Für unser Pferd sind diese Kommandos noch neu und unbekannt. Es wird also vermutlich zuerst nicht reagieren. Anstatt nun das Kommando „Teerrrab!" – zu wiederholen, geben wir sogleich ein verstärktes Signal, zum Beispiel ein deutliches Schnalzen mit der Gerte. Jetzt also wird es antraben. Tut es das, so wird augenblicklich jede Verstärkung eingestellt und das Pferd durch ein, zwei nette, zustimmende Worte gelobt. Beim nächsten Versuch reicht mit Sicherheit eine wesentlich geringere Verstärkung aus, um das Pferd antraben zu lassen, und nach drei, vier Minuten wird es auf das kleinste erste Signal hin prompt reagieren.

Wichtig ist, daß die Steigerung der Übungen immer so maßvoll ist, daß wir mit minimalen Verstärkungen auskommen, um unsere Absicht durchzusetzen. Haben wir auf diese Weise einige Zeit mit einem Pferd gearbeitet, überträgt sich die Gewohnheit des prompten Reagierens auf alle folgenden Aufgaben, das Pferd hat gelernt, das verstandene Signal sofort umzusetzen. Tut es dies in einer fortgeschrittenen Ausbildungsphase einmal nicht, so können wir ziemlich sicher sein, daß es die Aufgabenstellung, das Signal, nicht richtig oder vollständig verstanden hat.

Jetzt noch zwei Worte zum **Loben mit Leckerbissen** während der Arbeit. Hier teilen sich die Ansichten. Einige Ausbilder sind dafür, einige dagegen. Einer der animalischsten Triebe ist nun einmal der Freßtrieb, und den sollte man sich meiner Meinung nach zunutze machen, aber erst dann, wenn es **keine Dominanzprobleme** mehr gibt! Denn ist das Dominanzverhältnis nicht wirklich hundertprozentig geklärt, beginnt das lästige Schnuffeln und Betteln, und das zerstört dann in der Tat jede gute, konzentrierte Arbeitsatmosphäre. Also: Loben durch Leckerbissen anfangs nicht; ist das Dominanzverhältnis geklärt, ist es meiner Meinung nach ein wunderbares Hilfsmittel.

# Das korrekte Führen in dominanter Position

Weiter geht es mit der praktischen Arbeit. Natürlich sollen Sie nicht ständig rückwärts vor Ihrem Pferd herlaufen. Diese Position jedoch ermöglicht Ihnen anfänglich eine sehr große Kontrolle über Ihr Pferd. Nach ein paar Übungen dieser Art dürfte Ihr Pferd begriffen haben, daß es Ihnen im Anschluß an Ihr entsprechendes Signal folgen, daß es den Abstand einhalten soll, den Sie ihm vorgeben, und daß es dann, wenn Sie anhalten und dies zuletzt durch ein kleines Signal andeuten, bitte auch anhalten möchte. Das ist schon eine ganze Menge.

Die folgenden Fotos zeigen Ihnen noch einmal den Übergang von dieser etwas unbequemen Position zu der endgültigen Führposition. Zunächst einmal halten Sie den gewählten Abstand zu Ihrem Pferd und blicken in die Bewegungsrichtung, **ohne aber den Blickkontakt zu Ihrem Pferd ganz aufzugeben!** Nun kommt der Übergang in die letzte Führposition. Hier kommt eine kleine, aber wichtige Neuerung hinzu, nämlich die mittellange Longierpeitsche oder eine entsprechend kurze Fahrpeitsche. Denn jetzt spätestens wollen wir auf unseren Helfer verzichten, der die unterstützenden Signale gibt.

Sollte jetzt unser Pferd nicht prompt gleichzeitig mit uns antreten, dann geben wir eine kleine Signalverstärkung, indem wir ein bißchen mit dem Ende der Peitsche hin- und herwackeln. Reagiert das Pferd, dann kommt – nicht vergessen! – natürlich sofort das Lob.

**Noch ein paar wichtige Dinge hierzu:**

- Achten Sie darauf, daß Ihr Pferd hinter Ihnen bleibt! Dazu sollte die Führhand sich immer **hinter** Ihrem Körper befinden.
- Wechseln Sie die Führseiten regelmäßig, achten Sie also bitte darauf, daß Sie Ihr Pferd **von beiden Seiten gleich oft führen**, damit es sich auf beiden Seiten gleich gut biegt.
- Das Führen, wie ich es hier beschreibe, ist nicht nur dazu gedacht, ein Pferd von einem Ort zum anderen zu transportieren, es ist eine wichtige Ausbildungsphase, in der das Pferd lernt, immer feiner auf meine Signale zu reagieren. Außerdem fördert es wie gesagt einmal ganz enorm das Dominanz- und Vertrauensverhältnis, zum anderen aber dient es der Gymnastizierung. Wenn Sie also auf diese schöne Art und Weise mit Ihrem Pferd spazierengehen, dann können Sie alle möglichen Zirkel und Schlangenlinien einbauen und so mit der Gymnastizierung beginnen.
- Ein Pferd, das dauernd überall herumknabbert, hat natürlcih seine Gedanken ganz woanders als bei uns. Von Anfang an also sollten wir das leidige Fressen unterwegs unterbinden, und das geht leider nicht anders, als daß wir – dieses eine Mal – ruckartig am Halfter rupfen. (Bitte zu diesem Thema den Abschnitt über das Strafen und das Löschen beachten.).

Es gibt aber auch viele Situationen draußen im Gelände, wo das Pferd durchaus fressen darf und fressen soll. Mal darf es, mal nicht, das bringt das Tier durchein-

**Die folgenden Sequenzen aus dem Kursgeschehen sollen das Ganze vertiefen und verdeutlichen. Helmar zeigt uns hier sehr schön, wie man ein Pferd aus der zweiten Führposition heraus anhält. Nur ein paar Lektionen weiter reicht es dann völlig aus, lediglich stehenzubleiben. Das Pferd wird dann sofort ebenfalls reagieren. Sehr schön hier die konzentrierte Aufmerksamkeit – das Wichtigste in der Arbeit mit Pferden.**

**Barbara führt das Pferd von rechts. Die linke Hand wird hinten getragen und gibt dem Pferd dadurch eine sichtbare Begrenzungsmarke. Sie geht einen deutlichen Schritt nach vorne, um dann energisch vor das Pferd zu treten – super gemacht!**

**Gabi führt ihre Stute ohne Führstrick. Die korrekt gehaltene Gerte ist immer bereit, beim Zurückbleiben des Pferdes ein leichtes Signal zu geben. Die Führposition ist absolut korrekt, Pferd und Pferdemensch sind sehr aufmerksam und aufeinander bezogen – die Kommunikation beginnt. Ein energischer Schritt nach vorn, eine kleine Wendung, und das Pferd steht – gut!**

**Susanne zeigt uns hier mit ihrem Wallach, wie man sich verhalten sollte, wenn das Pferd doch einmal zu weit nach vorn gekommen ist. Sie geht einfach eine kleine Volte, und auf dem Hufschlag angekommen, ist Susanne wieder in der richtigen Position. Deutliche Körpersprache – aufmerksame Partner – alles korrekt!**

**Steffi befindet sich hier gerade in der korrekten Position, um das Pferd anzutraben. Sie gibt ein deutliches Signal mit dem Körper und unterstützt dies das erste Mal mit einem leichten Schlenker der Gerte. Das Pferd trabt ruhig an und wird sogleich von Steffi mit einem „gut gemacht" gelobt.**

**Trixi zeigt uns hier, wie man schon nach wenigen Übungslektionen ein Pferd ohne den Gebrauch des Führstrickes aus dem Trab in den Schritt pariert. Sie gibt eine halbe Parade, indem sie mit dem rechten Bein verstärkt auftritt und das linke Bein demonstrativ langsam nachzieht. Daraufhin geht sie selber ruhigen Schrittes weiter und genauso auch der Araberwallach neben ihr.**

ander, und es sind immer wieder kleine Auseinandersetzungen zu erwarten. Ich gehe darum in der folgenden Weise vor, die sich in der Praxis außerordentlich gut bewährt hat:
Schon auf den ersten Spaziergängen mit den jungen Hengsten verbiete ich die Knabberei sehr deutlich, begebe mich aber mit dem Pferd immer wieder einmal in „schmackhafte" Futterzonen. Jetzt tue ich nichts weiter, als daß ich einen Büschel Gras herausrupfe und diesen verfüttere. Blitzschnell hat das Pferd begriffen, daß es nur dann von dem reichhaltigen Gabentisch zehren soll und darf, wenn dieses kleine Zeichen vorausgegangen ist. Eine einfache, aber praktische und wirkungsvolle Geschichte.

# Was ist, wenn . . .?

Was ist, wenn . . . das Pferd beim Führen doch immer wieder vorläuft? In der Tat ist die Sache mit dem Führen – so leicht sie auch aussieht – in der Praxis nicht immer ganz so einfach. Ein Pferd wirklich auf der gewünschten Position zu halten, ist – je nach Pferdetyp – am Anfang schon mit Mühe und Anstrengung verbunden.

Wenn mein Pferd doch immer wieder nach vorn stürmen will, sind drei Dinge zu unternehmen:

Zum einen ist es sehr leicht, die Longierpeitsche aus der normalen Haltung heraus nach vorne umzulegen und so eine sehr deutliche Begrenzung zu schaffen.

Zum anderen ist es sehr wirkungsvoll und sehr einfach, immer wieder auf die erste dominante Grundposition zurückzugehen.

Das dritte ist, das Pferd gegebenenfalls einfach überholen zu lassen und sich dann im gleichen Augenblick in die entgegengesetzte Richtung zu wenden. Das Pferd wird dem Menschen folgen und – ist damit wieder in der rangniedrigen Position. Führt man gerade diese Kapriole hin und wieder durch, wird das Pferd schon darum in seiner Position bleiben, um das lästige Herumdrehen zu vermeiden.

Zu guter Letzt jedenfalls sollte Ihr Pferd Ihnen unaufgefordert überall hin folgen. Es sollte antreten, wenn Sie losgehen. Werden Sie langsamer, wird auch Ihr Pferd langsamer, werden Sie schneller, wird auch Ihr Pferd schneller – Sie sind wie der Chef einer Herde, an dem sich Ihr Pferd orientiert.

Den Führstrick halten Sie immer sehr lang, damit Ihr Pferd sich seinen eigenen Abstand zu Ihnen suchen kann. Das ist sehr wichtig. In aller Regel werden die Pferde bei uns viel zu dicht am Menschen geführt.

**Aller Anfang ist schwer, und auch dem aufmerksamsten Pferdemenschen gelingt nicht immer alles gleich. Hier sehen wir Trixi, wie sie aus einer korrekten Position heraus eine Volte beschreiben möchte. Eine schicke Stute in der Ferne jedoch interessiert unseren Fuchs in diesem Augenblick wesentlich mehr. Und schon ist es passiert: Die feine Verbindung zwischen Mensch und Tier ist unterbrochen. Jetzt hilft in der Tat nur noch der Führstrick.**
**Was hätte Trixi tun sollen? Das, was man immer in solchen Situationen tun muß: viel früher reagieren! Die Unaufmerksamkeit des Pferdes bemerkt Trixi schon deutlich auf dem zweiten Foto. Spätestens hier – besser noch früher – hätte sie ein kleines Signal mit der Gerte geben sollen. Mit allergrößter Sicherheit hätte das Pferd aufmerksam reagiert und wieder mitgearbeitet. Hätte auch das nicht gefruchtet, hätte sie die Übung besser gleich abgebrochen und erst einmal aus einer sicheren Führposition heraus die Situation sanft und präzise geklärt.**

**Links: Das ständig fressende Pferd – eine Last! Aber nicht, wenn man auch hier einfache, aber grundlegende Erziehungsprinzipien anwendet.**

# Das Stehenbleiben

Kaum ein Pferd hier ist in der Lage, sei es beim Putzen, beim Hufschmied oder wo auch immer, stehenzubleiben. Dabei ist es nicht nur eine sehr einfache Übung, es ist auch ein wunderbares Instrument, das Dominanz- und Vertrauensverhältnis zu steigern.

**Eine sehr wichtige Dominanz- und Erziehungsübung ist das Stehenbleiben. Wenn man die ersten Übungen dieses Buches mit Erfolg durchgeführt hat, ist diese Übung ein leichtes. Das Pferd ist aufmerksam geworden, reagiert auf feine Signale und vermag in unserer Körpersprache zu lesen. Entscheidend hierbei ist, daß der Punkt, an dem die unsichtbare Verbindung zwischen Mensch und Tier abzubrechen droht, zu keinem Zeitpunkt der Übung überschritten wird, denn sonst lernt das Pferd nicht „stehenbleiben" sondern „weglaufen". Auch hier wieder keine Dressur, sondern Kommunikation.**

Wie Sie aus der letzten Führposition heraus Ihr Pferd anhalten, zeigen Ihnen sehr deutlich die Fotos. Wenn Sie auf diese Weise mit Ihrem Pferd arbeiten, wird es ohnehin so lange regungslos stehenbleiben, bis Sie ein erneutes Signal geben.

Wollen Sie Ihrem Pferd beibringen, auch ohne Sie stehenzubleiben, dann lassen Sie Ihren Führstrick fallen und sagen deutlich „steh!". Das wird es natürlich nicht begreifen, auf unsere Signale aber ist es inzwischen schon geeicht. Wenn Sie sich nun sehr langsam von Ihrem Pferd entfernen, dann halten Sie einfach deutlich die Handfläche nach oben vor Ihr Pferd – und siehe da, es bleibt stehen – bestimmt!

Nur eines dürfen Sie jetzt nicht machen: Es gibt Bücher und Trainer, die sagen: „Wenn dein Pferd von der Stelle geht, dann mußt du es immer wieder an den Ausgangspunkt zurückstellen, damit es lernt stehenzubleiben." Mit dieser Methode brauchen Sie ewig und drei Tage, um zu dem gewünschten Ergebnis zu gelangen.

Ich gehe anders vor und habe ruck-zuck die besten Erfolge.

Es ist wichtig, daß Sie diese Übung erst dann beginnen, wenn das Führen und das Anhalten schon recht gut klappen. Wenn Sie sich jetzt von Ihrem Pferd entfernen, dann müssen Sie sehr gut acht geben und sehr konzentriert sein. Bevor sich nämlich Ihr Pferd bewegt, wird es einen etwas mißgelaunten Gesichtsausdruck bekommen („ich will nicht mehr!"), mit dem Kopf schlagen, sich umschauen und dergleichen. Entfernen Sie sich anfänglich nur recht wenig – vielleicht zwei, drei Meter – von Ihrem Pferd, und parieren Sie diese Gesten durch lautes Klatschen mit den Händen. Sie werden staunen, wie das funktioniert. Und jetzt sollten Sie wieder bei Ihrem Pferd sein, bevor es sich tatsächlich von seinem Platz entfernt hat.

Machen Sie das mehrere Tage lang täglich ein-, zweimal, und gelingt es Ihnen, diesen Moment immer rechtzeitig abzupassen und Ihr Pferd danach mit einem kleinen Leckerbissen zu belohnen, dann steht Ihr Pferd bombensicher bei allen Gelegenheiten – dank positiver Verstärkung!

# Das Rückwärtsrichten vom Boden aus

Wenn wir diese Dinge soweit bewältigt haben, ist es gut zu lernen, wie man ein Pferd vom Boden aus rückwärtsrichtet. Ich meine damit, es wirklich rückwärtszurichten und nicht rückwärtszuquälen, zu -stoßen oder zu -schubsen.

Wieder müssen feinste Signale und Hinweise genügen, um zu der gewünschten Reaktion zu gelangen. Immer wieder Körpersprache, immer wieder Signale, die beinahe nur gedacht sind – und zwar von Anfang an, denn beginne ich erst einmal mit groben Mitteln, mit Rucken, Zucken, Ziehen, Zerren, ist einfach das Niveau der Kommunikationsform festgelegt und ein feines Arbeiten nicht mehr möglich.

Wir sollten lernen, ein Pferd vom Boden aus praktisch ohne jede mechanische Einwirkung rückwärtszurichten. Können wir das, so haben wir ein ebenso großes wie sanftes Dominanzmittel hinzugewonnen.

Was wir nicht machen: mit der Gerte herumfuchteln, mit Schnüren hantieren oder ähnliches. Ohnehin setzen wir auf keinen Fall jemals unsere Körperkraft ein, um unser Pferd in irgendeine Richtung zu dirigieren, denn das Pferd erlebt auf diese Weise nur „hautnah" unsere eigentliche körperliche Schwäche.

Wir machen es uns viel leichter: Auf den folgenden Fotos sehen Sie eine sehr einfache Einrichtung. Wir schaffen mit einfachen Mitteln einen schmalen Gang, in den wir das Pferd hineinführen. Ist es einmal drinnen, wird es nichts Eiligeres zu tun haben, als so schnell wie möglich wieder hinauszugelangen – und das natürlich rückwärts. Diesen Moment warten wir ab. Gegebenenfalls helfen wir durch einige Gesten nach, was aber kaum je nötig ist. Sobald mein Pferd ansetzt, sich rückwärts davonzumachen – freiwillig! –, gebe ich ein deutliches akustisches Signal und trete energisch auf das Pferd zu, um seinen Rückwärtsgang noch etwas zu beschleunigen. Sogleich bekommt es eine kleine Futterbelohnung. **Diese Übung wird heute nicht mehr wiederholt!**

Wenn wir das noch ein-, zweimal durchgeführt haben, lassen wir das Pferd nicht am Ende der Gasse anhalten, sondern gehen noch 2–3 m weiter zurück. Das geht ohne jedes Problem. Schrittweise beginne ich nun, die Gasse abzubauen und den Weg des Rück-

**Auch das Rückwärtsrichten vom Boden aus oder unter dem Reiter ohne Zügel ist nicht so schwierig, wenn man einige einfache natürliche Prinzipien beachtet. Das Pferd wird einfach in eine Situation gebracht, in der es nur einen Weg gibt, nämlich den des Zurückweichens.**
**Helmar führt seinen Traber in eine kleine Gasse und unterstützt das selbständige Rückwärtstreten des Pferdes mit akustischen und Körpersignalen. Wichtig: Niemals das Pferd in dieser Übung mit dem Körper berühren.**

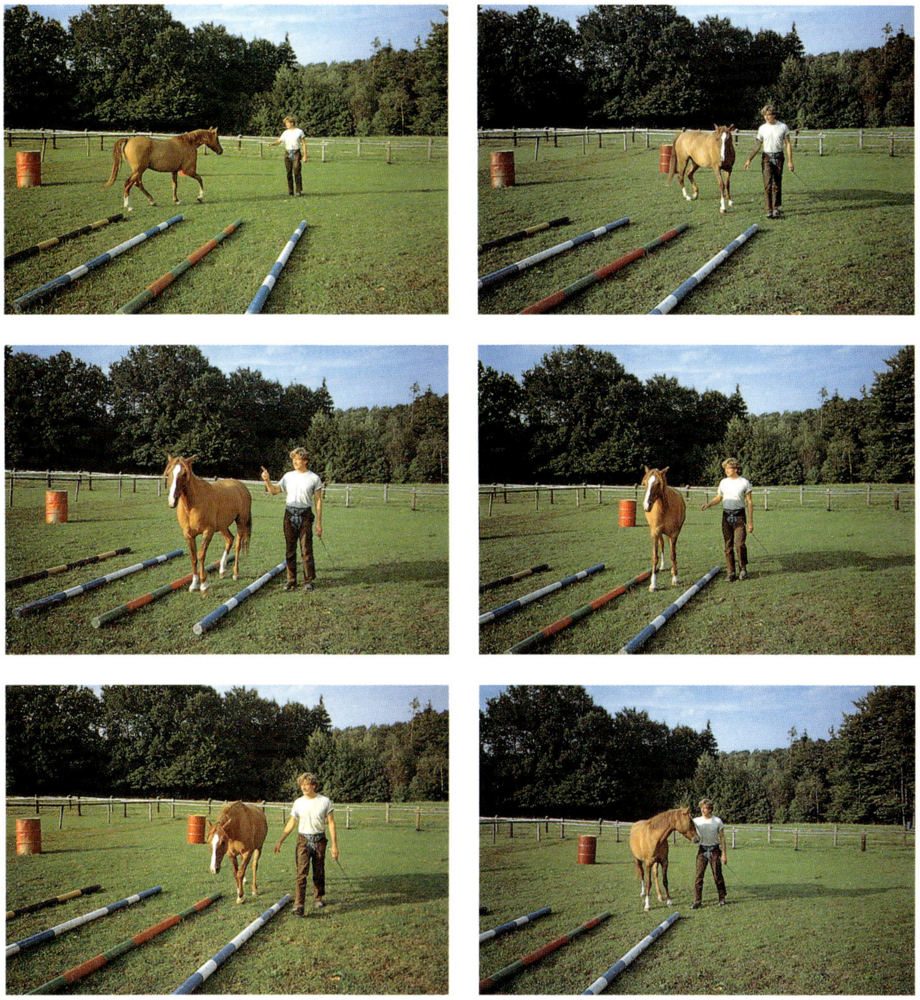

**Wieder muß der kleine Janosch herhalten zur Demonstration – aber er tut das sehr gern! Das Pferd wird in die Stangengasse geführt und aus der 4. Führposition heraus rückwärtsgerichtet. Alles das ist für kein Pferd ein Problem. Beginne ich diese Übungen aber mit Druck und Streß, mit Tohuwabohu, Gefluche und Gezerre, dann wird das Pferd die jeweilige Übung immer wieder mit diesen unangenehmen Dingen in Verbindung bringen und eben immer nur unter Gezerre das Gewünschte vollbringen.**

wärtsrichtens zu verlängern. Wie schnell Sie vorgehen, hängt von Ihrem Pferd ab. Einige Pferde lassen sich schon am zweiten Tag problemlos rückwärtsrichten. Wichtig ist, daß Sie diese Übung zuerst an eben der Stelle weiterführen, wo sich zuvor die Gasse befand. Später dann können Sie Ihr Pferd an jeder x-beliebigen Stelle rückwärtsrichten.

Anfangs sagte ich, daß wir hiermit ein zwar sanftes, aber durchaus sehr starkes Dominanzmittel in der Hand haben. **Das Zurückweichen eines Pferdes ist immer eine Unterwürfigkeitsgeste.** In der Arbeit mit meinen Hengsten kann ich hierauf überhaupt nicht verzichten. Wann aber setzen wir dieses Mittel ein und wann nicht?

Grundsätzlich so selten wie möglich!

Unser Ziel ist es, das Selbstbewußtsein unseres Pferdes von Mal zu Mal zu stärken. Ich habe Ihnen eben beschrieben, wie Sie es auf einfachste Art und Weise erreichen können, Ihr Pferd kraft einfacher Kommandos und Ihrer Persönlichkeit rückwärtszurichten.

Es wird jetzt nicht mühselig einen Schritt nach dem anderen machen und so dauernd mit Ihnen kämpfen, es wird Ihnen vielmehr blitzartig weichen. Das ist ein mächtiges und ernstzunehmendes Mittel der Sanktion. Bitte gehen Sie bewußt und sparsam damit um, denn wir wollen unser Pferd ja nicht unterdrücken, im Gegenteil, wir möchten es uns zu einem Freund und Vertrauten machen.

Noch ein letztes zu diesem Thema:

Rückwärtsrichten sollte man erst mit Pferden üben, die mindestens zweieinhalb, besser drei Jahre alt sind. Beginnt man damit früher, so kann das zu gesundheitlichen Problemen führen.

# Wille, Geist und Eisenbahner

Jetzt, zum Abschluß unseres ersten Praxisteiles, ist es, glaube ich, an der Zeit, einmal das anzuführen, was in der Arbeit mit den Pferden wichtiger ist als jede Technik, jede Lehre.

Es ist die Persönlichkeit eines Menschen, die Kraft seines Willens, die Fähigkeit zu visualisieren und nicht zuletzt die Fähigkeit, an das zu glauben, was man tut.

„Mein Pferd kann nicht . . . mein Pferd tut nicht . . . mein Pferd will nicht. . .“! Kaum setzt sich jemand anderer auf das Pferd, kann, tut und will es plötzlich – auch ohne Gewalt und harte Mittel. Aus meiner Praxis gibt es da unzählige Beispiele.

Von dem Schicksal eines armen Eisenbahners möchte ich Ihnen berichten – sein trauriges Ende soll für uns Lebende eine Lektion sein, für viele Bereiche unseres Daseins, auch für die Arbeit mit unseren Pferden.

In einem kleinen französischen Rangierbahnhof arbeitete ein Eisenbahner an einem Freitag so wie all die Jahre hindurch. Er arbeitete an einem Kühlzug, dessen Waggons auf ca. –30 °C abgekühlt waren, um die Transportware entsprechend frisch zu halten. Am Nachmittag dieses Freitags nun geschah ein Unglück. Unser Eisenbahner nämlich wurde von einem seiner Kollegen in einem solchen Kühlwagen versehentlich eingesperrt. Er verbrachte das gesamte Wochenende in seinem bitterkalten Gefängnis.

Am Montagmorgen schließlich fanden ihn seine Kollegen – er war tot.

Soweit ist diese Geschichte zwar traurig, aber wenig lehrreich. Das Bemerkenswerte an alledem aber ist, daß der Kühlwagen eines Defekts wegen *gar nicht funktionierte*! Es war ein herrlich sonniges Wochenende, und in dem „Kühlwagen“, der in der prallen Sonne stand, war es heiß. Wasser und Lebensmittel waren vorhanden, und dennoch war der Mann „erfroren“. Die Vorstellung, in einem Kühlwagen eingeschlossen zu sein, hatte ausgereicht. Seine Vorstellung hatte ihn umgebracht, die Kraft seines Geistes!

Das also ist es, was wir lernen können, welch eine ungeheuere Macht die Vorstellung von den Dingen über uns hat. Die Gesetze der Realität treten zurück hinter der Kraft unseres Geistes!

Das wirkt natürlich in jeder Richtung, positiv wie negativ. Wenn ich mir dreimal sage, das schaffe ich nicht – dann schaffe ich es nicht, auch wenn ich es eigentlich mit Leichtigkeit hätte schaffen können. Kreiere ich jedoch in meiner Phantasie positive Bilder, dann wird auch das möglich, was eigentlich gar nicht zu schaffen war.

Das eröffnet uns eine ungeheuere Palette von positiven und negativen Möglichkeiten. Ein kleines Kind, das zwei-, dreimal ungeschickt stolpert, wird womöglich von seinem Vater mit „du Tollpatsch!“ angefahren. Gut, der Knirps hatte anderes im Kopf als die Falte des Teppichbodens. Die Worte des Vaters aber – die sind prägend, denn sie formen in dem kleinen Jungen die Vorstellung: Ich bin ein Tollpatsch. Kommt das dann noch ein paar Mal vor, dann wird aus diesem Jungen – womöglich ein geschickter kleiner Kerl – ein Tollpatsch. Die Worte des Vaters wurden zur Vorstellung des Jungen – und wirken nun genauso kastastrophal wie die Vorstellungen des Eisenbahners.

Wie könnte der Vater handeln?

Genau gegenteilig! Das Stolpern des Jungen kann er einfach übersehen – das wird

**Kaum ein Punkt in der Pferdeausbildung, überhaupt im Zusammensein mit Pferden, ist so wichtig wie der „psychologische Unterbau“. Alle noch so gute Technik versagt dann, wenn die Haltung des Geistes, die Kraft der Persönlichkeit dagegensteht.**
**Den Menschen kann man vergleichsweise leicht etwas vormachen, einem Pferd niemals! In seiner Klarheit, in seiner Kompromißlosigkeit und Ehrlichkeit ist das Pferd uns Menschen bei weitem überlegen – aber das alles können wir wiederum von ihm lernen!**

Eine Verbindung zwischen Mensch und Pferd, die über den Körper und über die Kraft des Willens geht, ist bei weitem jeder mechanischen über Zügel und Longe überlegen. Diese Verbindung aufzubauen in der konsequenten Arbeit am Boden ...

... ist die Voraussetzung dafür, daß eine solche Kommunikation auch zwischen Reiter und Pferd bestehen bleibt. Die Kraft des Geistes ist etwas, das gerade in der Auseinandersetzung mit dem Pferd entscheidend wichtig ist, aber auch gerade hier kann diese Fähigkeit so wunderbar erarbeitet werden.

dieser ohnehin bemerkt und seine Lehre für sich daraus gezogen haben. Etwas später aber wird der Junge diese kleine Teppichklippe bravourös meistern, und jetzt könnte der Vater, wenn er wollte, eingreifen und sagen: Hey, das hast du ja wirklich geschickt gemacht!

Er würde das Positive fördern und in dem kleinen Jungen manifestieren. Denn der Kleine formt jetzt ein Bild wie: Ja, das war ganz gut, ich bin doch eigentlich ganz geschickt!

Genau das tun wir auch mit unseren Pferden. Fehler, die sie machen, übersehen wir weitestgehend, das Gute aber, dafür haben wir ein Auge – und ein Lob!

So wird das Negative bald nicht mehr beachtet und verliert so zwangsläufig seine Wertigkeit. Das Positive aber, das wird gefördert und aufgebaut.

Wenn wir so handeln, dann gewinnt auch jedes Pferd in unseren Augen, denn wir erziehen uns dazu, das Positive zu sehen und das andere zu übersehen. Die ganze Arbeit ist von einer wesentlich freundlicheren Atmosphäre geprägt.

Von solchen Bildern aus unserer Kindheit ist ein jeder von uns durchsetzt – leider. Sie haben sich in uns manifestiert und wirken, ob wir wollen oder nicht. Das sind Macken, die wir mit uns herumtragen – ein jeder die seinen. Es ist aber keinesfalls nötig, diese Dinge im Erwachsenenalter noch zu verstärken!

Sätze wie: Das kann ich nicht, das pack ich nicht – hoffentlich gelingt mir das! etc. sollten wir aus unserem Sprachschatz völlig streichen, denn sie prägen uns und werden zur Realität, genauso wie der Tod des Eisenbahners Realität geworden ist. Nein, als erwachsener Mensch sollte man einen Entschluß fassen und sich ans Werk machen, konsequent seinen Weg verfolgen, ohne permanente, negative Prägungen.

## Denken – fühlen – entscheiden – handeln

Warum das in einem Reitbuch steht? Ganz einfach: Derartige Selbstzweifel werden von einem Pferd auf 100 km Entfernung erkannt! Ein Pferd hat keine Probleme damit, sich unterzuordnen – aber es muß an denjenigen glauben, dem es sich unterordnet.

Uns selbst und unseren Mitmenschen können wir noch etwas in die Tasche lügen und Selbstvertrauen und Mut heucheln, wo gar nichts ist. Bei einem Pferd gelingt das niemals! **Mit einem Pferd arbeiten heißt zuallererst, an sich selbst arbeiten!**

„Kann ich das denn überhaupt? Ich mache doch nur alles falsch! Was habe ich denn jetzt schon wieder gemacht?" – Weg damit! Unsicherheit – Nein!

**Denken – fühlen – entscheiden – handeln!**

Und wenn es noch so falsch ist – alle machen Fehler! Wichtig ist, daß wir auf unsere Intuition hören und das tun, woran wir glauben – dies aber wirklich und konsequent.

Stellt sich dann später heraus, daß es falsch war, bitte – dann mache ich es eben jetzt besser, aber vorher habe ich es nicht besser gewußt.

Wenn wir uns an eine neue Übung heranmachen, dann stürzen wir uns nicht gleich in den Stall und scheuchen das Tier auf den Platz, sondern wir bereiten uns erst einmal vor! Wir finden die innerliche Ruhe, die für die Arbeit mit Pferden unerläßlich ist. Wir legen

## Bilder aus der täglichen Arbeit

Von links oben nach rechts unten: Die Arbeit mit den jungen Hengsten erfordert viel Konzentration und Aufmerksamkeit. Immer wieder entscheidend: schneller sein als das Pferd und den Konflikten schon begegnen, bevor sie auftreten.

Ist die Arbeit genügend weit fortgeschritten, dann werden die Spaziergänge aus dem einsamen Gelände heraus in die Stadt und an andere belebte Plätze verlegt. Zu diesem Zeitpunkt aber sollte Dominanz und Vertrauen schon sehr weit aufgebaut sein.

Eine typische und kritische Situation.
Das Pferd stürmt nach vorne, und es besteht die Gefahr, daß es sich dem Einflußbereich entzieht. Hier muß man schnell reagieren und das Pferd in die entgegengesetzte Richtung dirigieren, um sich wieder in die dominantere Position zu bringen.

Hier sieht man deutlich, wie sich das Pferd seinen Abstand selbst wählt. Hierauf sollte man immer achten. Jedes Pferd wählt sich übrigens seinen Abstand ganz individuell und unterschiedlich.

Gerade in solchen Situationen ist die Longierpeitsche sehr wichtig. Bevor das Pferd zum Davonstürmen ansetzt, kann ich hiermit durch leichtes Vibrieren die Aufmerksamkeit des Pferdes wieder auf mich lenken.

Das Pferd wird sich in der Gegenwart eines guten Pferde-

den Streß und die Unruhe des Tages ab. Wir machen einige gymnastische Übungen, um uns zu lockern und uns auch körperlich vorzubereiten. Wir setzen uns einen Augenblick und nehmen uns einige Minuten Zeit, nur um uns möglichst bildlich vorzustellen, wie die Übung im besten Falle aussehen könnte. Wir nutzen die Kraft des Geistes, nicht um in brütender Hitze zu erfrieren, sondern um in eisiger Kälte zu überleben!

menschen so benehmen wie in einer Pferdeherde. Dazu gehört auch das spontane Wälzen.

Der körperliche Kontakt, das Knuddeln und Schmusen ist sicherlich eine nette Sache, aber immer mit Vorsicht anzuwenden! Niemals dürfen wir es zulassen, daß das Pferd sich uns unaufgefordert in dieser Weise nähert. Das ach so liebe Schubbeln und Reiben an uns ist nämlich alles andere als eine Freundschaftsbekundung – im Gegenteil: Es degradiert uns auf einen rangniedrigen Platz und kann sogar in bestimmten Fällen das Vorspiel auch zum ernstgemeinten Kampf sein.

Auch bei Pferden, die in der Ausbildung schon weiter sind, kommt es vor, daß ich zwischendurch wieder die dominante erste Position einnehme. Ich gehe in der dominanten Position vor ihnen her, aber bewußt sehr langsam. Das Pferd soll mir in eben diesem langsamen Tempo folgen. Das ist für ein Pferd eine außergewöhnliche Situation, die so in der Natur kaum vorkommt. Auf diese Weise fördere ich die Konzentration des Tieres und das Bewußtsein für die Bewegungsabläufe. Das Pferd erfährt auf sehr eindringliche Art und Weise, daß es vier Beine hat, die es sehr differenziert bewegen kann. Nach solch einer Zeitlupenübung wird das Pferd ausgiebig gelobt und im Sturmgalopp entlassen. Nach einer Runde kommt es dann schon meist von selbst zurück, um weiterzuspielen!

## Bilder aus der täglichen Arbeit

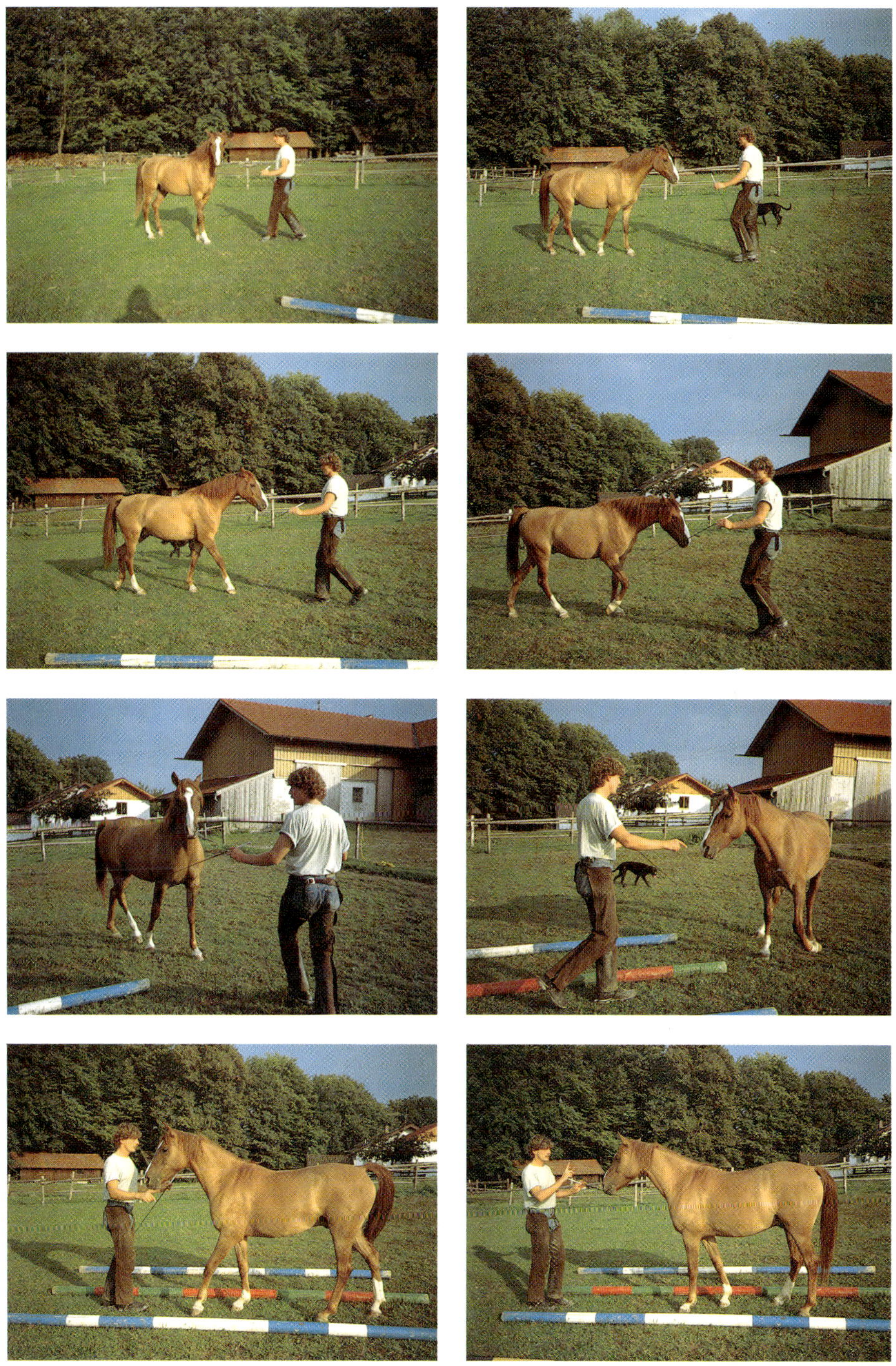

# Opaka, die Wildstute

## 1. Tag

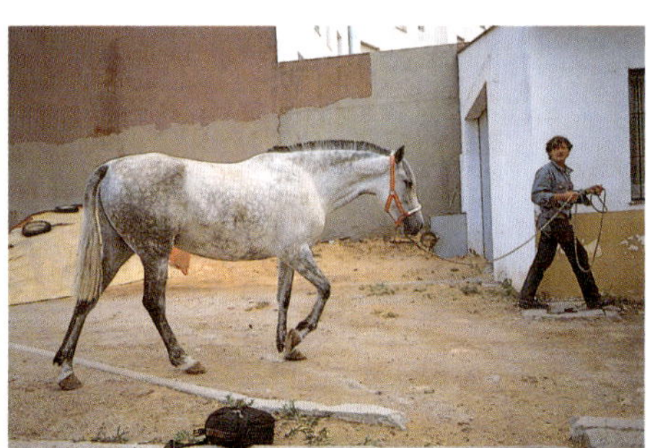

Nachdem sich die Stute aus den Bergen schon etwas an den Menschen und an das Halfter gewöhnt hatte, soll sie nun lernen, willig überall hin zu folgen. Ich gehe genau so vor, wie ich es Ihnen zuvor beschrieben habe. Alberto schreitet immer dann vorsichtig ein, wenn die Stute nicht zügig folgt. Wichtig ist eine deutliche Signalgebung mit der führenden Hand, denn diese soll ja der Bewegung des Pferdes in Zukunft vorausgehen.
Da die Stute mehr als 6 Jahre in der Wildnis verbracht hat und von keiner Menschenhand verdorben wurde, reagiert sie prompt und sehr wach auf alle Signale. Schon nach wenigen Minuten hat sie erkannt, worum es uns geht, und so folgt sie mir willig am losen Führstrick.

## 2. Tag

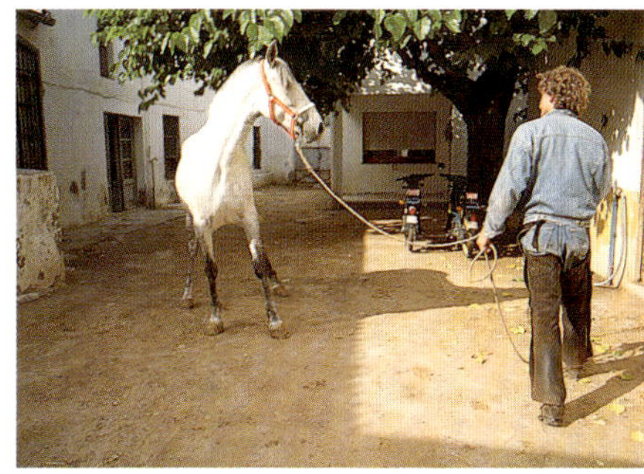
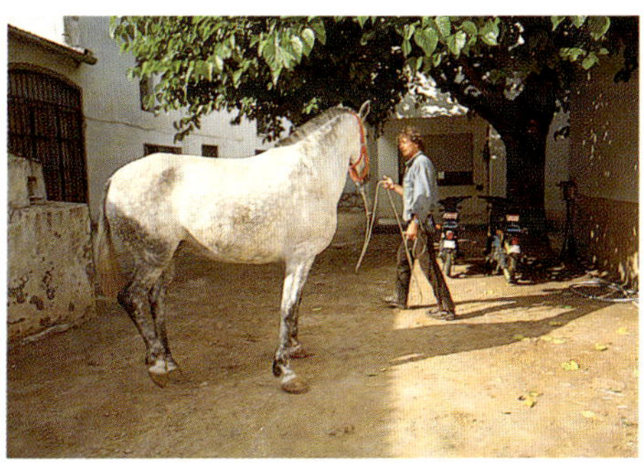
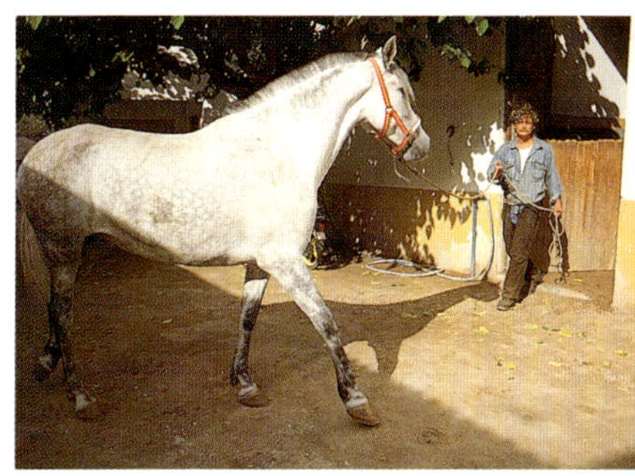

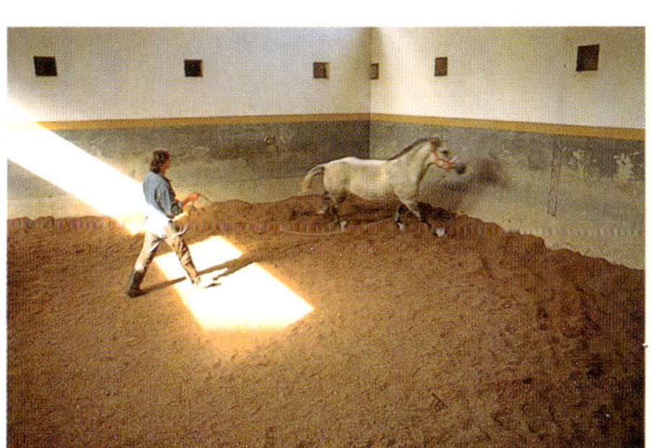

**Am zweiten Tag dann ist die Hilfe Albertos nicht mehr nötig. Man sieht deutlich, wie die Stute mit jedem Blick meiner führenden Hand folgt. Das Pferd hat in kurzer Zeit so viel Vertrauen zu mir und meiner Körpersprache bekommen, daß es mir sogar ohne zu zögern in den Picadero folgt. Schnell ist sie durch ein paar Signale auf den Hufschlag gebracht, und von dem ersten Stopp, den sie derart perfekt ausführt, war sogar ich überrascht, denn gerade die Pferde, die viele Jahre in der Wildnis verbracht haben, konnten ihre Sinne in unglaublicher Weise schärfen. Jetzt reichen schon kleinste Signale aus, um eine Kommunikation, eine Verständigung aufzubauen.**

## 3. Tag

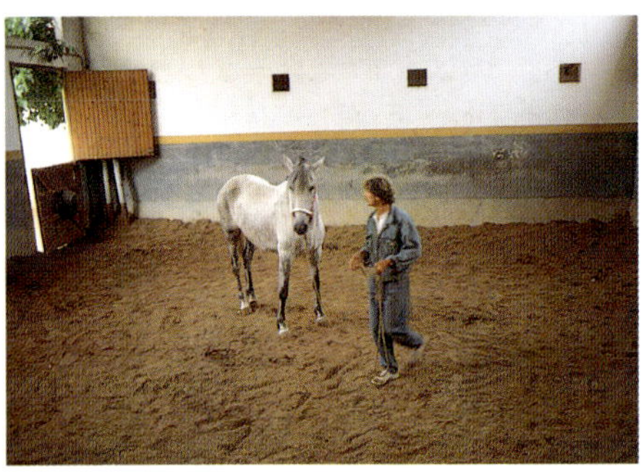

Am dritten Tag folgt mir die Stute im Picadero treu ohne Führstrick. Jede Bewegung, die ich ihr vormache, verfolgt sie mit großer Neugierde, um sie dann sofort zu erwidern. Immer wieder lobe ich das Pferd und spreche mit ihm mit ruhigen, sanften Worten. Unsere Bewegungen muten an wie ein Liebesspiel, und in der Tat ist diese Art der Arbeit mit Pferden von einer tiefen inneren Harmonie geprägt. Niemals darf es Wut oder Zorn geben, immer ist die Atmosphäre ruhig, friedlich und von sehr freundlicher Konzentration. Die dauernde lobende Ermunterung ist so etwas wie ein Wegweiser für das Pferd, ein Pfad, auf dem es sich sicher und geborgen fühlen kann. Langsam weicht auch die Skepsis aus ihren Augen, und ich weise sie auf den Hufschlag.

## 3. Tag

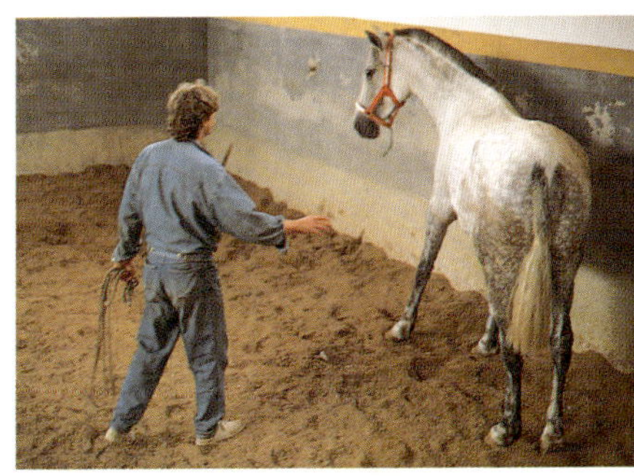

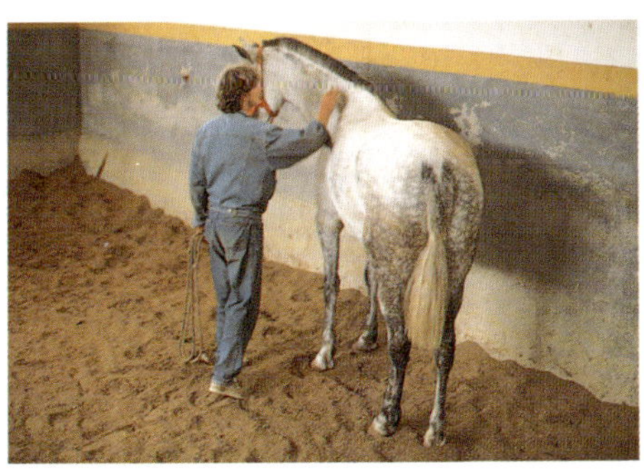

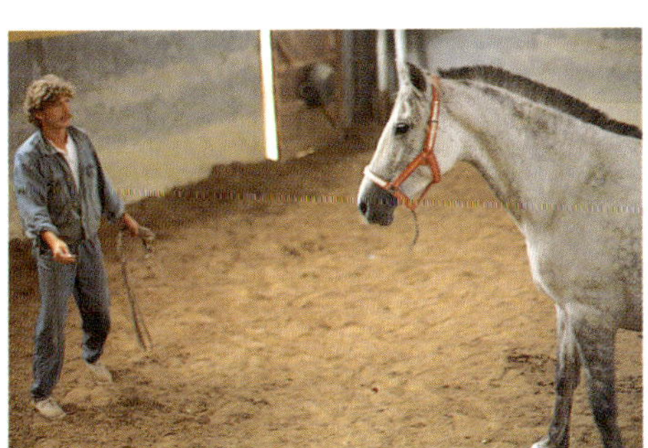

Alle Signale werden durch meine Körperhaltung unterstützt. Auch heute stoppt die Stute auf ein leichtes Signal hin, schön auf der Hinterhand, alles ohne Longe.
Langsam nähere ich mich dem Pferd, das noch vor einigen Tagen nichts weiter kannte als die Wildnis der Berge. Gespannt beobachtet sie mein Näherkommen, weicht aber nicht von der Stelle. Schließlich berühre ich sie zärtlich am Widerrist, um ihr dann das Signal zu geben, mir zu folgen. Meine Hüfte nehme ich zurück, die Hand wird auffordernd gesenkt – meinen Blick nehme ich für einen Augenblick von den Augen der Stute – zögerlich, aber mit einem freundlichen, vertrauensvollen Gesicht, folgt sie meiner weisenden Hand. Ein solides Fundament zwischen Mensch und Pferd ist gelegt.

Hier arbeite ich mit Habón in einem kleinen Außenpicadero. Jede Geste und jede Bewegung wird aufmerksam von dem Hengst wahrgenommen und entsprechend umgesetzt. Entscheidend bei der Arbeit, die mit dem hier bei uns bekannten Longieren nichts gemein hat, ist wieder die Tatsache, daß es sich bei den Vorgaben für das Pferd immer nur um Vorschläge handelt, die es dann ungebunden und frei auf seine Weise bewältigen kann. Jede Form von „Hilfsmitteln", von Ausbindern und anderen Marterinstrumenten, ist bei dieser feinen, sensiblen Arbeit vollkommen fehl am Platz.

# DER PICADERO
## *Die freie Zirkel- und Longenarbeit*

Der Picadero – eine kleine Reithalle oder ein kleiner Reitplatz von ca. 10–11 Meter im Quadrat, mit dessen Hilfe man wahre Wunder vollbringen kann. Wichtigstes Prinzip auch hier wieder: Führstrick und Longe hängen sanft durch – das Pferd ist immer frei!

# Pferd ohne Moral?

Bevor wir mit der Arbeit im Picadero beginnen, möchte ich noch eine Erfahrung schildern, die ich häufig mache.

Gestern rief mich eine Dame an, die einen Platz in einem der kommenden Kurse belegt hatte. Sie war völlig verzweifelt – ihre Stute würde seit Tagen nur noch buckeln, sei wie verwandelt, und sie wisse nicht mehr ein noch aus.

Ich habe mir in kurzen Worten den Werdegang dieses Pferdes schildern lassen, um dann jene vorläufige Diagnose zu stellen, die ich in solchen Fällen eigentlich immer stelle, stellen muß.

Ich sagte der Dame, daß sie ein gutes, charakterstarkes Pferd besitze und daß das, was sie schildere, ein recht häufig anzutreffendes Phänomen sei. So verhalten sich Pferde, die sich irgendwann auflehnen, weil sie sich davor schützen wollen, **körperlich gänzlich ruiniert zu werden!**

Ein Pferd hat keine Moral, es kennt nicht die Begriffe von Gut und Schlecht.

Nur ein Mensch kann in solchen Kategorien denken, nur er ist sein Leben lang damit beschäftigt, diese Dinge halbwegs auseinanderzuhalten. Ein Pferd verhält sich immer folgerichtig. Ist das, was ihm geschieht, nicht eine äußerst unangenehme Erfahrung, so wird es auch kaum einen Grund sehen, sich zu wehren, zu protestieren. Leider, muß ich sagen, sind es auch nur die starken, selbstbewußten, kräftigen Tiere, die es wagen, sich in dieser Weise gegen Mißbrauch zur Wehr zu setzen.

Die meisten Pferde erleiden protestlos ihr Schicksal!

Darum also sagte ich der Dame, sie habe ein gutes, charakterstarkes Pferd, und wenn sie es in Zukunft richtig und mit der notwendigen Geduld fördere, dann gehörten diese Probleme bald gänzlich der Vergangenheit an.

Ein junges Pferd als Reitpferd auszubilden heißt, es durch Boden- und Handarbeit so vorzubereiten, daß man schon beim ersten Aufsteigen den Eindruck hat, dieses Pferd sei bereits geritten!

Von Protest, von Auflehnung keine Spur – im Gegenteil, all die sensiblen Hilfen, die man zuvor erarbeitet hat, kann man nun ohne Probleme auf den Vorgang des Reitens übertragen. In der Tat findet das pferdegerechte Einreiten eines jungen Pferdes zu mehr als 90% am Boden statt!

## Die Zeitbomben

Das Interessante bei alledem ist, daß Pferde, die nicht eingeritten, sondern eingebrochen oder eingequält wurden, sozusagen wie kleine Zeitbomben reagieren und in aller Regel erst nach etwa einem halben oder einem Jahr protestieren, in welcher Weise auch immer. „Bisher hat doch alles so gut geklappt und auf einmal . . .!" „Sie war das liebste Pferd! Schon mit drei Jahren waren wir mit ihr im Gelände, haben Jagden mitgeritten oder Turniersiege errungen, und nun. . ." Oder, oder, . . .!

Genau, und jetzt ist der Punkt gekommen, wo der Schmerz die Gutmütigkeit überwiegt. Jetzt nützt es auch nichts mehr, den Rücken wegzudrücken, sich lang zu machen und die Zähne aufeinanderzubeißen, jetzt bleibt nur noch der Protest!

**Das, was uns Birgit und Doris hier so ausgelassen vorführen, macht diesen beiden sichtbar Spaß. Was man aber bei diesem kleinen Spiel gut erkennen und vor allem selber spüren kann, wenn man es nachmacht, sind die vielen unterschiedlichen Druck- und Zugkräfte, die den Körper in der kreisförmigen Bewegung ungleich belasten. Dasselbe geschieht in der Longenarbeit dann, wenn die Longe angenommen ist, wenn sie nicht nur dazu dient, feine Signale zu übermitteln, sondern das Pferd in seiner Bahn zu halten, es zu verhalten oder zu stoppen. Dann macht diese ganze Geschichte dem Pferd kaum mehr so viel Spaß wie den beiden hier, dann wird Longieren zu einer sehr bedenklichen, die Gesundheit des Pferdes gefährdenden Angelegenheit.**

# Das freie Pferd im Picadero

Obwohl wir unser Pferd im Picadero immer wieder auch an der Longe arbeiten und es bei den meisten Übungen tatsächlich einen mehr oder weniger runden Kreis beschreibt, haben die hier beschriebenen Übungen kaum etwas mit dem bei uns bekannten Longieren gemein. Viele behaupten, Longieren sei schädlich für die Gesundheit der Pferde und bringe auch keinerlei Fortschritte in der Dressurausbildung. Dem stimme ich in der Tat vollständig zu, denn die Art und Weise, wie die Longe in aller Regel benutzt wird, kann sich nur schädlich auswirken.

Ein kleines Experiment: Laufen Sie bitte einmal in einer ruhigen „Trabgeschwindigkeit" auf einem Zirkel von ca. 4–5 m Durchmesser. Das erfordert zwar einiges Geschick, ist aber mit Leichtigkeit auszuführen, wenn es Ihnen gelingt, sich auf diesem kleinen Zirkel auszubalancieren. Nun bitten Sie jemanden, Sie einmal an der inneren Hand zu halten. Diesmal fällt es Ihnen sicherlich schwerer, Ihr eigenes Gleichgewicht zu finden und zu halten. Außerdem werden Sie feststellen, daß sich eine Zug- und Druckspannung durch Ihren gesamten Körper hindurchzieht und bestimmte Körperteile jetzt stärker beansprucht werden als andere. Genau das geschieht bei der herkömmlichen Longenarbeit auch.

Noch einmal Gabi mit ihrer Warmblutstute in der freien Picaderoarbeit. Sehr schön kann man erkennen, wie sich das Pferd selbst trägt, ausbalanciert und sein Gleichgewicht der jeweiligen Aufgabenstellung anpaßt. Gabi hat hier eine Position hinter dem Pferd eingenommen, die der des Leithengstes in der Wildherde entspricht.

Eines der wichtigsten Ziele unserer Arbeit im Picadero ist die Förderung der Balance des Pferdes. Aber genau das wird in dem Augenblick beträchtlich gestört, in dem der Longenführer genötigt ist, an der Longe zu ziehen. Das Pferd mobilisiert dann automatisch Gegendruck- und -zugkräfte, die nicht nur die gesamte Balance des Pferdes stören, sondern darüber hinaus das Pferd sehr stark auf die Vorhand werfen.

Außerdem kann man sich ohne große Mühe vorstellen, daß es kaum etwas Langweiligeres für ein Pferd geben kann, als dauernd im Kreis herumzulaufen.

Unsere Arbeit im Picadero ist darum in vielen Punkten hiervon sehr verschieden. Sie bewirkt eine vollkommene und grundlegende Gymnastizierung, die senkrechte und horizontale Biegung des Pferdes. Sie fördert das Dominanz- und Vertrauensverhältnis, stärkt Ausdauer und Kraft, verbessert die Reaktionsschnelligkeit und die allgemeine Aufnahmebereitschaft und lehrt schließlich beide, Mensch wie Pferd, durch feinste Körpersignale miteinander zu kommunizieren.

Das Wichtigste aber: Die Arbeit im Picadero kann so aufgebaut werden, daß das Pferd durch die freie Arbeit seinem Bewegungsdrang Rechnung tragen kann, daß es dabei aber dennoch immer innerhalb unserer Kontrolle verbleibt, innerhalb unseres Einflußbereiches.

Und das bewirkt unter anderem eben auch, daß das Pferd, bei aller Ausbildungsarbeit, den Spaß und die Freude behält.

## Zum Tanz gehört Musik!

Musik hat einen außerordentlich belebenden, beruhigenden und in jeder Weise förderlichen Einfluß auf die Pferde und selbstverständlich auch auf uns. Wenn es möglich ist, sollten Sie daher immer mit Musikuntermalung arbeiten. Je nach Charakter des Pferdes und nach der Art der auszuführenden Übungen kann die Musik unterstützend eingesetzt werden.

# Das Basisdreieck

Nahezu alle nun folgenden Übungen beruhen auf der mehr oder weniger exakten Einhaltung eines rechtwinkligen Dreiecks.

Der Kreis, den das Pferd beschreibt – zumindest in den ersten Übungslektionen –, ergibt sich durch die Begrenzung des Picaderos. In der Mitte des Picaderos beschreibt der Pferdeführer einen kleinen Kreis von ca. 1–2 m Durchmesser.

Das Prinzip des „sich bewegenden Pferdeführers" bei der Longenarbeit finden wir in allen natürlichen Reitweisen wieder. Das ist auch in unserer Arbeit ein ganz wichtiges Element. Stehe ich stur und starr im Mittelpunkt, so habe ich überhaupt keine Möglichkeit, durch die Art und Weise meiner eigenen Bewegungen, durch meinen Rhythmus und meinen Takt dem Pferd Informationen zu übermitteln. Ich bin zwangsläufig auf Druck und Zug von Longe und Gerte angewiesen. Das wichtigste Element der Kommunikation, das Spiel von Vor- und Nachmachen, die Körpersprache, wird von vornherein ausgeschaltet.

Die zweite wichtige Begründung für das aktive Mitgehen ist ebenso einfach und logisch. Durch das Beschreiben eines kleinen Führkreises habe ich die Möglichkeit, jederzeit die Stellung zum Pferd zu variieren. So kann ich als Pferdeführer sehr fein auf alle nur erdenklichen Bedürfnisse und Gegebenheiten eingehen. Und ich habe zu guter Letzt eben die Möglichkeit, jene dominante und treibende Position einzunehmen, die in der freien Wildbahn der Leithengst innehat. Das ist die Grundposition für unsere Arbeit, das Basisdreieck.

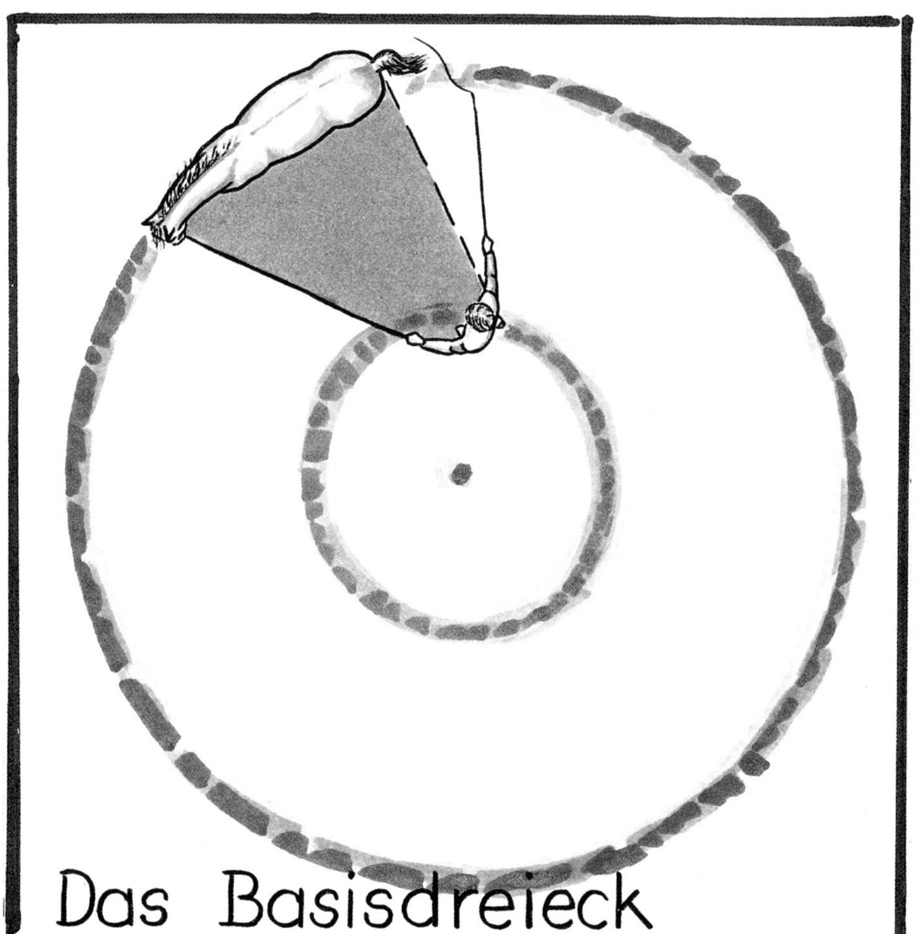

**Diese beiden Bilder zeigen sehr schön die Position des Pferdemenschen, die durch das Basisdreieck bestimmt wird. In der Arbeit im Picadero oder später im Gelände ist die Einhaltung dieser Position von sehr großer Bedeutung. Immer sollte die Schulter des Pferdemenschen mit der Kruppe des Pferdes einen rechten Winkel bilden.**

In dieser Position schieben Sie Ihr Pferd sozusagen vor sich her – es muß all die ihm gestellten Aufgaben **selbständig** lösen. Dieser Punkt ist entscheidend für das Gelingen der Arbeit. Schon leichte Veränderungen dieser Position lösen bestimmte Reaktionen des Pferdes aus, die dann im fortgeschrittenen Verlauf der Arbeit bewußt hervorgerufen werden können. Unkontrolliert ausgelöst aber stören sie immer den ruhigen Fluß der Arbeit. Lassen Sie sich bitte darum immer wieder von einem Freund auf diesen wichtigen Punkt hin überprüfen, denn es ist am Anfang nicht immer so leicht, dieses rechtwinklige Dreieck korrekt einzuhalten.

Die folgende Zeichnung und die Fotos verdeutlichen die richtige Stellung zu Ihrem Pferd. Auf einem Linkszirkel halten Sie in der rechten Hand die Longierpeitsche, später nur noch die Gerte. Ihr Blick und Ihr Körper sind auf den Schwerpunkt des Pferdes, also in Richtung Widerrist, gerichtet. Der wichtigste Punkt: **Ihre Schulter sollte immer auf der Höhe der Kruppe sein**, die Longierpeitsche oder die Gerte halten Sie konsequent einige Zentimeter hinter dem Schweif – ohne jedoch jemals das Pferd unbeabsichtigt zu berühren.

# Die erste Übungslektion im Picadero

**Hier sehen wir Heide in den ersten Übungslektionen im Picadero. Auch hier ist das Ganze nicht ganz so leicht, wie es auf den ersten Blick scheint. Durch die vorangegangenen Übungen sind unsere Pferde schon recht sensibel geworden, sie reagieren auf jede Unregelmäßigkeit unserer Körpersprache. Wichtig ist, daß wir in einem sehr konstanten, gleichmäßigen Tempo unseren Führkreis beschreiben, immer das Basisdreieck einhalten und auf Kruppenhöhe des Pferdes bleiben.**

Sie führen Ihr Pferd wie beschrieben in Ihren Picadero. Jetzt nehmen Sie das Halfter ab und geben ihm **einige Minuten Freiheit**. Das sollten Sie vor jeder Lektion machen! Bevor Sie mit der eigentlichen Arbeit beginnen, sollten Sie dem Pferd die Gelegenheit geben, sich erst einmal richtig zu räkeln und vor allem sich zu wälzen. Das Wälzen vor der Arbeit ist ein wichtiger Punkt, denn es löst die Stimmung und läßt den „Arbeitsplatz" schon

von Anfang an in einem freundlicheren Licht erscheinen. Kommt das Pferd nach der Arbeit zurück in den Stall, sollte ihm natürlich noch einmal Gelegenheit zum Wälzen gegeben werden.

Ein kurzes Signal mit der Longierpeitsche, und Ihr Pferd trabt auf einem mehr oder weniger korrekten Zirkel. Jetzt nehmen Sie die richtige Position auf der Kruppenhöhe Ihres Pferdes ein, halten die Spitze der Longierpeitsche etwa auf Höhe der Kruppe und beschreiben selbst **schreitend** jenen kleinen Führkreis.

Wenn ich schreibe „schreitend", dann meine ich das genauso – und nicht etwa – Pardon! – „latschend"!

Die Schönheit und Gleichmäßigkeit Ihres Ganges wird sich auf das Pferd übertragen – wie umgekehrt natürlich auch.

Diese Arbeit im Picadero hat nichts mit „das Pferd mal ein bißchen bewegen" zu tun. Es ist höchst konzentrierte und auf den Punkt gebrachte Arbeit! Eine Übungslektion dauert darum auch maximal 5–15 Minuten.

## Unsere Arbeit ist keine Routine!

Wir können von unserem Pferd nur die Sensibilität erwarten, die auch wir ihm zuteil werden lassen, nur die Konzentration, die wir ihm demonstrieren. Hier beginnt die Arbeit mit den Pferden: bei uns selbst.

In meinen Kursen halte ich das Geschehen immer mit einer Videokamera fest – eine Praxis, die ich auch Ihnen sehr ans Herz legen möchte. Man glaubt gar nicht, was für Dinge da plötzlich sichtbar werden. Die Reaktionen des Pferdes sind nahezu immer spiegelbildlich zu den Aktionen und Gebärden des Pfer-

**In meinen Kursen hat es sich sehr bewährt, alle Übungen zunächst einmal ohne Pferd durchzuprobieren. Das ist auch eine gute Erfahrung für denjenigen, der gerade „Pferd spielt", denn er kann jetzt sehr fein erkennen, welche Signale wirklich helfen, welche mehr hinderlich sind und Konfusion schaffen. Hier sehen wir Anja und Gisela im Picadero. Der „Pferdedarsteller" ist jeweils um eine Pferdelänge voraus, um so das Basisdreieck zu imitieren. Um anfänglich leichter einen wirklich präzisen Kreis beschreiben zu können, ist es sehr hilfreich, den Mittelpunkt zu markieren. Hier haben wir einen rosaroten Führstrick dazu hergenommen.**

**In der ersten Abbildung sehen wir Barbara in der korrekten Position zum Pferd. Sie ist sehr konzentriert, und ihr forscher Schritt überträgt sich auf das Pferd.**
**Ein kurzer Sprung auf das Pferd zu veranlaßt dieses, mit der Hinterhand verstärkt unterzutreten und in schön geschlossener Haltung stehenzubleiben. Hierbei ist nicht so sehr die Heftigkeit der Geste entscheidend, als vielmehr die impulsartige und korrekte Ausführung. Hat das Pferd angehalten, dann sollten wir bis zum neuerlichen Antreten immer einige Sekunden verstreichen lassen. Wichtig während dieser Zeit: Wir bleiben ebenfalls absolut regungslos stehen!**

**Barbara mit ihrem Friesenwallach im provisorischen Picadero. Meiner Erfahrung nach gehören Friesen mit zu den intelligentesten Pferden überhaupt, und auch dieser Wallach war sehr schnell für unsere Arbeit zu begeistern. Barbara erhält in dieser Sequenz sehr schön ihre Position im Basisdreieck. Der Friese wurde bisher wenig beziehungsweise nicht in der richtigen Art gearbeitet. Aus diesem Grund ist er auf dem Longierzirkel praktisch nicht gebogen und geht in Außenstellung. Ganz falsch und absolut abzulehnen ist es, diese momentane Tatsache durch irgendwelche „Hilfsmittel" abstellen zu wollen. Das würde das Pferd lediglich in seiner freien Entwicklung stören und mit Sicherheit auf die Vorhand werfen (siehe Kapitel „Ursache – Wirkung – Täuschung"). Durch die konsequente Arbeit an der Hand und im Picadero wird sich diese Erscheinung automatisch und ohne weiteres Zutun unsererseits schon nach kurzer Zeit verlieren. Nach einem kleinen Signal von Barbara hat das Pferd prompt angehalten, und die letzten fünf Bilder sollen die Bewegungslosigkeit des Pferdemenschen während der „Stehphase" demonstrieren. Immer wieder ist es interessant zu sehen, wie auch nervöse und bislang eher ungehorsame Pferde auf diese Signale reagieren und auch am Ort zu halten sind.**

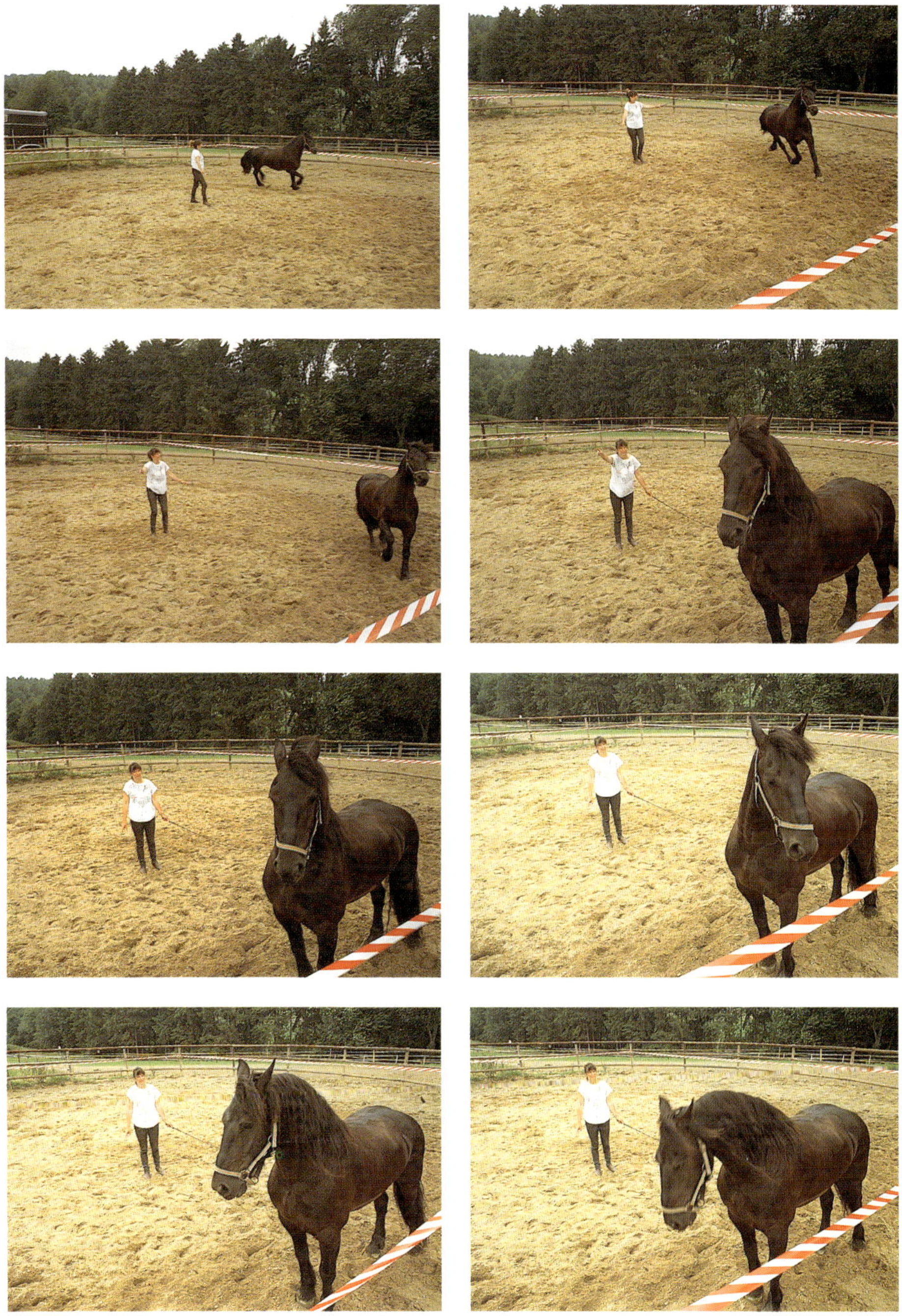

deführers. Ein Pferd sagt die Wahrheit – immer, und nicht selten auch erbarmungslos!

Die Gangart für die ersten Übungslektionen ist der Trab. Jetzt kommt Ihr erster Stopp. Aus der gleichmäßigen Bewegung heraus machen Sie einen impulsartigen Schritt nach vorn und gehen dabei leicht in die Hocke.

Und siehe da, Ihr Pferd steht versammelt auf der Hinterhand! Regungslos bleiben Sie stehen, 5–10 Sekunden, gehen dann langsam in eine bequemere Haltung und fordern das Pferd erneut durch ein einmaliges kurzes Signal auf anzutraben. Nach einigen Runden ruhigen Trabes wiederholen Sie diese Übung noch ein- bis zweimal, um dann das Pferd in der gleichen Weise auf der anderen Hand zu arbeiten. Das hat doch wunderbar geklappt – war doch ganz einfach oder?

# Hilfe, mein Pferd steht nicht! Oder: Was nicht so alles passieren kann!

Schauen wir uns Punkt für Punkt die Klippen an, die sich uns womöglich auftun können.

### 1. Das Pferd trabt nicht gleichmäßig, nicht taktrein, fällt immer wieder in den Schritt oder in den Galopp.

Ein kaum oder nicht geschultes Pferd neigt zu diesen Dingen. Es ist noch unkonzentriert und läuft so vor sich hin.

Nichtsdestotrotz haben Sie ein Instrumentarium an der Hand, mit dem Sie diese Dinge auffangen und abstellen können!

Reagiert Ihr Pferd wie beschrieben, dann achten Sie bitte auf zwei Punkte:

Zum einen befinden Sie sich sehr wahrscheinlich nicht wirklich konstant auf Kruppenhöhe.

Ihre Position schwankt irgendwo zwischen Kruppe und Widerrist. Das aber notiert Ihr Pferd sofort und reagiert mit entsprechenden Unregelmäßigkeiten im Gang.

Zum zweiten mangelt es Ihnen selbst möglicherweise an entsprechendem Takt und womöglich auch an „Schubkraft". Schubkraft heißt, eine energische klare Bewegung, die das Pferd in einem munteren, zügigen Gang erhält. Die Schritte, die Sie auf Ihrem kleinen Mittelkreis vollführen, sind notgedrungen relativ klein. Dennoch müssen sie akzentuiert und kraftvoll sein. Setzen Sie bei der Arbeit mit Ihrem Pferd Ihre ganze Kraft und Persönlichkeit ein und versuchen Sie, diese jedesmal etwas zu steigern.

Um Ihr Pferd aus dem Galopp in den Trab fallen zu lassen, ist es zu diesem Zeitpunkt sinnvoll, es in der beschriebenen Weise ganz durchzuparieren und erneut anzutraben. Sie können natürlich auch schon versuchen, durch eine halbe Parade gleich das Gewünschte zu erreichen.

**Wir haben in den Seminaren sehr viel Spaß und Freude miteinander, aber das darf uns nicht dazu veranlassen, unkonzentriert zu arbeiten.**
**Hier ist Heide unkonzentriert und abwesend, ebenso ihr Pferd. Die Arbeit ist in solchen Fällen nicht nur nutzlos, sie wirft uns womöglich sogar zurück.**
**In der zweiten Abbildung dann ist Heide wieder konzentriert bei der Sache, die Position ist korrekt, das Pferd ist aufmerksam und richtig gestellt.**

**In der Sequenz rechts sehen wir Kerstin mit ihrer ebenso netten wie nervigen Stute. Sie hatte keine Mühe, das Pferd anzuhalten, jedoch machte es nach einem kurzen Augenblick auf dem Absatz kehrt und galoppierte in die andere Richtung davon.**
**Kerstin tat das einzig Richtige und machte wieder einen energischen Satz auf die Stute zu. Das ganze Spiel wiederholte sich noch einige Male, dann aber, durch Kerstins konsequentes Verhalten, blieb auch diese Stute regungslos am Ort stehen.**
**Die Auswirkungen auf das übrige Verhalten der Stute waren enorm. Das Dominanzverhältnis änderte sich schlagartig zugunsten Kerstins, und die Stute wurde zusehends ruhiger.**
**Der große Trumpf des Pferdemenschen bei dieser Art der Arbeit ist, daß wir das Pferd dominieren und ohne jedes Hilfsmittel in seine Schranken weisen können.**
**Eben das ist es, was auf die Pferde einen so enormen Eindruck macht.**

### 2. Mein Pferd will einfach nicht anhalten!

Sture und dickfellige Pferde – oder solche, die schon sehr weit desensibilisiert worden sind – reagieren nur sehr schwer auf feine, natürliche Reize. Da hilft nur . . . nein, nicht gleich der Schlachter! Da hilft nur eins: konsequent weitermachen, nicht verzweifeln und abwarten. Schlußendlich klappt es immer!

Und dann kommt die Feuerprobe an den eigenen Charakter. Denn wenn man wie ein Rumpelstilzchen in der Bahn hinter solch einem Tier hergehüpft ist, vor lauter Wut nur so schäumt und in Gedanken die Telefonnummer des Schlachters heraussucht, dann, genau in diesem Augenblick hält unsere Dampfwalze plötzlich an und fragt mit naiv-doofem Blick: Hab' ich das nicht gut gemacht? – Und dann, den Tränen nahe, bleibt uns doch nur eines: Loben – loben – loben! So hart kann das Leben sein!

### 3. Das genaue Gegenteil – mein Pferd stoppt nicht, es stürmt wie von der Tarantel gestochen davon.

Diese Pferde sind mir eigentlich die liebsten. Um diese Reaktion abzustellen, genügt es meistens, das Kommando zum Halten einfach wesentlich feiner zu geben. Aber bitte immer noch impulsartig, denn sonst kann es leicht passieren, daß Ihr Pferd einfach langsam „auströdelt", anstatt punktartig auf der Hinterhand zu stoppen!

### 4. Mein Pferd hat zwar angehalten, bleibt aber dann nicht ruhig stehen.

Dies ist für ein Pferd, das nicht daran gewöhnt ist, auch gar nicht so leicht. Tritt das Pferd an, ohne daß ihm das Kommando dafür gegeben wurde, so liegt es in den allermeisten Fällen an der Unruhe des Pferdeführers. Ist mein Pferd selbständig angetreten, dann wird das Haltekommando noch einmal deutlich gegeben und das Pferd gegebenenfalls mit der vorn gehaltenen Gerte in seine Schranken verwiesen.

### 5. Bleibt noch die Frage nach den Handwechseln:

Einen korrekten, sauber gebogenen Wechsel durch den Zirkel durchzuführen, allein mit Hilfe feiner Körpersignale, das ist schon eine Sache, die Übung und sicheres Auftreten verlangt. Wir kommen etwas später zu dieser Technik. Für den Anfang reicht es, wenn Sie mit Hilfe der Gerte Ihr Pferd irgendwie dazu bewegen können, doch bitte auf der anderen Hand weiterzumachen. Bitte bleiben Sie sanft, und berühren Sie Ihr Pferd weder mit den Händen noch mit der Gerte – so dies möglich ist. Anfangs wird Ihr Pferd dann sicherlich auf der Hinterhand wenden. Das ist zu diesem Zeitpunkt auch nicht verkehrt.

## Noch einige kleine Regeln und Hinweise:

- Lassen Sie sich bei der Arbeit im Picadero, besser gesagt bei jeder Arbeit, grundsätzlich nicht stören. Dulden Sie nur in Ausnahmefällen Zuschauer. Sie stören doch meist und lenken Sie und Ihr Pferd nur ab.
- Beenden Sie die Arbeit immer frühzeitig – nach 5–20 Minuten –, und zwar immer dann, wenn eine Übung besonders gut gelungen ist!
- Arbeiten Sie nur mit Ihrem Pferd, wenn Sie wach, ausgeruht, freundlich und gut gelaunt sind. Versuchen Sie immer und auf jeden Fall, gerade aufkommende Wut in den Griff zu bekommen, brechen Sie gegebenenfalls ab, bevor es zu spät ist.
- Wenn Sie einmal mit Ihrem Latein am Ende sind – macht nichts! Auch wenn Sie ein großer Meister sind, kommen Sie immer wieder in diese Situation. Was tun? Erst einmal nichts. So lange abwarten, bis Hilfe kommt oder bis Ihnen Ihre Intuition sagt, wie es weitergeht. Das ist dann schon meistens das Richtige. Hauptsache, Sie erzwingen nichts! Sie haben alle Zeit der Welt, und niemand hindert Sie daran, wieder ein, zwei Schritte zurückzugehen. Legen Sie auf alle Fälle Ihren Ehrgeiz ab, er ist Gift bei der Arbeit mit Pferden!

# Gymnastik nur für das Pferd?

Wichtig ist, daß wir uns einen schönen Platz für unsere Übungen aussuchen, denn nicht nur unser Körper soll Nahrung bekommen, sondern auch unsere Seele, unsere Augen. Zunächst einmal rekeln und schütteln wir uns nach Herzenslust. Besonders das Lockern der einzelnen Gliedmaßen ist sehr wichtig. Britta läßt uns einmal bei ihren morgendlichen Übungen zuschauen. Auf dem ersten Bild sehen wir sie in der Grundposition: Die Füße stehen parallel und etwa schulterweit auseinander. In dieser Phase also toben wir uns aus, machen uns Luft, bringen den Kreislauf in Schwung, und wärmen uns auf.
Die beiden nächsten Bilder zeigen eine Übung, die ich für sehr wichtig halte und die sehr entspannend und wohltuend ist. Ohne die Position der Füße zu verändern, pendeln Sie, wie es die Abbildungen zeigen, von einer Seite zur anderen. Wichtig ist, daß Sie dabei immer ruhig atmen und Ihren eigenen Pendelrhythmus finden. Es kommt dabei nicht darauf an, daß es knackst und kracht, vielmehr sollen die gesamte Wirbelsäule, der Beckenbereich, der gesamte Körper bis hinunter zu den Fersen sanft bewegt, gelockert und gedehnt werden. Alles, was wir tun, soll angenehm sein, niemals schmerzen oder unsere Leistungsgrenze auch nur im mindesten überfordern. Der Rahmen unserer Leistungsbereitschaft wächst durch diese Übungen langsam, aber kontinuierlich – niemals sollte man diese Grenze überschreiten, denn dann wird aus etwas Sinnvollem unnütze Plackerei bis hin zur Schädigung unserer Gesundheit. Wie bei allem gilt es, mit Bedacht und Geduld vorzugehen.

Jetzt haben wir so viel schon von der Gymnastizierung des Pferdes gesprochen – es ist höchste Zeit, einmal von uns Menschen zu sprechen.

Reiten ist Bewegung und Harmonie – falsches Reiten Belastung und Qual!

Können wir es unserem Pferd denn überhaupt zumuten, uns zu tragen, wenn wir nicht selber beweglich, körperlich geschickt und durchtrainiert sind?

**Nein, das können wir nicht!**

Nicht nur, daß wir in die Bewegungen des Pferdes gar nicht in der richtigen Weise hineinfinden können – darüber in einem späteren Kapitel mehr –, ganz bestimmte Muskeln müssen gut und kräftig ausgebildet sein, um ein wirklich harmonisches Reiten erst möglich zu machen.

Wir brauchen Kondition, eine gute, unabhängige Beweglichkeit der einzelnen Körperteile und in der Tat auch eine brauchbare Muskulatur.

Mit der Gymnastik ist es nun so wie mit vielen anderen Dingen auch: **Schlecht gemacht schadet sie mehr als sie nützt.** Bei alledem halte ich mich da lieber an die Erfahrungen der „Alten" und nicht so sehr an jene Modeströmungen, die sich doch allzu schnell wieder ändern und in aller Regel über so gut wie gar keinen Erfahrungshintergrund verfügen. Stundenlanges durch den Wald Laufen und stundenlanges Gewichtheben, Aerobic usw. – aus meiner Erfahrung mit der Körper-, Theater- und Pferdewelt ist hier in aller Regel weniger meist mehr!

Wie bei den Pferden ist es auch bei den Menschen. Gute Körperarbeit ist viel weniger eine Frage der Zeit als eine Frage der Intensität!

Einige Minuten täglich reichen tatsächlich aus, um mich sinnvollerweise fit zu halten und zu trainieren.

Die Prinzipien:

Muskelaufbau hat nichts mit permanenter Wiederholung und mit stundenlangem Ackern zu tun, sondern mit dem kurzzeitigen Erreichen der Leistungsgrenze. Schon gar

Führen Sie bitte diese Übung sehr, sehr langsam aus, und achten Sie vor allem darauf, daß Sie in den Knien leicht abgeknickt sind! Also auf keinen Fall, wie im Sportunterricht, die Knie durchdrücken. Es ist auch überhaupt nicht wichtig, daß Sie soweit wie möglich hinunterkommen. Wichtig ist, daß Sie in einer angenehmen und wohltuenden, entspannenden Grundhaltung, Kopf und Schultern leicht auspendelnd, einen Augenblick verharren und dabei ruhig und tief ein- und ausatmen.
Jetzt konzentrieren Sie sich auf Ihr Becken, um sich von hier aus sehr langsam, Wirbel für Wirbel, aufzurichten. Schultern und Kopf bleiben dabei bis zuletzt passiv und vollkommen locker. Erst wenn Sie sich vollständig aufgerichtet haben und weiterhin ruhig und tief ein- und ausatmen, nehmen Sie langsam die Arme nach oben und führen sie gemeinsam mit Ihrem Oberkörper nach hinten.
Diese Übung können Sie nach Lust und Laune zwei-, dreimal wiederholen. Folgen Sie hier ganz Ihrer Intuition. Die Übungen sind Anregungen und Vorschläge, aus denen Sie sich nach Gutdünken bedienen können, die sich leicht erweitern und variieren lassen. Das Grundgerüst ist jedoch so konzipiert, daß Ausdauer, Lokkerung und Muskeltraining einander ergänzen und in sich ausgewogen sind.
Nun sind wir schon recht lokker. Die Wirbelsäule ist horizontal und vertikal gedreht und sanft gedehnt worden, jetzt wollen wir uns den Beinen und dem Becken zuwenden. Wieder stellen wir die Füße parallel, jedoch etwas weiter auseinander, um aus dieser Position heraus nach rechts und links abzuknicken. Wieder so weit, daß es noch Spaß macht und so lange, daß es angenehm bleibt.
Nach einer kurzen Pause gleiten wir aus dieser Position auf den Boden, um uns mit den Händen abzustützen. So verharren wir einen Augenblick, um ruhig und tief ein- und auszuatmen. In solchen Momenten sollten wir unsere Aufmerksamkeit auf die Gerüche und auf die Düfte von in der Nähe stehenden Pflanzen oder wie hier auf das Meer richten. Dann wird Ihr Atem Ihre Lungen viel vollständiger ausfüllen, und der Vorgang des Ausatmens – im Grunde viel wichtiger als der des Einatmens! – wird vollständiger. Das ist übrigens ein kleiner, aber sehr wirkungsvoller Trick für viele Gelegenheiten des Lebens!
In Zeiten von Unruhe, von Streß, Wut oder Abgespanntheit leidet zuallererst der ruhige Atem. Schalten Sie in solchen Situationen einfach einmal ab, nur für wenige Sekunden, und konzentrieren Sie Ihren Geruchssinn auf eine Pflanze, auf die würzige Frühlings- oder Herbstluft – danach sehen Sie die Dinge ganz anders! Nun stellen Sie sich vor, wie Ihr Becken, gehalten von einem dicken Tau, langsam nach oben gezogen wird. In dieser Vorstellung verharren Sie wieder einen Augenblick, um ruhig und bedächtig weiterzuatmen.

Nach diesen ersten Übungen möchte ich Ihnen jene beschreiben, die auf sehr sanfte Art unsere Muskulatur trainieren. Muskeln sind nicht nur dazu da, irgendwelche schweren Dinge zu tragen oder jemandem eins auf die Mütze zu geben. Muskeln haben innerhalb der gesamten Körperorganisation noch viele andere Aufgaben. Unter anderem stützen und unterstützen sie den gesamten Knochen-, Bänder-, Gelenk- und Sehnenapparat. Eine trainierte Muskulatur ist also für jeden Menschen von Bedeutung, ganz besonders aber für denjenigen, der sich den zusätzlichen Belastungen des Reitens stellen möchte.
Die isometrischen Übungen, die ich Ihnen hier vorstelle, dauern zusammengenommen maximal 5 Minuten, reichen jedoch aus, täglich ein- bis zweimal ausgeführt, die Muskulatur in sinnvoller Weise zu stärken.
Im ersten Bild sehen wir Britta in einer etwas „jammervoll" wirkenden Haltung. Das ist aber nicht nur die Haltung, in der wir uns mehr oder weniger zu Pferde bewegen, sie ist ebenfalls an jene Haltung angelehnt, die den östlichen Kampfsportarten zugrunde liegt. Das Ganze kann natürlich mehr oder weniger perfekt ausgeführt werden, wichtig für uns ist, daß die Knie leicht federnd eingeknickt sind, daß die Hüfte leicht nach vorne geschoben ist und sich dadurch die Wirbelsäule leicht rundet. Die Füße stehen schulterweit auseinander und zueinander parallel.
Diese Grundhaltung ist die Ausgangsposition für die nun folgenden Übungen. Wie in der zweiten Abbildung drükken Sie zuerst Ihre Handflächen gegeneinander, mit langsamem, aber stetig steigendem Druck, bis Sie schließlich nach etwa 5 Sekunden Ihr Maximum erreicht haben. Dieses halten Sie dann noch einmal etwa 5 Sekunden – das war's schon! Damit haben Sie einen Großteil Ihrer Oberarm-, Schulter- und Brustmuskulatur für heute optimal trainiert.
Atmen Sie ruhig und gleichmäßig weiter.
Achten Sie immer darauf, daß Ihr gesamter Körper locker und ohne jede Verspannung bleibt – lediglich die zur Ausführung der jeweiligen Übung benötigten Muskelgruppen werden beansprucht.
Jetzt lassen Sie die Arme entspannt fallen und lockern sie ein wenig. Nach einer kleinen Pause gehen Sie zur nächsten Übung über. Jede Übung wird nur einmal ausgeführt!
Auf dem dritten Bild sehen wir, wie Britta ihre Hände ineinander hakt und entsprechend den obigen Anweisungen „auseinanderzieht".
Auch hierbei wird der Druck in den ersten 5 Sekunden langsam gesteigert, um dann in seinem Maximum noch einmal etwa 5 Sekunden gehalten zu werden.
Auf dem 4. Foto hat Britta ihre Hände auf Beckenhöhe hinter ihren Rücken gelegt, um nun in derselben Weise langsam den Druck zu erhöhen.
Schließlich legt sie ihre Handflächen seitlich an das Becken (5) und zuletzt die Fäuste aufeinander.

Nach diesen statischen Übungen ist es sinnvoll, durch vorsichtiges Kreisen des Beckens und der Schultern (Abb. 1, 2) wieder in eine angenehme Entspannung hineinzufinden. Jetzt können Sie zwei sehr schöne und wichtige Energieübungen einschieben. Sie haben sicher schon gesehen, wie ein gereizter Gorilla sich mit beiden Fäusten auf die Brust trommelt. Das ist nicht nur eine bloße Kraftdemonstration, das ergibt bei genauer Betrachtung sogar sehr großen Sinn. Unter dem Brustbein, dort, wo die Rippenbögen zueinanderlaufen, befindet sich ein wichtiges Nervenzentrum, der Solarplexus. Klopfen Sie nun ganz leicht ein bis zwei Minuten lang Ihr Brustbein ab. Eingebaut in ein Übungsprogramm wie dieses oder auch einfach in einer stillen Minute ausgeführt, ist dies von unglaublich belebender Wirkung. Probieren Sie es aus!

Für die alten Griechen, die Chinesen oder die Indianer sitzt die Hauptenergie des Menschen in seinem Mittelpunkt – etwa eine Handbreit unter dem Bauchnabel. Gespeist wird diese Energie durch den Organkomplex der Nieren und der Blase. Hieraus leitet sich eine „Nierenmassage" ab, die sich so oder ähnlich in vielen alten Kulturen findet: Reiben oder klopfen Sie langsam mit den zurückgenommenen Händen Ihre Nierenpartie (Abb. 4).

Besonders wichtig ist mir die Übung von Abbildung 5. Rollen Sie in der dargestellten Position Ihr Becken jeweils einige Male nach links und nach rechts ab. Atmen Sie wieder bewußt und tief und führen Sie die Bewegungen langsam und ruhig aus. Die weiteren Übungen werden durch die Abbildungen hinreichend deutlich.

nicht hat es mit Überlastung zu tun. Was bei den Pferden gilt, gilt ebenso bei den Menschen. Dreimaliges Angaloppieren aus dem Rückwärtsrichten heraus (bitte – dies ist eine Übung für Ihr Pferd!) – zwei, drei Galoppsprünge genügen – bringt wesentlich mehr Kondition und Muskelaufbau als stundenlanges Abreiten oder Ablongieren.

Die moderne Sportforschung hat, in Anlehnung an alte Traditionen, die sogenannten isometrischen Übungen entwickelt, von denen ich Ihnen einige auf den vorigen Seiten vorgestellt habe.

Zunächst aber ganz kurz zu der Muskelgruppe, die für uns Reiter besonders wichtig ist. Der Sitz, den wir einnehmen (und dazu später mehr), ist ein lockerer, bequemer **Natursitz**! Hieraus können wir alle Bewegungen des Pferdes wunderbar weich übernehmen und abfangen. Damit ist ein permanentes Schwingen der unteren Wirbelsäule verbunden. Dieses bewegliche Ganze der Wirbelsäule ist rechts und links eingekleidet in zwei große Muskelpartien, die sogenannten Lendenmuskeln. Sind diese Muskelstränge nicht ausreichend kräftig ausgebildet, so kann die Wirbelsäule nicht mehr wirklich frei schwingen, denn jetzt muß sie die gesamte Körperlast tragen. Viele Menschen heute haben Rükkenprobleme und Schmerzen in diesem Bereich, weil die mangelnde körperliche Tätigkeit dieses natürliche Stützkorsett erschlaffen läßt und nun die Wirbelsäule übermäßig beansprucht wird.

Ein guter Sitz zu Pferd ist maßgeblich von der Beschaffenheit und Ausbildung dieser Muskelpartien abhängig – wie er umgekehrt natürlich dazu beiträgt, die Gesamtheit dieser Muskelgruppen zu stärken. Die Kunst hierbei ist es, eine – wie ich es nenne – „gespannte Lockerheit" zu entwickeln, die den Reiter gleichzeitig entspannt sitzen läßt, ihm darüber hinaus aber auch jene notwendige Festigkeit verleiht.

Die Fotos oben und auf den vorigen Seiten zeigen Ihnen einen kleinen, aber wichtigen Ausschnitt aus jener Übungspalette, die ich seit Jahren auch in meinen Kursen weitergebe und die besonders auf die Bedürfnisse des Reitens abgestimmt sind. Sie fußen auf den Grundlagen überlieferter Praktiken und auf den Prinzipien der sogenannten isometrischen Übungen.

Wer sich übrigens neben dem Reiten anderen körperlichen Übungen wie dem Tanzen, dem Tai chi, dem Bauchtanz, einfachen Yogapraktiken oder den Übungen nach Feldenkrais zuwendet, der wird daraus mit Sicherheit auch für das Reiten großen Nutzen ziehen können. Wenn . . . ja, wenn er einen guten Lehrer hat und wie bei allem nicht übertreibt! Gehen wir also mit Vernunft ans Werk, und legen wir jetzt endgültig den letzten Rest schädlichen Ehrgeizes ab.

# Die halbe Parade in der Bodenarbeit

Nach all dem Gesagten ist es nun sicher ein leichtes für Sie, Ihr Pferd gleichmäßig in allen Gangarten im Picadero zu arbeiten. Die jeweils nächsthöhere Gangart wird mit dem entsprechenden einmaligen Stimmkommando und mit dem Gertensignal verbunden. Auf die Stimme verzichten Sie dann mehr und mehr, so daß schon nach kurzer Zeit Ihr Pferd ausschließlich auf das Gertensignal hin reagiert.

Die Longierpeitsche und später die Gerte halten Sie anfänglich im Schritt in der Höhe des Fesselgelenkes, im Trab in der Höhe des Kniegelenkes und im Galopp in der Höhe der Schweifrübe. Nach und nach jedoch reduzieren Sie auch diese Gertenhilfen, so daß zum Schluß ein kaum merkliches Anheben der Gerte genügt, um die entsprechende Reaktion des Pferdes zu erhalten.

Das alles tun wir nicht etwa, um uns selbst die Arbeit zu erleichtern, das Leben bequemer zu machen.

Durch diese grundlegenden Übungen lernt das Pferd schnell und konsequent, auf feinste Zeichen hin zu reagieren – eben nicht als Selbstzweck. Vielmehr wird das Pferd diese positiven Eigenschaften auf alles andere übertragen, auch auf die späteren Übungen unter dem Sattel.

Alles ist darauf ausgerichtet, das Pferd immer weiter zu sensibilisieren und vorzubereiten auf die Versammlung am losen Zügel, auf das Reiten durch minimale Körpersignale.

Die halben Paraden entwickeln sich konsequenterweise aus den ganzen, das heißt, Sie deuten die Hocke lediglich an und verkürzen selbst mit einem deutlichen Schritt Ihre Gangart.

Beispiel: Ihr Pferd befindet sich gerade in einem gleichmäßigen Trab. Aus Ihrem vergleichsweise schnellen Schritt heraus stapfen Sie einmal etwas kräftiger auf, gehen dabei leicht in die Hocke, um dann deutlich verlangsamt weiterzugehen. Das verlangt natürlich schon etwas Fingerspitzengefühl, um genau jene Wirkung zu erreichen, die beabsichtigt war.

Gleichzeitig senken Sie entsprechend die Gerte, wobei die Gertenhilfe lediglich eine begleitende Hilfe ist, **denn eine versammelnde Verkürzung der Gangart Ihres Pferdes erhalten Sie ausschließlich durch das Körpersignal, das sich zwar immer weiter reduzieren läßt, auf das man aber niemals gänzlich verzichten kann.**

Das Phänomen der halben Parade wird durch die Beschreibung des Positionskreises als Element des Gleichgewichts klarer und deutlicher. Denn die Position, die der Pferdeführer einnimmt, entscheidet nicht nur über den Grad seiner Dominanz – hierauf sind wir in den voraufgegangenen Kapiteln ja mehrfach ausführlich eingegangen –, sie ist gleichzeitig ein sehr feines und subtiles Mittel, Bewegung und Gleichgewicht des Pferdes zu regulieren und zu steuern.

**Achtung! Bitte unbedingt beachten!**

Wenn Ihr Pferd nach einer beabsichtigten halben Parade aus dem Trab nun nicht in den Schritt fällt, sondern gleich zum Halten kommt, dann dürfen Sie keinesfalls versuchen, es, durch die Gerte etwa, sofort zum Weitergehen zu animieren. Im Gegenteil, Sie müssen Ihr Pferd unbedingt loben, denn es hat das feine Signal als ein Signal zum Halten interpretiert!

Loben Sie Ihr Pferd jetzt nicht, dann wird es womöglich die natürliche Reaktion des Anhaltens auf Körpersignal hin ablegen! Reagierte Ihr Pferd also auf eine beabsichtigte halbe Parade von Ihnen durch einen Stopp, dann bleiben auch Sie stehen und tun so, als sei genau dies Ihre Absicht gewesen. Bei der nächsten halben Parade dann reduzieren Sie Ihr Körpersignal noch weiter, so lange, bis Ihr Pferd erkennt, was gemeint ist.

Dieser Punkt ist in der Tat recht diffizil. Ich hoffe für Sie und Ihr Pferd, ich konnte mich klar ausdrücken.

# Der Positionskreis als Element des Gleichgewichts

Wenn wir von der Bodenarbeit zum Reiten kommen, werden wir darüber sprechen, wie der Reiter das so wichtige Gleichgewicht ausschließlich durch Vor- und Zurücknehmen des Oberkörpers unterstützen und herstellen kann, daß dies sogar das wichtigste Körpersignal für die ganzen und halben Paraden ist. In der gleichen Weise gibt mir der Positionskreis die Möglichkeit, in der Arbeit an der Hand das jeweils notwendige Gleichgewicht herzustellen, bremsend oder treibend einzuwirken. Ein unerläßliches Kommunikationsmittel.

Bis hin zur Arbeit in der Hohen Schule werden diese Positionen als treibende und bremsende Impulse genutzt und immer weiter verfeinert.

**Punkt 1:**
Diesen Punkt haben wir bereits kennengelernt und sehr genau besprochen. Auf der Linie, die durch diesen Punkt geht, hält sich der Pferdeführer bei der Zirkelarbeit zumeist auf.

**Punkt 2:**
Eine Verschiebung des Standpunktes in Richtung auf diese Position hin wirkt verstärkt treibend und versammelnd. Diese Position nimmt der Pferdeführer also dann ein, wenn eines dieser beiden Dinge vonnöten ist, und auch dann, wenn ein neuerliches Signal folgen soll, etwa eine Parade zum Halten oder das Signal zum Handwechsel. **Vor jedem neuerlichen Signal also sollte diese optisch versammelnde und treibende Ankündigung erfolgen**, die das Pferd aufmerksam macht und in Bereitschaft versetzt.

Ohne die Akzentuierung meiner Schritte zu verändern, verkürze ich sie lediglich minimal, um so ein klein wenig weiter hinter das Pferd zu gelangen. Diese Position behalte ich einen Augenblick bei, um dann das nächste Signal zu geben.

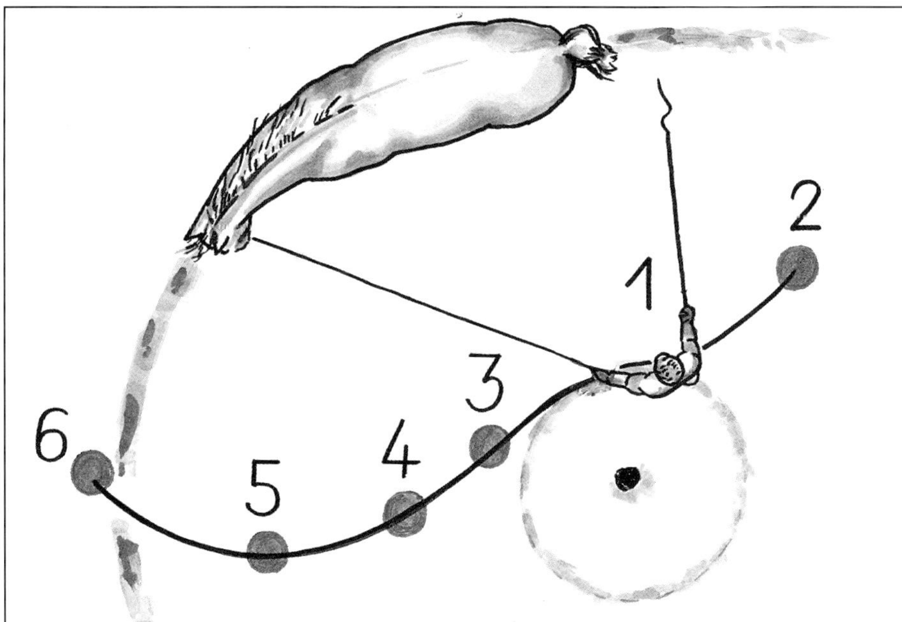


Der Positionskreis als Element des Gleichgewichtes

In der Praxis sind das natürlich alles sehr fließende Bewegungen, die ein Betrachter überhaupt nicht wahrnehmen könnte. Die Einhaltung dieser kleinen Details im Laufe der fortschreitenden Übung jedoch summiert sich zum Ganzen, vervollkommnet das Bild mehr und mehr.

**Punkt 3:**
Befindet sich der Pferdeführer im Bereich dieses Punktes, so wirkt seine Position bremsend, jedoch nicht versammelnd. Die Bewegung selbst von Position 1 zu Position 3 hat eine versammelnde Wirkung – denn das ist ja genau die Bewegungsrichtung der halben und ganzen Paraden.

Ein Beispiel:

Um ein Pferd vom Trab in den Schritt durchzuparieren, geben wir die beschriebenen Signale zur halben Parade. Sind sie erfolgreich durchgekommen, kann es gut sein, daß unser junges, stürmisches Pferd gern wieder in den Trab oder Galopp fallen möchte. Um dies zu vermeiden, verschiebt der Pferdeführer seine Position in Richtung auf Punkt 3 hin und bleibt dort so lange, bis das Pferd schließlich seine Konstanz in der Bewegung gefunden hat. Ist das der Fall, geht der Pferdeführer sogleich wieder zur Position 1 zurück.

Punkt 3 ist in aller Regel auch die Position, die der Pferdeführer innehat nach einer erfolgten Parade zum Halten. Um nun ein junges, unerfahrenes, verspieltes Pferd geduldig am Ort verharren zu lassen, kann es notwendig werden, sich weiter in Richtung der Punkte 4, 5 oder sogar 6 zu bewegen.

Gerade das Verharren eines Pferdes an einem Ort auf dem Zirkel dehne ich bei ungeduldigen und zu stürmischen Pferden nicht selten auf **bis zu 10 Minuten und länger aus**! Sie glauben gar nicht, was das für eine konzentrierende, sammelnde, beruhigende und vertrauensfördernde Wirkung hat. Denn das alles erreiche ich schließlich nicht durch Kampf und mechanische Mittel – darin wäre mir das Pferd ja auch haushoch überlegen –, sondern ausschließlich durch die sehr subtilen Mittel der Körperpositionen.

**Die Punkte 4, 5 und 6**
Wie bereits erwähnt, wirkt sich der Einfluß des Standorts um so mehr bremsend aus, je weiter wir uns auf die Punkte 4, 5 und 6 zubewegen.

Grundsätzlich gilt jedoch die Regel, daß wir uns, wann immer es möglich ist, im Bereich des Punktes 1 befinden sollten.

Alle anderen Positionen dienen der vorübergehenden Verdeutlichung oder ganz speziellen, momentanen Aufgabenstellungen.

Position 5 oder sogar 6 wird der Pferdeführer einnehmen, um anfänglich das Pferd auf dem Zirkel rückwärtszurichten.

Gehen wir dabei folgerichtig und konsequent vor, so wird sich das Pferd schon nach kurzer Zeit auch aus der Position 1 heraus problemlos und willig rückwärtsrichten lassen.

Die Positionen 4–6 sind auch diejenigen, die der Pferdeführer einnimmt in den weiterführenden Übungen der Seitengänge und der Piaffe.

Im Laufe der Zeit werden wir ein sehr feines Gefühl dafür entwickeln, welche Position in diesem Augenblick das Pferd am besten unterstützen kann. Das alles hat keine Eile!

Setzen Sie sich immer wieder einmal bewußt hiermit auseinander. Ihre Intuition, die Automatik Ihres Körpers wird Sie dann von selbst auf den richtigen Weg führen – langsam – nach und nach – und in aller Ruhe.

## Noch einige wichtige Dinge hierzu:

- Der Galopp ist eine Gangart, die das Pferd vergleichsweise stark beansprucht, besonders auf einem mehr oder weniger großen Zirkel. Galoppiert Ihr Pferd von sich aus an, so gehen Sie in den anfänglichen Übungen einfach darauf ein und warten so lange, bis das Pferd von sich aus in eine niedrigere Gangart zurückfällt. **Den Galopp fordern sollten Sie erst dann, wenn Sie zumindest einige Wochen in der beschriebenen Weise im Schritt und vor allem im Trab gearbeitet haben.**
  Erst die vorbereitende Arbeit wird das Pferd so gymnastizieren und versammeln, so ins Gleichgewicht bringen, daß es auch im Galopp fördernd gearbeitet werden

kann. Um mich klar auszudrücken: Ein Pferd in den Galopp zu bringen ist wahrlich kein Problem. Wichtig ist nur, daß ich den Zeitpunkt abwarte, an dem diese Übung auch **förderlich** ist für das Pferd. Ist das Pferd bereit für die Galopparbeit auf dem Zirkel, dann wird es dies auch auf die leiseste Aufforderung hin tun. Es wird mit Kraft und Freude anspringen und ohne Probleme in einem langsamen, versammelten Galopp bleiben. Ist das Galoppieren mit Mühe verbunden, dann ist dies immer ein Zeichen, daß diese Gangart zu früh verlangt wurde!

- Vergessen Sie bitte nicht, vor jedem neuerlichen Signal das Pferd durch ein kleines akustisches Signal vorzubereiten. Ein kleines „Achtung" oder „aufgepaßt" wird es aufmerksam machen, und Ihr Signal wird das Pferd nicht erschrecken.
- Vergessen Sie das Loben nicht!
- Ich weiß, daß ich mich wiederhole, aber das tue ich ganz bewußt:
  **Bitte verlangen Sie nicht zuviel von Ihrem Pferd.** Ein Pferd sollte eigentlich **niemals schwitzend** aus der Arbeit entlassen werden. Das ist eine unzulässige Überbeanspruchung. Ein Pferd ist zu höchsten Leistungen fähig, es sollte aber vorher trainiert und konditioniert werden.
  Beanspruchen Sie lieber sich selber, indem Sie die Arbeit so abwechslungsreich gestalten wie eben möglich. Interessante, vernünftige, systematische Arbeit, das ist sinnvoll, nicht stundenlanges Abrackern!
- Die Stopps aus Trab und Galopp werden Ihnen immer besser gelingen — bald werden sie sogar richtig spektakulär aussehen. Aber Achtung!
  Üben können Sie das Ganze aus dem Schritt und dem langsamen Trab heraus, **nicht aus dem Galopp!** Denn es geht darum, das Pferd zu gymnastizieren und nicht zu verschleißen!
  Machen Sie bitte daraus keine Show und keine Aktion, wie etwa einige Westernreiter, denn das geht mit Sicherheit zu Lasten des Pferdes! Ein Maß für all diese Dinge gibt es nicht. Das Maß muß Ihre Vernunft, Ihre Liebe zu den Pferden und Ihre Intuition in jedem Augenblick selber finden. Für einen Pferdemenschen sollte dies absolut selbstverständlich sein. Ein jeder muß sich da immer wieder selbst überprüfen.

# Um das Ganze nicht aus den Augen zu verlieren, ein vorsichtiger Blick in die Zukunft:

Versammeltes Reiten am losen Zügel bedeutet, ein Pferd so zu arbeiten, daß es den Punkt seiner „Anlehnung", den Punkt seines Gleichgewichts selbständig findet, einnimmt und erhält. Das ist nicht anders, als wenn Sie zwanzig Jahre lang verzweifelt versuchen, mit dem Hammer in der linken Hand Nägel in die Wand zu schlagen. Und dann kommt plötzlich jemand daher und sagt zu Ihnen: *Nimm den Hammer doch mal in die rechte Hand!* Und ihnen geht ein Licht auf! Fortan werden Sie den Hammer vermutlich immer in der rechten Hand halten. Und genau das versuchen wir in der Ausbildung unserer Pferde — und Sie werden lachen, das klappt sogar. Wir zeigen den Pferden, wie sie zukünftig den Hammer halten sollen. Wir zeigen ihnen, daß es für sie wesentlich angenehmer und kräfteschonender ist, wenn sie ihr Gewicht auf der Hinterhand tragen. Haben sie das einmal erfaßt, dann ist es nicht mehr nötig, sie dauernd daran zu erinnern. Dann werden sie es automatisch tun.

Das Pferd sucht sich mit uns zusammen seinen Punkt der bequemsten Gangmechanik, und das ist nun einmal die Versammlung, die Übernahme des Gewichts mit der Hinterhand.

Angefangen haben wir bereits. Wir haben das Vertrauens- und das Dominanzverhältnis geklärt, wir können unser Pferd auf der Hinterhand anhalten und durch halbe Paraden seinen Gang in versammelnder Weise verkürzen.

Jetzt müssen wir unser Pferd dazu bringen, sich noch stärker zu biegen, denn dann wird es automatisch das jeweils innere Hinterbein stärker unter den Schwerpunkt setzen — ein einfaches Aha-Erlebnis sozusagen. Die stärkere Biegung auf kleinen Zirkeln wollen wir aber nicht erzwingen, indem wir an Zügel und Longe ziehen, denn dann erreichen wir nur, daß die Kruppe ausbricht und das Pferd eben wieder auf die Vorhand fällt.

Bald aber wird unser Pferd auch das schon recht schön machen, und jetzt kommen wir zu einer Übung, die **richtig ausgeführt** eine Schlüssellektion darstellt, sowohl unter dem Reiter als auch in der Arbeit an der Hand. Wohlgemerkt: richtig ausgeführt!

Es ist das **Schulterherein**. Da wir unser Pferd gründlich vorbereitet haben, ist der Schritt dahin recht einfach zu vollziehen. Diese Übung ist pures Gold in der Hand des Verständigen!

Parallel zu der Entwicklung des Schulterherein an der Hand trachten wir danach, die Wechsel von einer Hand auf die andere im Picadero und an der Longe, die **Wechsel durch den Zirkel**, zu vervollkommnen.

Schließlich können wir das Picaderomaß erweitern und bald darauf unser Pferd im Freien an der Longe arbeiten.

Bis zu diesem Zeitpunkt hat es gelernt, die leicht durchhängende Longe als feines Führungsmaß zu akzeptieren und nicht auf Druck und Zug zu reagieren, sondern ausschließlich durch feine Körpersignale. Gleichzeitig hierzu entwickeln wir zu Pferd die **ganzen und halben Paraden** ohne Zügelhilfe und zeigen unserem Pferd durch einfache Übungen, Wendungen lediglich auf Gewichts- und Schenkelhilfen durchzuführen.

Am Schluß dieser Phase also können wir unser Pferd lenken und anhalten ohne jede Zügelhilfe, um diese dann schließlich lediglich unterstützend und signalartig zur Vervollkommnung der Arbeit einsetzen zu können. In keiner dieser Ausbildungsphasen werden die Zügel in dauerhafter Anlehnung benutzt. Wir lernen, uns in einem geschmeidigen Natursitz auf dem Pferd zu halten und uns derart in die Bewegungen einzufinden, daß der Oberkörper als ruhige, gleichgewichtsgebende Instanz feinste Hilfen zu erteilen vermag.

Folgt uns das Pferd in allen Wendungen und Volten willig ausschließlich auf Körperdrehungen und Schenkelhilfen, dann ist es ein leichtes, die ersten Übungen zum Schulterherein unter dem Reiter anzugehen. Das Pferd wartet dann förmlich darauf, und eine leichte Verlagerung des Gewichtes, eine leichte Schenkelhilfe wird es schon nutzen, um uns die ersten kreuzenden Schritte im Schulterherein anzubieten.

Durch die ausgiebige Schulung an der Hand und durch all die vorbereitenden Übungen ohne Zügelhilfen ist unser Pferd derart sensibel geworden, daß eben selbst in der Entwicklung der Seitengänge die Zügel nur eine Signalfunktion zu übernehmen brauchen. Unser Pferd arbeitet inzwischen perfekt auch aus der vierten Führposition heraus — der Pferdemensch befindet sich auf der Höhe der Kruppe. Schon leise Zeichen genügen, und das Pferd tritt ausdrucksstark zurück, trabt kräftig untersetzend wieder an, wird durch eine kleine Geste zum versammelten Halt gebracht. Hierdurch schiebt es sich sichtbar immer weiter zusammen — um dann auf ein kleines treibendes und verhaltendes Signal aus dem versammelten Rückwärtsrichten heraus mit Freude die ersten echten Piaffeschritte zu kredenzen.

Unser Buch endet mit der Übung des Schulterherein — denn dann haben Sie alle Hilfsmittel an der Hand, um ein Pferd am losen Zügel versammeln und es in dieser Art versammelt reiten zu können.

Alle hierauf aufbauenden Übungen verfeinern die Arbeit, kräftigen und stärken das Pferd weiter, sie sind jedoch keine unbedingte Voraussetzung dafür, ein Pferd gut zu gymnastizieren und als Reitpferd gesund zu erhalten. All die Übungen bis dahin jedoch sollten Sie immer weiter perfektionieren, zum Wohle Ihres Pferdes!

# Das Pferd am Band – die Arbeit mit der Longe

Ist Ihnen eigentlich aufgefallen, daß wir den genau umgekehrten Weg eingeschlagen haben? Zuerst haben wir das Pferd frei gearbeitet, und erst jetzt, nachdem schon alles so gut klappt, erst jetzt greifen wir zur Longe.

Tatsächlich wähle ich diesen Weg nicht nur in meinen Kursen so, ich wähle diesen Weg auch in der Ausbildung der Pferde. Die Menschen lernen auf diese Weise, ausschließlich mit den Mitteln zu arbeiten, die sie zur Verfügung haben: mit ihrem Körper. Und die Pferde lernen, sich auch in der Arbeit und gerade in der Arbeit mit dem Menschen frei, leicht und ungezwungen zu bewegen.

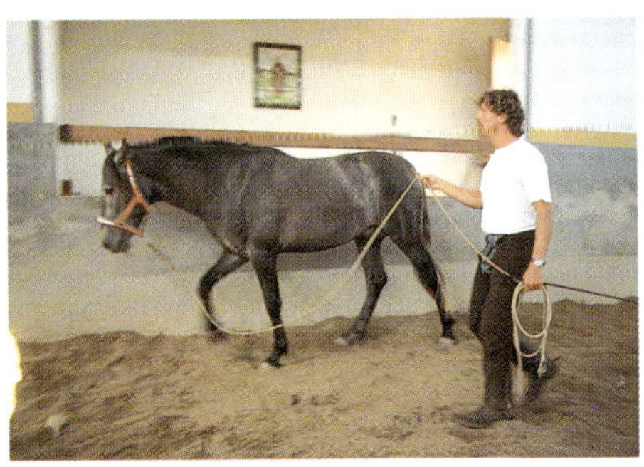

**Wenn wir als nächsten Schritt unserer Arbeit das Pferd im Picadero an die Longe nehmen, dann ausschließlich, um ein weiteres feines Instrument der Signalgebung zu bekommen, niemals um daran zu ziehen oder gar die Paraden damit unterstützen zu wollen. In der eigentlichen Arbeit ändert sich für uns nichts, lediglich das Pferd gewöhnt sich an diese feine Verbindung zu uns. Die Longe hängt permanent durch, in der Anfangsphase, wie sie hier gezeigt ist, sogar recht stark. In der dritten Abbildung erkennen wir, daß weiterhin alle Paraden ohne die Einwirkung der Longe durchkommen müssen.**

Von Anfang an erhalten sie das Gefühl der Freiheit, und dies begleitet sie auf dem gesamten Ausbildungsweg – und erst recht draußen im Gelände.

Es gibt einen wichtigen Grundsatz in der Arbeit mit Führstrick, Zügel und Longe: **Wir tun immer so, als wäre alles das gar nicht vorhanden!**

Im Zweifelsfalle muß alles ohne gehen. Und darum kommt eben erst jetzt die Longe ins Spiel.

Brauchen wir sie denn dann überhaupt?

Ja, wir brauchen sie. Nicht zum Anhalten, nicht zum Bremsen, nicht zum Ziehen, sondern als eine **ganz feine, signalartige Verbindung** zu meinem Pferd.

Die Longe schleift niemals am Boden entlang, und sie ist auch niemals gespannt. Sie hängt in einem leichten Fall durch.

Wenn mein Pferd erkannt hat, daß die Longe in jedem Fall diesen leichten „Durchhänger" aufweisen soll – was bedeutet das dann für unsere Arbeit? Genau! Ich kann mein Pferd wegschicken und heranholen, den Zirkel vergrößern und verkleinern, wie ich will, **ohne daß es jemals in seiner Bewegungsfreiheit eingeschränkt, ohne daß es jemals durch Druck und Zug auf die Vorhand geworfen wird!**

Hat es das einmal gelernt, so können Sie sich mit Pferd und Longe nach draußen begeben und Ihr Pferd hinschicken, wohin Sie wollen, es im Gelände trainieren nach Lust und Laune, es wird diese feine Verbindung zwischen Ihnen beiden immer einhalten und peinlichst beachten.

Das ist natürlich schon etwas – und das hat auch schon eine ganze Menge mit versammeltem Reiten am losen Zügel zu tun, denn das Pferd reagiert jetzt in jeder Situation **ohne jeden mechanischen Eingriff!**

Und jetzt können Sie auch abschätzen, warum das Thema Dominanz für uns so entscheidend wichtig ist, denn spätestens zu diesem Zeitpunkt muß jede Form auch nur des

**Hier sehen wir Gabi mit ihrer Stute an der Longe im Freien. In der Picadero-Arbeit hat das Pferd gelernt, die feine Verbindung zum Pferdemenschen durch die immer lose Longierleine zu akzeptieren und zu respektieren. Erst wenn dieser Punkt absolut sichergestellt ist, können wir unseren Picadero verlassen und die Arbeit nach draußen verlegen.**
**Sehr schön ist hier zu erkennen, daß sich das Pferd gleichmäßig auf dem Longierzirkel biegt und seinen Kopf perfekt in die Bewegung stellt.**
**Das Pferd ist ausgeglichen und in seinem optimalen relativen Gleichgewicht.**
**Durch jeden Zug am Kopf des Pferdes – wodurch auch immer verursacht – würde diese Harmonie der Bewegungen völlig zerstört. Wir Pferdemenschen machen nur Bewegungsvorschläge, das Pferd ist und bleibt in seinen ganzen Bewegungsabläufen frei und ungehindert!**

unterschwelligsten Kampfes absolut vergessen sein!

Jetzt muß mein Pferd dahin gehen **wollen**, wo ich hingehen möchte. Es muß ihm ein Vergnügen sein, mir folgen zu dürfen, denn wenn es jetzt anfängt zu kämpfen, wenn es jetzt zum Futter, zu den Stuten oder zum Stall möchte – ganz entgegengesetzt zu meiner Absicht –, dann ist ein schönes Stück Arbeit für die Katz gewesen. An alles das darf und wird unser Pferd natürlich auch weiterhin denken – wir aber sind ihm in der Tat wichtiger geworden!

Die Longe, die wir benutzen, sollte für den Anfang ein möglichst leichter Strick sein, von möglichst feiner, geschmeidiger Beschaffenheit. Die Longen, die für gewöhnlich angeboten werden, sind wunderbar, eignen sich aber aus meiner Sicht vornehmlich für die Arbeit in der Hohen Schule.

Am Anfang verheddern sich diese flachen Leinen fast regelmäßig, und man ist viel weniger beim Pferd als mit der Aufgabe beschäftigt, sein Instrument wieder in Ordnung zu bringen. Da macht es einem eine feine Schnur doch viel leichter, und wir haben unsere volle Konzentration für unser Pferd und für das, was wir tun.

Wenn wir mit der Longenarbeit beginnen, dann machen wir zuerst einmal einige Tage genauso weiter wie bisher und achten darauf, daß unsere Longe immer leicht durchhängt. Vor allem aber kommen wir niemals in Versuchung, daran zu ziehen!

Dies zu lernen ist unsere erste und wichtigste Aufgabe!

**Die Arbeit mit dem kleinen Hengst Fulano ist inzwischen zu einem gegenseitigen „miteinander Spielen" herangediehen. Das Pferd hat die Longe als feine Verbindung zu mir vollkommen akzeptiert, niemals mehr wird es die Longe bis zur Anspannung hin annehmen. In der letzten Abbildung sieht man sehr deutlich, wie das Pferd den leicht erhöhten Zug der sich spannenden Longe spürt und entsprechend reagiert.**
**Innerhalb dieses von der Longe vorgegebenen Rahmens ist das Pferd sehr oft sich selbst überlasen. Das Dominanzverhältnis ist so eindeutig geklärt, daß das Pferd auch durchaus jene Positionen einnehmen kann, die eigentlich durch den schon beschriebenen Positionskreis „verboten" sind.**

Auch wenn das Pferd die Hand wechselt – bitte nicht ziehen! Wenn Sie sich dann nicht mehr jedesmal beim Handwechsel in Peitschenschnur und Longe verwickeln, dann sind die Voraussetzungen recht günstig, um einen Schritt weiter zu gehen.

# Zirkel verkleinern und vergrößern

**Auch auf dem jetzt wesentlich engeren Zirkel bleiben die Grundgesetzmäßigkeiten der Picadero-Arbeit erhalten. Die Position entspricht immer noch der des Basisdreiecks, und die Longe hängt auch jetzt permanent lose durch. Mit der Körpersprache, mit leisen Zeichen der Gerte, durch das sanfte Anheben der Führhand, durch alles das kann nun das Pferd unglaublich fein gelenkt und geführt werden. Zwei Tänzer in Harmonie. Jeder achtet mit Bedacht auf den anderen, reagiert und agiert mit weichen Übergängen und dann wieder mit überraschenden Reprisen. Wie auf der Tanzfläche spielen die Partner miteinander, gehen auseinander, um sich im nächsten Augenblick wieder zu finden. Der gesamte zur Verfügung stehende Raum wird genutzt. Mal arbeitet man großzügig in der Mitte des Picaderos, dann wieder nutzt man eine Ecke, um mit der Biegung zu spielen und das Pferd zu neuen, gewagten Eskapaden anzuregen. Jetzt senkt der Hengst provozierend seinen ausdrucksvollen Kopf, einen eleganten Wechsel durch den so kleinen Zirkel andeutend. Der Pferdemensch pariert diese Anregung mit dem Weichen seiner Hüfte – ein mächtiger Schwung reißt das große Tier auf die andere Hand –, dann stehen beide regungslos, Sekunden, Minuten, während der stumme Takt noch in beiden rhythmisch pulsiert.**

Wir beginnen im Schritt.

Unser Pferd hat sich an die „lose Leine" gewöhnt, hier im Picadero genauso wie bei der Führarbeit. Wenn wir jetzt von Position 1 des Positionskreises auf Position 2 wechseln, also leicht hinter das Pferd treten und etwas dichter heran, und nun ein wenig die Longe annehmen, so wird das Pferd – immer noch an der durchhängenden Longe – den Zirkel allmählich verkleinern. Am Anfang geben wir uns mit wenig zufrieden und schicken das Pferd bald wieder auf den Außenkreis, indem wir die ursprüngliche Position wieder einnehmen, die Longe länger lassen und gegebenenfalls leicht damit schlenkern, damit das Pferd die ursprüngliche Situation wiederherstellt.

Wir achten sehr darauf, daß wir unser Pferd gleichmäßig auf beiden Seiten arbeiten. Nach ein paar Tagen ist es ein leichtes, das Pferd im Schritt bis auf knapp 1–2 m an uns heranzuholen, um es dann gleichmäßig wieder auf den Außenzirkel zu entlassen.

**Wichtig:**

Arbeiten Sie Ihr Pferd zwischendurch immer wieder einmal frei im Picadero!

Klappt das Ganze dann schon besser, können Sie diese Übungen auch im Trab durchführen. Bis jedoch der Zirkel im Galopp verkleinert werden kann, vergeht noch einige Zeit. Maßstab ist immer das Pferd, und dieses wird sich leicht an der losen Longe einholen lassen, wenn es körperlich dazu in der Lage ist.

Bevor wir uns jenen zwei Übungen zuwenden, die uns doch sehr deutlich an unser Thema „Mit Pferden tanzen" erinnern, nämlich dem Schulterherein an der Hand und dem Wechsel durch den Zirkel, möchte ich ein Thema beleuchten, das für uns von sehr großer Bedeutung ist, der Frage nämlich, wie denn eigentlich Lernen funktioniert.

# Wie lernt ein Pferd? – Und wie nicht?

„Ein Pferd ist ein Fluchttier." Das ist richtig, aber es flieht nur dann, wenn der Boß flieht! Ist eine Gefahr im Anzug, wird es sich möglicherweise kurzzeitig erschrecken, aber in einer intakten Herde werden alle Herdenmitglieder so lange ausharren, bis das Leittier die Anweisungen zur Flucht gibt.

Das alles sind Reflexe, automatisch ablaufende Reaktionsmuster, keine überlegten Handlungen. Ein Mensch oder ein Tier hat dann etwas gelernt, **wirklich** gelernt, wenn das neue Verhaltensmuster zur zweiten Natur geworden ist, wenn das Erlernte einem automatischen Reizreaktionsschema folgt.

Ein Fahrschüler braucht seine ganze Aufmerksamkeit, um die einzelnen Hebel des Autos in der richtigen Reihenfolge zu bedienen. Ein routinierter Autofahrer jedoch wird sein Gefährt durch den dicksten Verkehr lenken und gleichzeitig anregende Diskussionen führen können. Er kann seine Aufmerksamkeit den Argumenten und der Diskussion widmen – das Autofahren folgt einem festgelegten Reizreaktionsschema, ist automatisch geworden. Genau das ist es, was wir bei unseren Pferden erreichen wollen!

Ein Beispiel:

Das Abkippen des Beckens (das wir etwas später noch ausführlich behandeln werden) wird beim Pferd die natürliche Reaktion auslösen anzuhalten. Das macht es dann auch mehr oder weniger prompt. Dann nämlich, wenn dieser verhältnismäßig schwache Reiz von keinem anderen, stärkeren Reiz überdeckt wird. In einer ruhigen Reitbahn also wird das gelingen. Draußen, in der Hektik des Geschehens, anfänglich sicherlich ganz und gar nicht. Dennoch wollen wir gern unter allen Umständen unser Pferd auf diese Weise anhalten – auch aus dem schnellsten Galopp heraus, wenn es sein muß. Mit den Zügeln und einem entsprechend scharfen Gebiß bekommen wir das Pferd praktisch immer dazu. Dazu braucht es nichts zu lernen. Bedienen wir uns aber dieses feinen Reizes (Abkippen des Beckens), dann muß etwas ganz Wichtiges geschehen: Der Zusammenhang dieses feinen Impulses des Reiters mit dem unbedingten Anhalten **muß in einem organischen Reizreaktionsschema so verankert werden, daß die richtige Reaktion unbewußt und automatisch erfolgt**. Ist das der Fall, dann hat unser Pferd wirklich gelernt, dann ist dieser Punkt der Ausbildung wirklich sichergestellt. Aber auch erst dann!

Die folgende Abbildung verdeutlicht das Prinzip:

Zuerst passiert der wahrgenommene Reiz das Gehirn, wird dort bearbeitet und dann weitergeleitet an die Motorik: die entsprechenden Reaktionen erfolgen.

Im Laufe dieses Lernvorganges jedoch entstehen neue Nervenverbindungen, die zuletzt den weiten Weg über das Gehirn über-

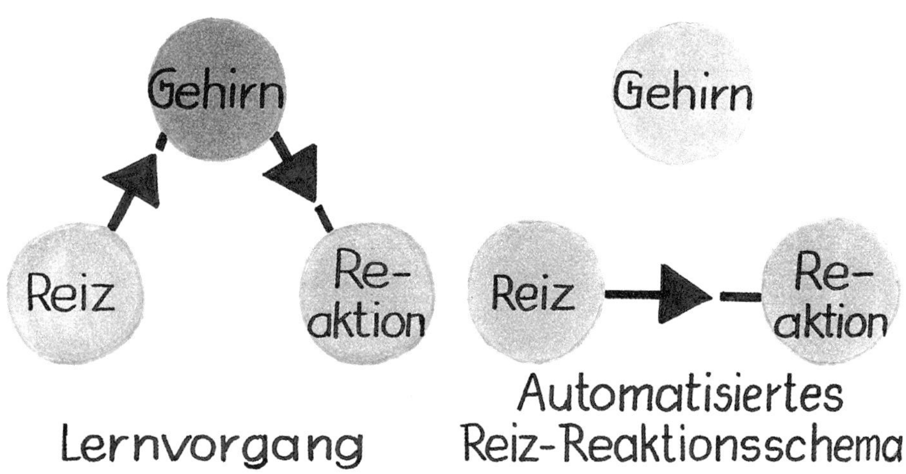

flüssig machen. Das Abkippen des Beckens ist der Reiz, das prompte Anhalten ist die Reaktion, die jetzt automatisch erfolgt. **Das Pferd kann jetzt gar nicht mehr anders reagieren,** wie der routinierte Autofahrer im Falle einer Gefahr automatisch das Richtige tut und erst später darüber nachdenkt, was denn eigentlich geschehen ist und wie er reagiert hat.

## Gips für die Nerven

Lernen ist ein Wachstumsprozeß, Nervenbahnen müssen organisch zusammenwachsen. Wenn sich jemand den Arm bricht, dann wird dieser für einige Wochen eingegipst. Er muß ruhiggestellt und vor jeder Erschütterung bewahrt werden. Entfernt man nun etwas zu früh den Gips, dann war möglicherweise die ganze Zeit zuvor vergebens, denn der Arm bricht bei der geringsten Belastung erneut – schlimmer noch, jetzt wird er schlechter zusammenwachsen als das erste Mal.

Genauso ist es mit dem Prozeß des Lernens. Sind die Nerven nur halb zusammengewachsen und vertrauen wir dem Ergebnis zu früh, dann bricht alles wieder auseinander, die ganze Zeit war vergebens – und das neuerliche Zusammenflicken ist nun erheblich mühseliger.

Wie also gehen wir vor?

**1. Mit Ruhe und Konzentration, und in kleinen Schritten.** Wenn wir mit unserem Pferd „einfach so" zusammen sind, herumspielen und miteinander Spaß haben, dann ist das eins, wenn wir aber lernen und Unterricht haben, dann sorgen wir für eine ruhige, konzentrierte Atmosphäre.

2. **Wir gehen immer vom Bekannten zum Unbekannten.** Das erfordert Kreativität und Phantasie von uns, denn wir müssen einem klaren Weg, einem klaren Konzept folgen. Beispiel: Das Pferd hat gelernt, an der Longe auf Signal anzuhalten. Jetzt soll es das auch unter dem Reiter tun. Das Bekannte, das schon Erlernte hilft uns dabei. In der Mitte steht nun ein Freund, der in genau dem Augenblick die Hüfte abknickt, wenn wir dasselbe mit unserem Becken tun.

Das Bekannte unterstützt das Unbekannte, das Pferd verbindet die einzelnen Reize und Reaktionen miteinander **und lernt** . . .

Noch ein einfaches, aber unglaublich wirksames Beispiel: die Stangenstraße.

Auch hier wieder gehen wir vom Bekann-

**Diese Fotos belegen einen elementaren Grundsatz der Pferdeausbildung: das Prinzip, immer vom Bekannten zum Unbekannten vorzudringen. Auch das nervöseste, ängstlichste Pferd geht beispielsweise innerhalb von Minuten über eine Plastikplane, auf die es zuvor nichts und niemand gebracht hätte. Wichtig ist nur, daß eine intelligente „Brücke" gebaut wird, die das Pferd vertrauensvoll beschreiten kann. Ist das Pferd erst einmal durch eine kleine Gasse geführt worden, und bekam es an ihrem Ende jeweils eine Belohnung, dann ist dieser Ort derart vertraut und bekannt geworden, daß man nun nur noch diesen bekannten Ort mit dem unbekannten, angsterregenden zusammenbringen muß, um ihm so das „Unheimliche" zu nehmen. Dann spaziert das Pferd nach wenigen Minuten über die Plane, als sei es das Selbstverständlichste auf der Welt.**

ten zum Unbekannten, nutzen wir das Prinzip vom Reizreaktionsschema.

Wir legen aus Springstangen eine Straße, ungefähr 60 cm breit, und führen mehrmals unser Pferd hindurch. Am Ende angekommen erhält es eine Belohnung. Nach vier- bis fünfmal ist hier ein Reizreaktionsschema zusammengewachsen, etwa: Durch die Straße gehen, kein Problem. Am Ende Belohnung – super!

Und jetzt: Jetzt kann ich in die Straße legen, was auch immer ich will, Plastiktüten, Wellbleche usw. Nach wenigen Minuten lernt mein Pferd, sorglos über diese Dinge hinwegzutreten. Das Reizreaktionsschema ist stärker geworden, das positive Erleben wiegt mehr als die Angst vor dem Hindernis.

## Gleiche Reihenfolge, gleicher Ort

Wir sollten es uns und vor allem auch dem Pferd so leicht wie möglich machen! Wo immer es geht, legen wir kleine „Gipsverbände" um die Nervenbahnen, damit das Ganze gut und sicher zusammenwächst. Ist es erst einmal zusammengewachsen, hält es ewig!

Fangen wir mit neuen Übungen an, so versuche ich diese innerhalb des ganzen Übungskomplexes zeitlich und örtlich genau zu fixieren.

Ein Pferd soll die ersten Übungen zum Schulterherein lernen. Diese neue Übung schiebe ich dann beispielsweise ein zwischen der Zirkelarbeit und dem Rückwärtsrichten. Diese Reihenfolge halte ich für einige Tage genau ein, so daß das Pferd allein schon durch den Arbeitsrhythmus eine Lernhilfe, einen „Lerngips", bekommt. Außerdem habe ich anfänglich für jede Übung einen ganz bestimmten Platz. Gehe ich mit meinem Pferd an den Punkt X oder Y, so weiß es: Aha, jetzt ist Spanischer Schritt angesagt, und jetzt Schulterherein.

Diese kleinen Hilfen erleichtern beiden, Mensch und Pferd, die Arbeit ungemein.

Natürlich darf ich dabei nicht gegen die Regel verstoßen, die Arbeit so interessant und abwechslungsreich zu gestalten wie möglich. Aber unsere Arbeit ist ja sehr vielseitig, und in einem solchen Gesamtkomplex lassen sich wunderbar Fixpunkte für neue Übungen finden.

### Nicht zu früh den Gips abnehmen!

Das ist ein sehr wichtiger Punkt, und ein sehr menschlicher!

Hat das Pferd etwas gelernt, freut sich der Mensch. Das führt dann leider oft dazu, daß man diese wackelige Neuheit auch gern einmal zeigen, woanders ausprobieren

**Ein ganz wichtiges Ziel des Lernens ist es, möglichst schnell reflexartige Reaktionen zu erhalten. So gehe ich mit meinen Pferden für ganz bestimmte Übungen immer – zumindest in den Anfangsphasen – an einen jeweils für diese Übung festgelegten Ort. An einem ganz bestimmten Olivenbaum etwa arbeitete ich mit dem Hengst am Spanischen Schritt. Kaum kamen wir nur in die Nähe dieses Ortes, schleuderte der Bursche schon seine Vorderbeine nur so in die Höhe, wohlwissend, was ich von ihm an eben diesem speziellen Ort wünschte. Natürlich darf man den Zeitpunkt nicht verschlafen, diesen Ort wieder zu wechseln, sonst haben wir womöglich zuletzt ein Pferd, das allein schon beim Anblick einer Flasche Olivenöl gemeingefährlich ausschlägt.**

möchte. Und dann geht es schief, dann wird gezerrt und gezogen und die ganze Peinlichkeit dann mit dem „Vorführeffekt" und einem verlegenen Lächeln entschuldigt.

Die Peinlichkeit ist ja nicht das Problem. Das Problem ist die Arbeit danach, denn die wird viel schwieriger als zuvor. Wir haben den Gips zu früh abgenommen! Der Arm ist erneut gebrochen. Seien Sie grundsätzlich vorsichtig mit Vorführungen. Und wenn Sie es nicht lassen können, dann führen Sie doch die Dinge vor, die Sie schon lange, lange abgeschlossen haben und die wirklich sitzen. Aber auf keinen Fall greifen Sie in Ihr aktuelles Übungsprogramm – das kann zu einem dummen Eigentor werden.

### Der verflixte 4. Tag

Noch etwas, das wir wissen müssen, um unser Pferd zu verstehen: In der Natur gibt es so gut wie keine linearen Prozesse. Alles unterliegt einem mehr oder weniger festgelegten Zyklus. Sommer, Winter, Tag und Nacht usw. Wir sind Natur, und die Pferde sind Natur. Wenn wir tagtäglich dasselbe tun, eingehüllt in Stahlbeton und Neonlicht, die Nacht zum Tag und den Winter zum Sommer machen und so auf jeden natürlichen Rhythmus pfeifen, so ist das eine Sache. Das schließlich hat jeder für sich zu verantworten. Das Pferd jedoch ist noch viel stärker der Natur verhaftet, lebt noch viel stärker in diesen organischen Rhythmen.

Das Lernen ist ein organischer Wachstumsprozeß und unterliegt ihm darum zwangsläufig. **Lernen funktioniert darum wellenartig.** Heute gelingt mir etwas mit meinem Pferd, morgen tut es so, als hätte es davon noch nie etwas gehört. Doofes Tier?

Ich glaube nicht! Es ist der verflixte vierte Tag! Das kann auch der dritte oder fünfte sein, jedenfalls ist es der Moment, wo das Pferd am unteren Punkt einer Lernkurve angekommen ist! Dieser untere Punkt ist aber etwas höher als der vorige, und **das ist die Marke des wahren Lernerfolges!**

Ob ein Pferd etwas gelernt hat, das zeigen eben diese untersten Punkte, denn will ich sicher sein, daß etwas immer funktioniert, dann muß es eben gerade auch an solch einem Tiefpunkt gelingen.

Also: Nicht gleich schelten und strafen, sondern bedenken, daß diese Reaktion absolut natürlich ist und uns eher dient. Als Marke nämlich für den wirklichen Fortschritt.

## Die kreative Pause

Das hat wieder etwas mit dem natürlichen Rhythmus zu tun, den sicher auch jeder von uns immer wieder in sich spürt, dem wir aber nur zu selten Folge leisten können (oder wollen?). Immer wieder und überall in der Natur stoßen wir auf den Grundsatz der Prioritäten und der Diskontinuität. Nur der Mensch versucht mit allen Mitteln, auch dieses Naturgesetz zu durchbrechen. Lernen spielt sich auf zwei Ebenen ab, einer bewußten und einer unbewußen. Hat das Bewußtsein seinen Teil getan und die Anfangsgründe in sich aufgenommen, dann muß das Ganze in anderen Schichten weiterarbeiten. Diese wollen aber ein Stück weit ihre Ruhe haben – und brauchen darum so etwas wie eine kreative Pause.

Ich arbeite deshalb in aller Regel, je nach Pferd, ein bis zwei Wochen an einer ganz bestimmten Übung, um dann genau solange hiermit zu pausieren. Beginne ich dann ab der vierten Woche wieder mit dieser Übung, dann klappt sie wesentlich besser als noch vor 14 Tagen.

Das Unterbewußtsein hat für uns gearbeitet und so die Anfangsgründe vertieft und gefestigt. Dadurch wird das Arbeitsprogramm nicht nur abwechslungsreicher, sondern der Erfolg auch wesentlich dauerhafter.

Bleibt noch die Angst!

Hierüber brauchen wir nicht mehr viel zu sagen. Angst ist die ursprünglichste und elementarste Erlebnisqualität überhaupt für jedes Lebewesen. **Angst blockiert alle anderen Lebensäußerungen und überdeckt jede Handlung mit einer Art Blockade.**

Daß ich ein Pferd allenfalls abrichten kann unter dem Gefühl von Angst, aber keinesfalls sinnvoll ausbilden, fördern und schulen – ich denke, dieser Punkt sollte nun zum letzten Mal in diesem Buch Erwähnung finden.

# Das Schulterherein an der Hand

Die Übung des Schulterhereins, dessen erste Ansätze an der Hand ich im folgenden beschreiben möchte, ist eine Voraussetzung genauso für die vielen Übungen der Hohen Schule wie für das alltägliche, vernünftig versammelte Reiten (wobei sich ja im Grunde das eine nicht vom anderen unterscheidet).

Das Schulterherein ist eine Übung, die jeder, der reitet, beherrschen sollte. In der Tat ist diese Übung – richtig ausgeführt – ein unglaublich wirksames Instrument, ein Pferd zu gymnastizieren und zu versammeln. Doch wie bei allem sollte man auch hier mit Vorsicht ans Werk gehen, denn falsch ausgeführt ist es im günstigsten Falle einfach nutzlos, möglicherweise schadet man aber auch sogar mehr, als man nützt.

Die Beschreibung der Übung:

Das Pferd bewegt sich in Richtung des Hufschlages, hat hierbei jedoch Kopf und Schulter in die Bahn gerichtet. Es geht dadurch, je nach Grad der Abstellung, auf drei oder sogar vier Hufschlägen.

Das Pferd soll sich in der richtig ausgeführten Übung gleichmäßig biegen, vom Kopf bis zur Schweifrübe. Und es muß etwas tun, was für uns außerordentlich wichtig ist: Das Pferd muß, um sich in dieser Weise vorwärtsbewegen zu können, das jeweils innere Hinterbein vor das äußere setzen, es muß die Beine kreuzen.

Darum muß es notgedrungen mit dem jeweils inneren Hinterbein weiter unter sein Gewicht treten, die Kruppe senken und die Hanken biegen – es muß sich versammeln. Diese Übung ist auf wunderbare Weise dazu geeignet, dem Pferd zu zeigen, wie angenehm und leicht es ist, sein eigenes und das Gewicht des Reiters im notwendigen Maß auf die Hinterhand zu verlegen, mit der untergesetzten Hinterhand zu tragen.

Hat es das einmal erkannt und wahrgenommen, wird es diesen Vorgang im Laufe der Zeit immer selbständiger und perfekter vollziehen. Alles das ist natürlich eine Frage der Zeit und des sanften Heranführens an die Aufgabe. Nach und nach muß das Pferd so gymnastiziert werden, daß die Hinterhand die notwendige Tragkraft und Belastbarkeit entwickeln kann.

Wir beginnen diese Übung darum schon in einem relativ frühen Stadium der Ausbildung, indem wir das Pferd im Schulterherein an der Hand arbeiten. Das hat außerordentlich viele Vorteile. Zum einen können wir das Pferd zu Anfang sehr fein und differenziert führen, und es kann sich allmählich in diese Übung hineinfinden, ohne das zusätzliche, belastende Gewicht des Reiters. Vor allem aber können wir durch die Arbeit an der Hand dem Pferd auf recht einfache Weise vermitteln, diese Übung selbständig auszuführen.

Schulterherein
auf 3 und 4 Hufschlägen

**Dieser Punkt ist entscheidend!**

Das Pferd soll in einer ganz bestimmten Abstellung zum Hufschlag seitwärts gehen und zu diesem Zweck die Beine kreuzen. Viele Reiter sind nun verständlicherweise geneigt, dies dadurch zu erreichen, daß sie vergleichsweise kräftig an den Zügeln ziehen, um die gewünschte Stellung zu erreichen und für die Dauer der Übung zu halten. Das aber wird das Pferd wieder auf die Vorhand werfen, und der ursprüngliche Sinn und Zweck der Übung ist gänzlich verfehlt. Es entsteht vielmehr ein Ziehen und Zerren, das zu guter Letzt nur Schaden anrichten kann.

Die Abbildung auf Seite 54 zeigt François Robichon de la Guérinière, den Reitmeister Ludwigs XV. von Frankreich, im Schulterherein auf einem perfekt aufgerichteten und versammelten Pferd **am losen Zügel**!

In der Tat hat nur so diese Übung wirklichen Sinn! Jetzt ist das Pferd frei und sich selbst überlassen und kann ohne störende äußere Kräfte Balance und Gleichgewicht bei verstärktem Einsatz der Hinterhand entwickeln.

Zum Ende des Buches hin will ich versuchen zu beschreiben, wie wir dies vom Sattel aus erreichen können. Zu diesem Zeitpunkt muß das Pferd schon über eine gehörige Portion Sensibilität verfügen, und es muß bereits bis zu einem gewissen Grade gymnastiziert und gebogen sein. Und auch vom Reiter wird eine gehörige Portion Fingerspitzen- und Feingefühl verlangt.

In der Arbeit an der Hand läßt sich das gewünschte Ziel vergleichsweise leicht erreichen – und das Pferd für die Arbeit unter dem Sattel vorbereiten. Hat es erst einmal ge-

**Natürlich sollten wir für diese Übung in aller Regel ein Halfter und einen Führstrick zu Hilfe nehmen, um feine Signale geben zu können. Hier aber demonstriert uns Birgit perfekt, daß diese Übung des Schulterhereins ausschließlich durch die Wahl des korrekten Standpunkts und durch entsprechende Signale auszuführen ist. Sehr schön sehen wir, wie Sami im Schulterherein unter Beibehaltung der korrekten Abstellung durch die Ecke geht. Gerade dieser Augenblick erfordert von beiden, von Mensch und Pferd, viel Konzentration und Fingerspitzengefühl. Auf dem fünften Bild ist sehr deutlich die korrekte Abstellung zu erkennen. Das Pferd bewegt sich exakt auf vier Hufschlägen. Bild 5 wiederum ist bereits die Einleitung für das Durchschreiten der nächsten Ecke; die Abstellung ist entsprechend größer. Wichtig: Das Pferd ist nicht wie beim Schenkelweichen mehr oder weniger geradegerichtet. Der so positive Effekt dieser Übung wird erst dann wirklich erreicht, wenn sich das Pferd in seiner gesamten Länge schön gleichmäßig biegt.**

lernt, diese Übung ohne Reiter selbständig auszuführen, so ist dies später auch unter dem Sattel leichter zu erreichen.

Sowohl beim Schulterherein unter dem Sattel als auch an der Hand achten wir auf die richtige Abstellung. Bei einer gleichmäßigen Biegung vom Kopf bis zur Schweifrübe bewegt sich das Pferd zuletzt auf vier Hufschlägen. Ist die Abstellung noch steiler, so entzieht sich das Pferd in aller Regel der Biegung, die Übung des Schulterhereins verkommt zum bloßen Schenkelweichen, das dann jedoch praktisch keinerlei versammelnde und gymnastizierende Wirkung mehr hat. Ist die Abstellung flacher, wie es in der modernen Dressurreiterei gefordert wird, braucht das Pferd sich entsprechend weniger zu biegen, und das Pferd entzieht sich dem Kreuzen der Hinterbeine und dem verstärkten Untertreten unter das Gewicht.

In all den vorausgegangenen Übungen haben wir erfahren können, wie wichtig die richtige Position des Pferdeführers im Hinblick auf die Reaktionen des Pferdes ist. Bei dieser Übung nun ist dieser Punkt ausschlaggebend. Zum einen vermittelt der korrekte Standpunkt dem Pferd exakt den Grad der Abstellung, zum anderen verhindert er das Verlassen des Hufschlags. Für das Pferd ist diese Übung – bei entsprechender Vorbereitung – nicht besonders anstrengend. Trotzdem wird es geneigt sein, sich der Übung dadurch zu entziehen, daß es entweder die Abstellung flacher oder steiler gestaltet oder nach vorne flüchtet. Beides kann nun durch den rüden Einsatz von Führstrick und Kappzaum vermieden werden oder aber durch feine, sensible Körpersprache.

In der auf der vorangegangenen Seite abgebildeten Fotosequenz zeigte uns Birgit sehr schön ein perfektes Schulterherein an der Hand mit einem freien Pferd.

Lediglich ihre Stellung zum Pferd, die Einhaltung eines exakten Winkels, vermittelt ihm die notwendigen Signale. Diese Bilder dienen der Demonstration. Für die Arbeit ist es sinnvoller, einen möglichst immer durchhängenden Führstrick zu verwenden.

Wir beginnen diese Übung in derselben Weise, wie wir später auch das Schulterherein

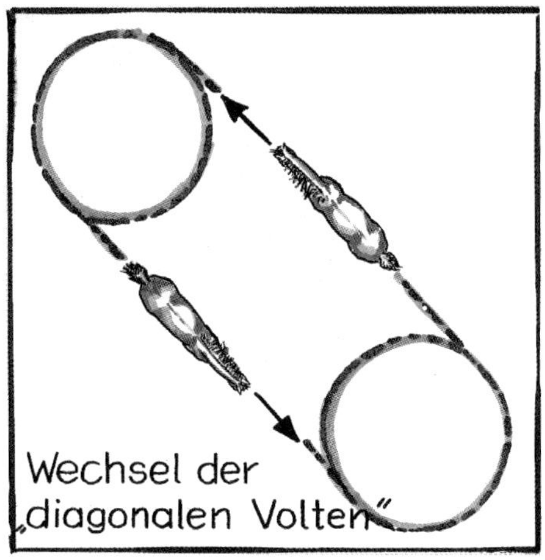


unter dem Sattel einleiten werden. Zunächst einmal führen wir unser Pferd in der abgebildeten Hufschlagfigur durch den Picadero. Ich nenne diese Figur „diagonale Volten" (in diesem Fall nach links), weil ich aus der Volte in einer Ecke schräg in die gegenüberliegende Ecke führe (beziehungsweise später reite), dort die nächste Volte anlege und wieder schräg – um den Durchmesser der Volte versetzt – in die erste Ecke zurückkehre.

Das Anheben der Führhand haben wir in den vergangenen Übungen dazu benutzt, das Pferd langsamer werden zu lassen bzw. anzuhalten. Dieses Signal ist inzwischen so sehr in die natürliche Kommunikation integriert, daß das Pferd auch in der folgenden Übung sensibel reagieren wird.

Drei- bis viermal führen wir das Pferd in der Volte, um es dann geradeaus auf die diagonal gegenüberliegende Volte zu führen (oben). Nachdem wir das ein paarmal durchgeführt haben, wird das Pferd förmlich darauf warten, auf die andere Volte hinüberzuwechseln. Und jetzt geschieht folgendes:

Sobald sich das Pferd in einer gleichmäßigen Biegung in einer Position befindet, wie sie auf Seite 127 dargestellt ist, verlassen wir unsere Dreiecksposition durch einen ruhigen Schritt nach vorn, um so auf die Höhe des Widerrists zu gelangen. Gleichzeitig heben wir die Führhand leicht an, um das Pferd zu verhalten. Natürlich hängt der Führstrick weiterhin leicht durch. Jetzt geschieht wieder zweierlei: Wir gehen energisch auf das Pferd zu, als wollten wir sein Buggelenk rammen, und die Gerte wird von ihrer ursprünglichen Position hinter dem Pferd weiter nach vorne geholt, so daß sie seitlich in der Schenkellage die Flanke leicht berühren kann. Das Pferd wird uns nun automatisch ausweichen und in einem perfekten Schulterherein diagonal durch den Picadero wechseln (siehe Fotosequenz Seite 184).

Nun, ganz so perfekt wird es zu Anfang wohl nicht gleich vonstatten gehen, haben wir aber sorgsam bis hierher gearbeitet, dann wird unser Pferd zumindest im Ansatz in der gewünschten Weise reagieren.

**Welche Probleme können auftreten?**

*Das Pferd nimmt von der angehobenen Führhand keinerlei Notiz – es geht einfach auf seinem Kreisbogen weiter.*

Verhindern können wir dies, indem wir bei den ersten Versuchen noch etwas weiter nach vorn treten, gegebenenfalls sogar leicht vor das Pferd. Bitte nicht am Führstrick ziehen, das würde den Sinn dieser Übung vollkommen verfälschen.

*Die Abstellung ist nicht wie gewünscht, sie ist vielmehr zu steil.*

Dies kommt anfänglich in der Tat recht häufig vor, denn das Pferd versucht mit allen Mitteln, sich der doch recht anstrengenden korrekten Biegung zu entziehen. Um dies zu verhindern, müssen wir die Mittel des Körpers sehr bewußt und konzentriert einsetzen, denn die Position zum Pferd, die Heftigkeit unserer Vorwärtsbewegung, der Einsatz der Führhand und der Signalgerte, alles das muß in einer perfekten und harmonischen Weise so zusammenspielen, daß das Pferd in genau der gewünschten Weise reagiert.

Schon die ersten ein, zwei Schritte im Schulterherein sind für uns und für das Pferd ein großer Erfolg. Wir brechen die Übung sogleich ab, belohnen und loben das Pferd und

Das Schulterherein an der Hand

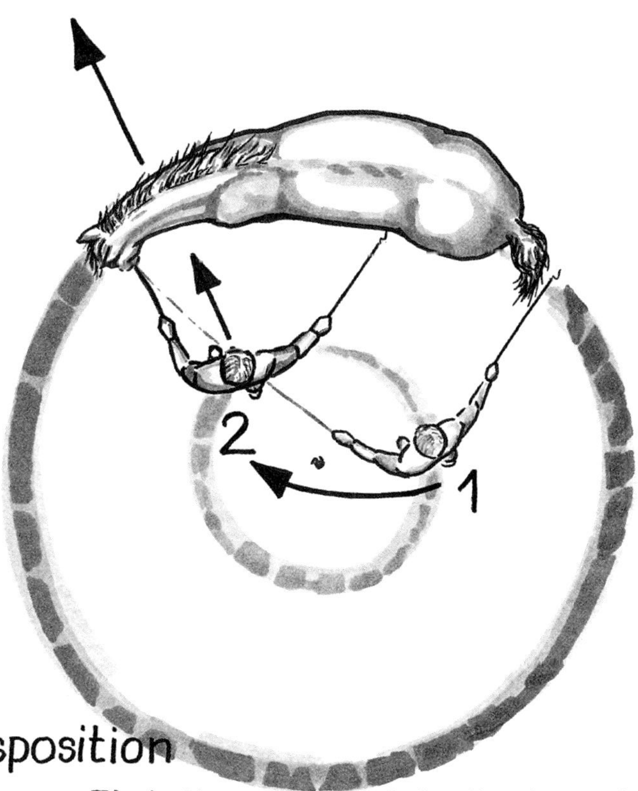


1 Ausgangsposition
2 Position zur Einleitung des Schulterhereins

wiederholen erst am nächsten oder übernächsten Tag diese Übung. Sie ist jedoch so essentiell, daß man sich ruhig recht viel Zeit lassen kann, sie in die Praxis und in Perfektion umzusetzen.

Wichtig aber ist, daß wir mit Energie und festem Willen bei der Sache sind, denn sonst werden wir spätestens mit Beginn dieses Stadiums auf der Stelle treten. Da wir nicht strafen, ziehen, zerren und brüllen, bleiben uns eben nur die Kommunikation unseres Körpers und vor allem unsere Persönlichkeit, die das Spiel der Kräfte bestimmt.

Im letzten Kapitel dieses Buches gehe ich sehr ausführlich darauf ein, wie wichtig eine abwechslungsreiche Arbeit für das Wohlbefinden unseres Pferdes und für das Gelingen unserer Arbeit ist. Gerade wenn wir Übungen wie diese ausführen und einüben, ist dieser Punkt von elementarer Bedeutung.

Ein Pferd, das diese Übung – zumal in den Anfängen – korrekt ausführt, leistet, auch wenn es nicht unbedingt so aussieht, schwere Arbeit. Ungeduld und Unsensibilität an dieser Stelle können vieles ruinieren, was zuvor aufgebaut wurde. Schaffen wir Abwechslung, spielen wir mit unserem Pferd, nehmen wir das Pferd unter dem Sattel oder an der Hand ins Gelände, um durch lange gemeinsame Ausflüge das psychische Gleichgewicht des Pferdes auf einem Optimum zu erhalten. Dann wieder wenden wir uns der präzisen Weiterbildung zu, die jetzt keine lästige Pflicht ist, sondern ebenfalls eine willkommene Abwechslung.

Spiel, Weiterbildung, Aufbau von Dominanz und Vertrauen oder einfach in Müßiggang verbrachte gemeinsame Zeit, die Grenzen verschwimmen, alles wächst zusammen zu einem sensiblen, harmonischen Miteinander.

Wechselt unser Pferd schließlich zwischen den diagonalen Volten in einem schönen Schulterherein, dann verlassen wir dieses starre Picadero-Muster und fügen diese Übung an jeder beliebigen Stelle in unser Programm ein.

Beim Führen hinaus auf die Koppel etwa werden schnell ein paar Schritte im Schulterherein auf jeder Hand absolviert, und ehe sich unser Tier dem frischen Gras zuwendet, ist es bereits, ohne daß es das überhaupt bemerkt hat, wunderbar gymnastiziert worden.

Ich kann unmöglich dieses Kapitel abschließen, ohne auf einen „essentiellen und gewichtigen Streitpunkt" der Reiterei einzugehen. Dieses spezielle „Problem" möchte ich aber nicht nur als solches, losgelöst, besprechen, es soll gleichzeitig als Beispiel dafür dienen, wie – sagen wir – aus einer „grundsätzlich verdrehten" Sichtweise plötzlich Gesetzmäßigkeiten und Lehrmeinungen entstehen, die dann, mathematischen Axiomen oder feststehenden physikalischen Naturgesetzen gleich, wie unantastbare Heiligtümer behandelt werden. In diesem Fall ist es . . .

## . . . die Angst des Reiters vor dem vierten Hufschlag.

Wenden wir uns wieder einmal jenem Wesen zu, das in vielen Reitweisen eine nur noch untergeordnete Stellung einzunehmen scheint, dem Pferd nämlich, und seiner eigentlichen Natur. Die „Übung" des Schulterhereins gehört, genauso wie das Traversieren, das Piaffieren und das Passagieren zu dem natürlichen Habitus der Pferde in der freien Wildbahn – wobei die Häufigkeit und die „Brillanz der Ausführung" in der Regel sozusagen proportional zur Stellung in der Herde anwachsen. Ein Hengst, der in einiger Entfernung seine Schutzbefohlenen abschirmt, wird immer wieder seinen Kopf in die eine oder andere Richtung abwenden, wird beobachten, ausspähen, wachsam sein. Dabei wendet er nicht allein den Kopf, vielmehr geschieht diese Aktion in einer mehr oder weniger perfekten „Schulterhereinstellung". Ein anderes Beispiel, das Sie sicher aus eigener Anschauung kennen: Ein Pferd – vor allem ein agiles, gut gymnastiziertes –, das sich mutig einem angsterregenden Gegenstand nähert, geht nicht geradegerichtet auf diesen zu, es pirscht sich vielmehr „schräg von der Seite" heran, den Kopf in Richtung auf das „Ungeheuer", also in Bewegungsrichtung, gestellt. Es führt hierbei eine perfekte Traversale aus. Dies tut es, weil es auf diese Weise ideal gestellt ist, um blitzartig auf der Hinterhand wenden und fliehen zu können. Wer aber sagt nun diesen

„ungebildeten" Wildnispferden, die unbeleckt von jeder Kultur ihr Dasein fristen und zu alledem auch nicht lesen können, daß sie dies gefälligst auf drei Hufschlägen ausführen sollen – da sie ja sonst auf die Vorhand fallen? Das jedenfalls steht in vielen gängigen Lehrbüchern.

Betrachten wir das Ganze wieder einmal aus der Ferne – dann können wir zunächst einmal feststellen, daß ein Pferd allein und losgelassen tun und lassen kann, was es will – es befindet sich immer im Gleichgewicht, denn hierfür ist es von der Natur konstruiert (lediglich der Fluchtgalopp bildet eine Ausnahme – hierauf sind wir bereits ausführlich eingegangen). Die natürliche Bewegung des Schulterhereins auf vier Hufschlägen wird kein Pferd dazu bringen, sein Gleichgewicht zu Lasten der Vorhand zu opfern. Wo aber liegt die Ursache für die angeführte Regel?

Es ist wieder einmal schlicht und einfach das Ziehen und Zerren an den Zügeln – denn: Ein Pferd, das nicht geschult, sondern mit mehr oder weniger roher Zügelgewalt am Fortlaufen gehindert und in die Stellung des Schulterhereins gepreßt wird, läuft ohne Frage wirklich auf der Vorhand, wobei sich dieser gravierende Reitfehler immer negativer auswirkt, je größer die Abstellung zur Bewegungsrichtung ist.

Auf die Vorhand fällt es aber ohnehin und in jedem Fall! Nur, wird die Abstellung vergrößert, dann eben müssen die Hinterbeine auch entsprechend stärker kreuzen, das heißt, seitwärts treten. In diesem Fall kann das Pferd dann beim besten Willen den Zügelruck nicht mehr kompensieren und muß hoffnungslos die Vorhand belasten – so stark nämlich, daß es sogar den „Regelmachern" auffällt. Auf diese Weise wird aus einem Reitfehler jahrzehntelang unwidersprochener, überall praktizierter Regelquatsch! Denn lasse ich die Zügel außen vor, und gebe ich die Hilfen grundsätzlich im Hinblick auf die zu versammelnde Hinterhand, dann kann ich dem Pferd „Knoten in die Beine machen", und es wird dennoch nicht auf die Vorhand fallen.

Jetzt aber zur Sache und sachlich: Was passiert nun wirklich? Je stärker die Abstellung des Pferdes beim Schulterherein, desto mehr verlagert sich der Charakter der Übung von einer nur versammelnden in Richtung auf eine auch lösende und stark gymnastizierende! Denn im ersten Fall vermag das zuerst innere Hinterbein sehr weit unter den Schwerpunkt des Pferdekörpers zu treten, im zweiten wird das Pferd, um den Vorwärtsschub aufrechterhalten zu können, sehr stark die Beine kreuzen müssen. Was aber ist dann zu tun?

Nun – der rüde Gebrauch der Zügel ist in jedem Fall von Übel, das bedarf keiner Erwähnung mehr. Gehen wir so an das Erlernen der Übung heran, wie es in diesem Buch beschrieben ist, dann ist zu Anfang der Grad der Abstellung vergleichsweise uninteressant, Hauptsache, das Pferd erkennt, was wir von ihm wollen, kreuzt exakt und forsch und folgt unseren Anweisungen ohne grobe mechanische Hilfen. Stören wir das Pferd in keiner Weise, dann kann es auch niemals etwas Falsches tun, denn es bleibt sich, seiner Natur und seinem feinen angeborenen Gleichgewichtssinn in jedem Augenblick überlassen.

Das ist einer der Gründe, warum ich mich praktisch niemals dem Pferd mit mechanischen Mitteln nähere, denn tue ich das, muß ich dafür schon eine sehr gute Begründung haben, denn dann greife ich in die Natur ein – und muß auch die volle Verantwortung dafür übernehmen! Hat unser Pferd den grundsätzlichen Gang der Übung eingesehen, dann erst kann ich überhaupt beginnen, mir über die feine Differenzierung der Abstellung Gedanken zu machen. Je nach Pferd, je nach Ausbildungsstand und augenblicklicher Aufgabenstellung variiere ich dann die Abstellung zwischen drei und vier Hufschlägen, je nachdem, ob ich mehr eine versammelnde, tragende, vorwärtsschiebende oder aber eine lösende, gymnastizierende Wirkung erzielen möchte. Das zu entscheiden lernt man nicht aus einem Buch – bitte bringen Sie wieder einmal Ihr Gefühl und Ihre Intuition ins Spiel. Dann wird es Ihnen auch mehr und mehr gelingen, diese feinen Nuancen zu erkennen und in die immer präziser werdende Arbeit miteinzubeziehen. Aber haben Sie um Gottes willen keine Angst vor dem vierten Hufschlag.

# Der Tanz beginnt – der freie Wechsel durch den Zirkel

Das können Sie überall in Spanien, Frankreich, Portugal sehen: ein kleines Zeichen des Longenführers, und das Pferd wechselt blitzartig, um auf der anderen Hand weitergearbeitet zu werden. In den meisten Fällen jedoch führt das Pferd einfach eine Hinterhandwendung aus. Wirklich gymnastizierend ist das Ganze erst dann, wenn es sauber durch den Zirkel wechselt. Diese Übung sieht nicht nur sehr schön aus, sie ist nicht nur eine weitere Bereicherung und Abwechslung in der Picadero-Arbeit, sie ist vor allem dazu da, das Pferd ohne Longenzug zu biegen und ins Gleichgewicht zu bringen.

Den Weg, den das Pferd beschreibt, zeigt die Abbildung auf der rechten Seite:

Auch hier wieder gehen wir ganz langsam vor und auch hier wieder achten wir darauf, daß wir aus etwas Sinnvollem nicht einen billigen Showeffekt machen, nach dem Motto: Schau mal, was mein Pferd macht!

Eine solche enge Biegung durch den Zir-

**Hier nun ist der Punkt erreicht, an dem die Kommunikation mit dem Pferd schon durch leichte, kaum wahrnehmbare Signale erfolgt. Dieses Wechseln durch den Zirkel ist mit einer unglaublichen Gymnastizierung des Pferdes verbunden, denn es muß sich dem Kurvenverlauf entsprechend deutlich biegen, gut untertreten und immer sein feines, ausgewogenes Gleichgewicht behalten. Auf dem ersten Bild erkennen wir, daß ich die linke Schulter bereits leicht zurückgenommen**

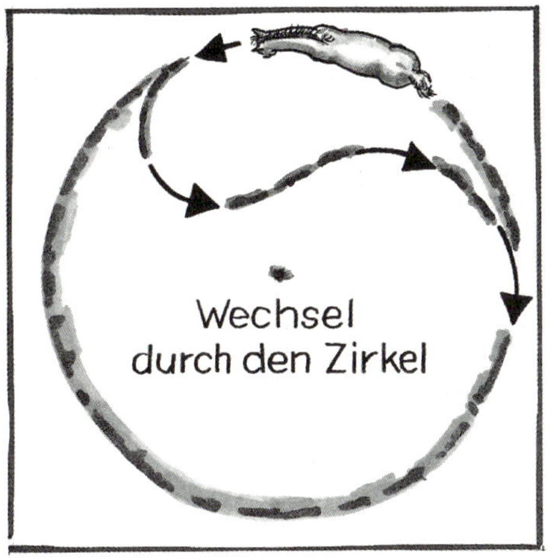


kel ist für das Pferd sehr anstrengend, es muß sich erst langsam daran gewöhnen. Auch später, wenn es diesen Wechsel sogar im Galopp beherrscht, werden wir ihn in einer Longenlektion **ein- bis maximal fünfmal** anwenden. Ein Pferdeleben ist lang, zumal dann, wenn wir mit dem Pferd sinnvoll arbeiten. Gehen Sie also langsam vor, überstürzen Sie nichts, und übertreiben Sie nichts. Wie in vielen Dingen ist auch hier weniger mehr.

So leicht die Übung aussieht, so leicht sie im Grunde auch ist, so lange benötigen Sie und Ihr Pferd dann doch, um sie korrekt und flüssig ausführen zu können.

**habe, ebenso das linke Bein und vor allem die Hüfte. Diese Phase nutzt das Pferd, um sich zu versammeln, stärker unterzutreten und die jetzt kommende enge Wendung vorzubereiten.**
**Im zweiten Bild ist das Pferd bereits in dieser Wendung, exakt und gleichmäßig gebogen. Die Stellung meines Körpers ist so, daß das Pferd mich leicht passieren kann. Alles das ist für den Hengst natürlich mit expressivem Ausdruck, Spiel und „Sich ausleben" verbunden.**

Zuerst einmal das Prinzip, die Tanzschritte im einzelnen.

Sie halten die kurze Longierpeitsche und die Longe in einer Hand gekreuzt, wie die Abbildung rechts verdeutlicht. Das Pferd befindet sich in unserem Beispiel jetzt auf der linken Hand.

Nun passieren drei Dinge gleichzeitig, alle im Grunde sehr einfach, im Zusammenspiel jedoch eine recht filigrane Angelegenheit.

Zum einen verläßt der Pferdemensch seinen kleinen Führkreis, um ein Stück weiter in Richtung Kopf des Pferdes zu treten und um den nötigen Raum für das Pferd zu schaffen, damit dieses ungehindert durch den Zirkel wechseln kann (1).

Gleichzeitig geht er deutlich mit der Hüfte zurück. Dies wird das Pferd als Aufforderung verstehen und in der gewünschten Weise reagieren. Die Abbildungen auf den kommenden Seiten werden gerade diesen Punkt verdeutlichen.

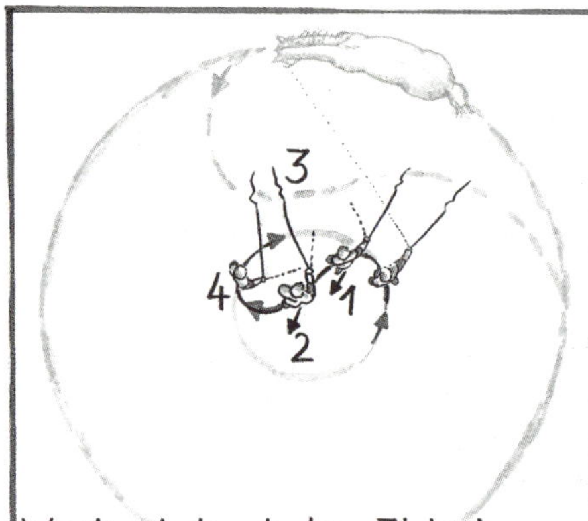

Wechsel durch den Zirkel - der Weg des Pferdemenschen

**An diesem Nachmittag hatte Doris, die freundlicherweise für diese Aufnahmen die Rolle des „Pferdes“ übernommen hatte, nur Unsinn im Kopf, und darüber amüsiert sich Birgit auf dem ersten Foto so sehr. Das aber nur am Rande. Viel wichtiger für uns ist die Art und Weise, in der sie Longe und Longierpeitsche in einer Hand trägt. Zwischen Zeige- und Mittelfinger läuft die Longe. In der gleichen Hand, zwischen Daumen und Zeigefinger, wird die Longierpeitsche gehalten. Das freie Ende der Longe übernimmt die andere Hand. Auf diese Weise kann nun sehr leicht die Longe verkürzt oder verlängert werden.**

**Die Führhand hat also zwei Aufgaben zu erfüllen: Zum einen muß sie die sanfte Verbindung zum Pferd durch die Longe erhalten, zum anderen die Longierpeitsche fein und differenziert als Signalinstrument einsetzen. In der zweiten Abbildung können wir das sehr schön erkennen. Birgit hält die Peitsche in etwa da, wo sich bei dem Pferd später die Kruppe befinden würde. Da Doris nun einmal nur über zwei Beine verfügt, muß sie das „Pferd“ in ihrer Phantasie vor sich entstehen lassen. Bitte üben Sie das korrekte Halten der Peitsche und den nun folgenden Bewegungsablauf ebenfalls zuerst mit einem Freund.**

**Die nächsten vier Fotos zeigen uns den Einsatz der Longierpeitsche bei einem korrekt ausgeführten Wechsel.**

**Birgit bewegt sich auf dem kleinen Führzirkel, die Peitsche in korrekter Haltung. In dem Augenblick, in dem sie den Mittelpunkt des Kreises freimacht, geht sie ein wenig mit der Hüfte zurück und hebt die Longierpeitsche über „das Pferd“, um so eine sichtbare Barrikade zu bilden.**

Drittens wird in eben dieser Phase die Longierpeitsche über das Pferd hinweggehoben (3), so daß sie zumindest anfänglich in ihrer neuen Position vor dem Pferd wie eine Blockade wirkt.

Diese drei Elemente zusammen, die sehr flüssig und tänzerisch ausgeführt werden sollten, sind hinreichend deutlich für das Pferd, um es zu veranlassen, ohne jeden Zug an der Longe in der gewünschten Weise durch den Zirkel zu wechseln (2).

Das Pferd wird nun am Pferdemenschen vorbeitreten, der in dieser Phase unbedingt stehen bleiben muß (4). Nicht richtig ist es, dem Pferd auszuweichen. Das natürliche Autoritätsgefälle zwischen Mensch und Pferd ist inzwischen so groß geworden, daß in der Tat der ruhig stehende Pferdemensch das Pferd dazu veranlaßt, ihn in einem entsprechenden Abstand zu passieren. Ist dies geschehen, wird der Pferdemensch sogleich wieder auf seinen kleinen Führkreis zurückkehren, um wieder in die Grundposition des Basisdreiecks zu gelangen.

Das war's.

Unsere ersten Übungen hierzu sollten wir wieder einmal ohne Pferd ausführen. Ein Stallgenosse wird uns behilflich sein, um die in der Zeichnung dargestellten Bewegungsabläufe einzustudieren und zu festigen, bis sie quasi automatisch ablaufen.

Wenn dann das Ganze schon recht harmonisch aussieht, bitten Sie jemanden um Hilfe, der von alledem nichts weiß. Sie bitten ihn, so zu reagieren, wie er es lediglich aus Ihrer Gestik und aus Ihren Signalen zu entnehmen glaubt. Wenn Sie nun alles korrekt ausführen, wird ihr „unwissender" Freund vollkommen korrekt reagieren – und in der nächsten Phase wahrscheinlich auch Ihr Pferd.

Haben Sie schließlich Ihren vierbeinigen Freund an der Leine, dann zeigen Sie vor allem Ruhe, Souveränität und unendliche Geduld. Hiervon können Sie gar nicht genug haben.

Natürlich beginnen Sie, wie immer, im Schritt. Damit Ihr Pferd nicht, wie in aller Regel zu Anfang immer, einfach eine Hinterhandwendung ausführt, sondern wirklich durch den Zirkel wechselt, ist es wichtig, die Gesten sehr deutlich auszuführen und anfänglich auch recht weit zurückzugehen, um den Mittelpunkt des Picaderos freizumachen. Sie müssen den angestrebten Weg des Pferdes quasi mit Ihrem Körper und Ihrer Gestik vorzeichnen.

Wie auch immer Ihr Pferd – mehr oder weniger korrekt – reagieren wird, bei jedem Ansatz zum Gewünschten hin loben wir freundlich und gehen zu einer anderen Übung über.

Mehr und mehr wird das Pferd erkennen, was wir von ihm wollen, um schließlich auch im Trab und später im Galopp durch den Zirkel zu wechseln.

Die Fotos auf den folgenden Seiten mögen das alles verdeutlichen und gleichzeitig einen bunten, animierenden Abschluß dieses fünften Kapitels bilden.

Da wir nun doch schon in Bereiche vorgestoßen sind, die ein recht hohes Maß an Fingerspitzengefühl verlangen, an Einfühlungsvermögen und Sensibilität, möchte ich diese Stelle dazu nutzen, um an einem mir sehr liebgewordenen Beispiel etwas deutlich zu machen, was auf den ersten Blick vielleicht nicht hierher gehört, was ich in der Arbeit mit dem prachtvollen Wesen Pferd aber für sehr entscheidend halte:

## Vom lachenden und weinenden Auge

Auf der folgenden Zeichnung sehen Sie zwei Männchen – eines von diesen lacht, das andere weint. Was ist daran das Besondere? Nun, auf den ersten Blick scheinbar gar nichts. Wenn wir uns aber die Augen des linken Männchens anschauen – lachen diese nicht? Und weinen nicht die Augen des rechten

Männchens? Überhaupt – scheint nicht alles an dem linken Männchen zu lachen und alles zu weinen in dem rechten Gesicht?

Ein Kreis ist immer ein Kreis – ein Mensch ein Mensch – ein Pferd ein Pferd? Nein, das ist es eben nicht! Dieses Beispiel aus der Gestaltpsychologie beweist etwas anderes. Denn jedes sichtbare Element ist in Wahrheit einmal dies – darüber hinaus aber vor allem der Träger einer emotionalen Qualität! Ein Kreis ist ein Kreis – Umfang, Durchmesser, Radius –, jedoch das eine Mal vermag er zu weinen, das andere Mal lacht er uns entgegen – ohne jede zeichnerische Veränderung an seiner Kreisform.

Das, was dieses kleine Beispiel verdeutlicht, geschieht allenthalben und überall um uns herum, nur daß die Wirkung all dessen in der Regel unbewußt bleibt, sich allenfalls in unserem Befinden zum Positiven oder Negativen hin auswirkt.

Ein Pferd aber agiert und reagiert fast ausschließlich auf diese feinen, emotionalen Botschaften hin. Für das Pferd ist der Mensch nicht einfach ein Mensch – ein in Begriffe zu fassendes Wesen –, er ist vielmehr und zuallererst jene emotionale Qualität, die dieser durch seinen Habitus, durch die Gesamtheit seiner Bewegungen und Zeichen vermittelt. Wir sind für das Pferd nichts weiter als ein einfacher Kreis – der, ohne sich äußerlich zu verändern, einmal „Lachen" und einmal „Weinen" und vieles andere mehr signalisiert –, und das Pferd reagiert eben entsprechend: einmal so und ein anderes Mal genau umgekehrt.

Je tiefer wir eindringen wollen in das Wesen der Pferde – und damit in das Wesen allen Lebens –, um so mehr sollten wir versuchen, diese feinen Differenzierungen hinter der Welt des vordergründig Sichtbaren wahrzunehmen zu lassen.

Denn die Welt und alles Erleben der Pferde spielt sich hier ab – in der Welt der Sinne, in eben jener Welt, der unsere technische Zivilisation nichts weiter als rechte Winkel, Normen und Formulare entgegenzusetzen hat.

**Dieses Bild zeigt deutlich die Haltung der Gerte bei der Arbeit. Die rechte Hand faßt zusammen die Gerte und die Longe, die linke Hand faßt den Rest der Longe, um hier fein nachzugeben oder zu verkürzen.**

# Die einfache Haltung der Gerte

Hier sehen wir eine Sequenz mit der anfänglichen einfachen Gertenhaltung: Die rechte Hand hält Gerte und Longe zusammen. Die Gerte gibt gegebenenfalls unterstützende Signale.
Im zweiten Bild erkennt man, wie ich den Wechsel vorbereite. Das wichtigste Signal hierfür ist das Zurücknehmen der Hüfte. Zu diesem Zeitpunkt befindet sich die Gerte noch hinter dem Pferd.
Im nächsten Bild hat das Pferd die Wendung bereits eingeleitet. Meine Hüfte ist weit zurückgenommen, die Gerte ist angehoben und bereit, über das Pferd hinweggeschwenkt zu werden. Selbstverständlich hängt in allen Phasen die Longe durch! Das vierte Bild zeigt den erfolgten Wechsel. Die Gerte ist nach links genommen, um von hier aus wieder in die Grundposition übernommen zu werden.

# Die Gerte in einer Hand

Auf diesen beiden Seiten sehen wir eine vollständige Sequenz mit zwei Wechseln und einem Stopp. Die Gertenhaltung hier ist eine einfache Gebrauchshaltung. Sie kann erst dann angewendet werden, wenn sowohl Mensch als auch Pferd das Geforderte recht gut beherrschen.
Im zweiten Bild erkennt man deutlich die zurückgenommene Hüfte als Signal für die Wendung. Das Pferd scheint sich für etwas in der Ferne zu interessieren, geht aber trotzdem willig in die Wendung hinein, wenn auch nicht korrekt gebogen und gestellt. Der Übergang von der einen Hand auf die andere ist für den Pferdemenschen nicht ganz leicht, denn er muß versuchen, sehr schnell wieder in die Grundposition des Basisdreieckes zurückzufinden.
Abbildung 3 und 4 zeigen deutlich, daß die Schritte zwar kleiner sind, daß ich aber dennoch immer weiter vorwärtsgehe! Dieser Punkt ist entscheidend. An dieser Stelle ist man leicht geneigt, dem heranbrausenden Pferd zu weichen. Das geschieht anfänglich eigentlich immer – ist aber grundverkehrt!
Wieder auf dem Zirkel zeigt Bild 6 die Einleitung des Wechsels auf der anderen Hand. Das Pferd folgt willig, sehr schön untertretend, aufmerksam und auch richtig gestellt. Wieder gehe ich langsam vorwärts und komme sehr schnell wieder in die richtige Grundposition. Ruhigen, gleichmäßigen Schrittes begleite ich das Pferd auf meinem kleinen Zirkel, um dann durch ein impulsartiges kurzes Signal das Pferd zum wunderschön versammelten Stopp zu bringen.
Loben – zwei Möhren – ab in die Box oder auf die Koppel!

# Das freie Pferd

Da diese Übung des Wechselns durch den Zirkel zu den schönsten Übungen in der Bodenarbeit überhaupt gehört, da sie aber gleichzeitig auch mit die schwierigste ist, möchte ich auf den folgenden vier Seiten noch einmal ausführlich jede einzelne Phase einer Übungsfolge beschreiben, die Birgit zusammen mit dem kleinen Janosch so wunderbar absolviert hat.
Birgit hat die Übung auf einer großen Koppel durchgeführt, und es ist ihr gelungen, dank einer sehr klaren und präzisen Körpersprache das Pferd auch auf sehr große Entfernungen hin in ihrem Bann zu halten. Schauen wir uns nun im einzelnen an, wie sie das fertiggebracht hat.
Auf dem ersten Bild erkennen wir, wie Birgit das Pferd mit der linken Hand unsichtbar führt. Sie beschreibt exakt jenen Bogen, den das Pferd im nachhinein dann vollführt. Auf dem zweiten Bild erkennen wir die zurückgenommene Hüfte. Das Pferd stellt sich wunderbar, tritt sehr tief unter und wechselt wie gewünscht. Den Blick aufmerksam auf Birgit gerichtet, wechselt es an

ihr vorbei, um sich dann gleich, wieder sehr schön gestellt, auf einem engen Voltenzirkel einzufinden (Abb. 4, 5, 6). Das Pferd ist korrekt gestellt und gebogen! Es entfernt sich, ist aber dennoch mit seiner Aufmerksamkeit voll bei der Pferdefrau. In einer tänzerischen Bewegung deutet Birgit dem Pferd erneut einen Wechsel an, den es auch bereitwillig ausführt (Abb. 7, 8, 9). Schauen Sie nun, wie wunderschön Hand, Hüfte und Gerte zusammenspielen, um das Pferd in einen erneuten Wechsel zu führen. Diese Übungen sind es, die die Pferde auf unglaubliche Art und Weise gymnastizieren und schulen, sie beweglich machen und immer weiter ins Gleichgewicht bringen. Und schauen Sie, mit welcher Freude, Aufmerksamkeit und Begeisterung das Pferd bei der Sache ist! Da ist kein Ziehen und Zerren mehr nötig, keine drohenden Gertenhiebe, da ist einfach Freude und Spiel, da ist wirkliches Miteinander von Mensch und Pferd.

Und weiter geht's.

(Nächste Seite:) Wie ein Torero mit dem Stier spielt Birgit wunderschön und elegant mit dem Pferd. Sie reißt es förmlich noch einmal in eine kurze Wendung. Das Pferd huscht dicht an ihr vorbei, um sich dann beinahe um sie herumzuwickeln. Bei alledem ist das Pferd immer wunderbar gestellt, auch bei den engsten und kleinsten Wendungen. Schließlich gibt Birgit dem Pferd ein kurzes Signal zum Anhalten, das Pferd steht und nimmt dankbar und freudig das wohlverdiente Lob entgegen.

Das ist Arbeit mit Pferden, wie sie nicht im Buche steht, Janosch ist wahrlich kein einfaches Pferd. Jahrelang hat er sich dagegen gewehrt, geritten zu werden, sich dem Menschen unterzuordnen. Und heute? Heute ist er einer der verläßlichsten Partner, die man sich nur vorstellen kann, ein Wesen, das sich verstanden fühlt, respektiert und vor allem geachtet. Ein Wesen, das eine unendliche Fülle von Zuwendung bekommt, nicht durch einen Weihnachtskranz in der Box und auch nicht durch eine goldbesetzte Abschwitzdecke, sondern durch Menschen, die sich wie seine Artgenossen mit ihm auseinandersetzen.

Die Prinzipien der Kommunikation durch die Körpersprache lassen sich nun sehr einfach auch auf das Reiten übertragen. Wenn man einfach wieder die Gesetzmäßigkeiten beachtet, dann erkennt man sehr schnell, daß weder für eine Aufrichtung, noch für eine Beizäumung, noch für das korrekte Stellen des Pferdes der mechanische Einsatz der Zügel notwendig ist. Wie man sehr deutlich erkennen kann, ist mein Gewicht in diesem Moment in die Bewegung, nach innen, gerichtet. Eine einfache, aber exakte Drehung in die Bewegungsrichtung vermittelt in der Tat dem Pferd acht (!) verschiedene Informationen, Hilfen, die wirklich „Hilfen" sind, so sanft, daß sie absolut unsichtbar bleiben.

# DAS REITEN

## *Grundlagen des versammelten, körperbetonten Gewichtsreitens*

Wenn ich reite, dann befinde ich mich in einer Schulterhöhe von über 2,30 Meter. Jede Schwankung in dieser Höhe von auch nur wenigen Millimetern wirkt sich auf das Gleichgewicht des Pferdes beinahe erdrutschartig aus! Sollte das nicht ausreichen, mich mit dem Wesen unter mir zu verständigen?

# Wieder alles anders?

Nun ist der Zeitpunkt gekommen, wo wir uns auf das Pferd setzen, reiten wollen. Auch jetzt will ich versuchen, all meine Aussagen herzuleiten und zu begründen. Es geht nicht darum, einfach zu glauben und ungeprüft zu übernehmen. Ich will die Dinge so beschreiben, daß sie einsichtig werden und logisch nachvollziehbar, denn erst die Einsicht macht es möglich, einen eigenen Standpunkt zu entwickeln und diesen selbständig und kreativ zu festigen und in die Praxis umzusetzen.

Ich habe den Eindruck, daß in der Pferdewelt (und nicht nur hier) allzu vieles einfach nur geglaubt, unkritisch und ungeprüft übernommen wird.

„Fragen Sie nicht so viel – das war eben schon immer so!"

Aber war es das wirklich? Ist das, was da unter dem Deckmäntelchen der Tradition gehandelt und weitergegeben wird, nicht in Wahrheit eine recht junge Errungenschaft? Sind das nicht Bräuche und Gepflogenheiten, die zum ganz großen Teil erst in unserem Jahrhundert entstanden sind?

Ich selbst benutze weder einen Kehlriemen, noch reite ich in Reitbahnen von 20 × 60 m, noch steige ich immer von links auf und schon gar nicht mit dem Gesicht der Kruppe zugewendet. Das alles aber sind Gepflogenheiten, neben vielen weiteren, die sich hierzulande eingebürgert haben.

Darum müssen sie nicht schlecht sein, aber sollte nicht jeder wenigstens wissen, warum er das so und nicht anders tut?

In meinen Vorträgen und Demonstrationen frage ich immer wieder nach diesen Dingen und deren Begründungen. Antworten erhalte ich so gut wie keine!

Nehmen wir als Beispiel den Kehlriemen. So ein Ding muß zurechtgeschnitten, genäht, angebracht und dann auch gepflegt werden. Jeder weiß, daß ein Kehlriemen immer sehr locker verschnallt werden muß. Wo um alles in der Welt liegt dann sein Sinn? Und warum, um alles in der Welt, fragt niemand danach?

Der Hintergrund ist so einfach wie grotesk. Der Kehlriemen kommt, wie vieles andere auch, aus der Militärreiterei. Dort wurden Pferde als Kriegsmaterial benutzt und eben auch so behandelt. Nach tagelangen Märschen und Ritten kam es nicht selten vor, daß ein Pferd beim besten Willen nicht mehr in der Lage war, seinen Reiter zu tragen. Dieser mußte nun notgedrungen absteigen und **sein Pferd ziehen**! Damit dabei das Kopfstück nicht herunterrutschte, wurde der Kehlriemen eng verschnallt.

Ich habe noch niemals einen Reiter erlebt, der heutzutage sein Pferd auf diese Weise durch die Halle oder durchs Gelände zerrt! Nichtsdestotrotz findet sich an jedem Kopfstück dieser Kehlriemen, ein absolut überflüssiges und letztlich störendes Utensil.

Das ist das eine. Doch das andere: Kaum jemand hinterfragt diese Dinge! Man übernimmt einfach, ob es Sinn macht oder nicht. Eine typisch deutsche Eigenschaft?

Diese Liste der Fragwürdigkeiten ließe sich noch sehr lange fortsetzen – ich will das hier nicht tun.

Ich möchte Sie nur bitten, die Dinge, die ich Ihnen hier aufzeige, zu hinterfragen und auf ihre Logik hin zu überprüfen. Denn alles hat seinen erklärbaren und einsehbaren Hintergrund, und ich denke, nur der verdient, daß man ihm glaubt, der das, was er sagt, auch stichhaltig begründen kann!

**Die „Sonntagsnachmittagshausschuhpassage". Wenn man auf den üblichen Gebrauch der Zügel bis in die Hohe Schule hinein verzichtet, dann muß man ein einfaches, klares System verfolgen, das sich von dem allgemein Bekannten vor allem durch seine Einfachheit unterscheidet. Die Wahrheit ist immer ganz einfach – für die meisten Menschen leider viel zu einfach!**

**Das Stellen des Pferdes in der Volte.**
**Neben dem „Anhalten" ist das „um die Ecke Reiten" zuallererst einmal die wichtigste Frage des Reitens. In der Tat erinnere ich mich noch sehr genau an meine Reitanfänge, die dadurch gekennzeichnet waren, daß ich zu allen möglichen Vertretern der unterschiedlichsten Reitweisen ging, um sie zu fragen:**
**Wie reitest du eigentlich um die Ecke?**
**Ich bekam genau so viele Antworten, wie ich Menschen gefragt hatte.**
**Die Erklärung der „englisch" Reitenden schien mir die unsinnigste: ‚Du mußt das Pferd mit den Zügeln stellen. Das Pferd wird dann aber mit der Kruppe hinten ausbrechen, darum mußt du dein äußeres Bein sehr weit nach hinten legen, um diese wieder einzufangen. Durch den Zügelanzug kommt das Pferd außerdem spiralförmig immer weiter nach innen, darum mußt du es mit dem inneren Schenkel wieder nach außen drücken.'**
**Sonst noch was?**

# Die fünf Punkte des Reitens

Zu Anfang dieses Buches sagte ich: „Reiten ist ganz einfach."

Das ist natürlich eine gewagte Aussage angesichts der vielen dicken Bücher, die es darüber gibt, und angesichts der Schwierigkeiten, die viele Menschen damit haben.

Ich habe das deswegen gesagt, weil Reiten zu den natürlichsten Vorgängen überhaupt gehört und **darum von jedem leicht nachzuvollziehen** ist.

Wenn ich jedoch die Natürlichkeit eines Vorganges ignoriere, wird es in der Tat kompliziert.

Immer wieder demonstriere ich an jungen Pferden, daß diese sich im Anschluß an ein einfaches Körpersignal in einer Volte perfekt stellen, ohne Kopfstück und Zaumzeug, also logischerweise auch ohne Zügelanzug in Bewegungsrichtung.

Gehen Sie an ein stehendes Pferd heran und zupfen es an Halfter oder Lefze, so wird sich automatisch die Kruppe in die entgegengesetzte Richtung drehen. In der Bewegung ist diese Reaktion noch viel deutlicher erkennbar. Führe ich mein Pferd durch Zügelanzug in die Volte, so wird notgedrungen die Kruppe ausbrechen – ein einfacher Ausgleich, eine einfache natürliche Reaktion.

So, und jetzt fängt es an, das komplizierte Reiten! Denn jetzt muß mit dem äußeren Schenkel die Biegung begrenzt werden und was nicht noch alles, um das zu erreichen, was das Pferd, in Ruhe gelassen, von allein gemacht hätte. So wird aus dem natürlichsten Vorgang der Welt – ein Pferd geht um die Ecke – ein komplizierter Reitakt, begleitet von tausend Tricks und technischen Finessen.

Dieses Beispiel soll genügen und stellvertretend stehen für unzählige.

Wenn wir versuchen, das Reiten als einen natürlichen Vorgang zu betrachten, den Kinder, wie schon gesagt, auf Anhieb, intuitiv, erspüren, dann läßt sich das Ganze auf fünf vergleichsweise einfache Punkte reduzieren.

Diese sind:

**1. Die Bewegungskompensation**
**2. Gleichgewicht und Sitz**
**3. Die Änderung der Richtung**
**4. Die Änderung der Gangart und des Tempos**
**5. Die Versammlung**

# 1. Die Bewegungskompensation

Wenn ich zufällig an einem Turnierplatz vorbeikomme, dann gibt mir eine Sache immer wieder Rätsel auf: die Frage nämlich, wie bei all diesem Gehopse im Sattel die Hüte und Helme halten. Und ich frage mich: Kann das denn Spaß machen? Derartig durchgerüttelt zu werden? Interessanterweise nennt sich diese Übung „Aussitzen"! Ist damit der Sitz des Helms gemeint?

Da „sitzt" ein Reiter stocksteif auf einem sich bewegenden Untergrund, das heißt, stocksteif ist die Hüfte, alles andere – Ober- und Unterschenkel, Rücken, Schultern und Kopf – wird natürlich kräftig in Bewegung gehalten.

Eine feine, sensible Hilfengebung durch minimale Körpersignale ist so natürlich überhaupt nicht möglich. Der Reiter ist gezwungen, sich mit Zügeln und anderen mehr oder weniger groben Hilfsmitteln verständlich zu machen. Von einer wirklichen Verbindung zwischen Mensch und Pferd kann nicht die Rede sein, denn die entsteht erst dann, wenn die vorgegebene Bewegung des Pferdes auf irgendeine Art und Weise vom Reiter kompensiert wird.

Im Schritt und im Trab ist das Auf- und Abfußen der Hinterbeine mit einer ganz bestimmten Rückenbewegung verbunden. Bleiben wir zunächst beim Trab.

Jeweils diagonal fußen Vorder- und Hinterbeine gleichzeitig auf oder ab. Dadurch ergibt sich eine leicht wellenartige Vorwärtsdynamik, die ihre höchste Kraft im Augenblick des Abfußens erhält. In der Schwebephase nimmt die Geschwindigkeit leicht ab, um dann beim nächsten Abfußen erneuten Schwung zu erhalten.

Beim Abfußen entwickelt das Pferd bekanntermaßen nicht nur eine Schubkraft, sondern auch eine Kraft aufwärts. Diese aber ist sehr differenziert, wie sich beispielsweise auf einem Trampolin leicht demonstrieren läßt.

Wenn Sie einmal locker und gelöst hüpfenderweise Ihre Beine wie die Hinterbeine des Pferdes im Trab auf und ab bewegen, dann werden Sie feststellen, daß Ihre Hüfte eine genau gegenläufige Bewegung ausführt. Geht das linke Bein nach oben, dann senkt sich die linke Hüfte nach unten. Geht das rechte Bein nach oben, dann senkt sich die rechte Hüfte abwärts. Genau das gleiche können Sie in der Trabbewegung bei Ihrem Pferd beobachten. Die Aufwärtsbewegung des Pferdes ist also kein gleichbleibendes Auf und Ab, sondern vielmehr eine Schaukelbewegung nach rechts und links, die sich bis in die Sattellage fortsetzt.

Der Oberkörper eines Reiters auf einem normal großen Reitpferd befindet sich in einer Höhe von ca. 1,60–2,60 m. Stellen Sie sich vor, Sie tragen in dieser Höhe einen Menschen auf Ihren Schultern! Jede minimale Gewichtsverlagerung dort oben werden Sie

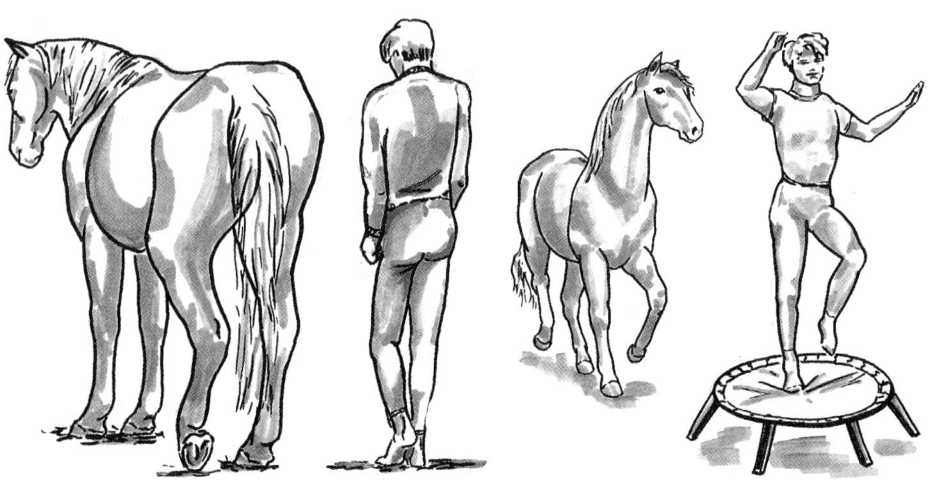

dann sehr deutlich und wahrscheinlich auch sehr unangenehm spüren.

Setzen Sie sich dann auch noch in Bewegung, so wird sich jede Gewichtsverlagerung noch viel gravierender auswirken. Sie werden sehr große Mühe haben, Ihr eigenes Gleichgewicht zu behalten und einigermaßen gleichmäßig vorwärtszukommen.

Die Situation stellt sich für das Pferd genau gleich dar. Jede Gewichtsverlagerung des Reiters wird sich in seinem ohnehin schon sehr labilen Gleichgewicht äußerst störend bemerkbar machen.

Wollen wir zudem die einzelnen Teile unseres Körpers sehr differenziert einsetzen, um hiermit dem Pferd *feine und eindeutige Signale* zu übermitteln, so ergibt sich aus dem Gesagten eine ganz eindeutige und logische Konsequenz:

**Der Reiter sollte sich derart in die Bewegung des Pferdes hineinfinden, daß die einzelnen Teile seines Körpers innerhalb der Vorwärtsbewegung in absoluter Ruhe erscheinen!**

Denn nur auf diese Weise ist es möglich, feine und differenzierte Körpersignale einzusetzen.

## Aussitzen lernen in einer Stunde?

Das Aussitzen eines Pferdes scheint zu den kompliziertesten Vorgängen des Reitens zu zählen, dieser Eindruck jedenfalls wird allenthalben von Reitschulen und Reitschülern vermittelt. Ich behaupte, daß ein körperlich normal beweglicher Mensch innerhalb von ein bis drei Longenstunden das Aussitzen im Ansatz erlernen kann, auch und gerade dann, wenn es sich um einen absoluten Reitanfänger handelt.

Wichtig ist nur, daß ihm die Bewegungsmechanik des Pferdes in all seinen Gangarten begreiflich gemacht wird. „Begreiflich machen" heißt für mich, daß er die Bewegungsmechanik zuerst einmal optisch erkennt und wahrnimmt, daß er sie in ihren einzelnen Abläufen versteht, daß er sie dann mit geschlossenen Augen erfühlt und sich in diese Bewegung hineinfindet.

Wir wollen das jetzt hier Schritt für Schritt versuchen und bleiben dazu zunächst einmal bei der schwierigsten Gangart, dem Trab.

Wir wollen hierzu den menschlichen Körper gedanklich in drei Teile einteilen:

**In der Piaffe spürt der Reiter am deutlichsten die jeweils nach rechts und links kippende seitliche Bewegung des Pferdes.
Im Grunde genommen vollzieht das Becken in der Piaffe genau die Bewegung, die der Reiter auf einem Pferd auch im Schritt vollführt. In der normalen Trabbewegung dann kommt der Vorwärtsschub hinzu, der das Becken in eine halbrund kreisende Bewegung versetzt.
Bevor man sich zum erstenmal auf ein Pferd setzt, sollte man sich über die Bewegungsmechanik des Pferdes im klaren sein. Erfühlt man dann seine Erkenntnisse durch sensibles Eingehen in diese Bewegungsmechanik, dann ist weder das Aussitzen im Trab noch das Eingehen in die Bewegungen des Galopps ein Problem.
Hier in der Piaffe sehen wir sehr deutlich, wie mit dem Abfußen des linken Hinterbeins sich auch gleichzeitig die linke Kruppe senkt. Mit der Aufwärtsbewegung des rechten Vorderbeins geht auch die rechte Schulter nach oben. Das gesamte Pferd ist also jetzt rechts höher als links. Es schaukelt – und das „ach so komplizierte" Aussitzen ist nichts weiter, als diese Schaukelbewegung von rechts nach links und umgekehrt mit dem Becken passiv nachzuvollziehen.**

Da ist der Oberkörper bis zum Bauchnabel, der Becken- und Gesäßbereich und schließlich die Beine.

Die Unter- und Oberschenkel des Reiters sind eine außerordentlich wichtige Informationsinstanz, die durch korrekte und gleichbleibende Lage feinste Signale übermitteln kann. Ein permanentes Abfangen und Abfedern in den Bügeln, wie es einige Lehrbücher empfehlen, führt zu einer ungünstigen Verkrampfung und Anspannung der Beinmuskulatur und natürlich zu einer permanenten Unruhe, was dann eine feine Signalgebung unmöglich macht.

Die Beine also sind nicht in der Lage, die Aufwärts- und Vorwärtsbewegung des Pferdes abzufangen. Becken und Oberkörper sind durch die Wirbelsäule miteinander verbunden. Diese ist außerordentlich beweglich und kann durch entsprechende gymnastische Übungen in ihrer Beweglichkeit noch wesentlich gesteigert werden. In diesem Bereich des Körpers also kann eine Bewegungskompensation vorgenommen werden. Der Oberkörper selbst jedoch dient mir in seiner Ruheposition als wichtige Signalinstanz. Sinnvollerweise werden aus diesem Grund das Becken und der untere Teil der Wirbelsäule bis auf die Höhe des Bauchnabels die Vorwärts- und Aufwärtsbewegung des Pferdes kompensieren.

Das heißt:

Beine und Oberkörper erscheinen in jeder Gangart praktisch absolut ruhig und innerhalb der gemeinsamen Bewegung ohne jede Veränderung. Das Becken hingegen findet sich derart in die wellenartige Bewegung des Pferdes passiv ein, daß eine dauerhafte, das Pferd in keiner Weise störende Verbindung mit dem Pferderücken möglich wird.

Reiten ist wie Laufen, Gehen, Springen. Es gelten die gleichen Gesetzmäßigkeiten. Hüfte, Becken und Teile der Wirbelsäule mit den unterstützenden Druck-, Zug- und Haltekräften der Muskeln kompensieren die Stoß- und Schubkräfte beim Auffußen der Beine.

Reiten ist darum genauso leicht wie Spazierengehen! Wenngleich beides erst eingeübt werden muß.

Beherrscht ein Reiter diese eigentlich recht einfache Grundlage, so dringt tatsächlich in allen drei Gangarten von der Bewegungsdynamik des Pferdes nichts mehr bis zum Oberkörper. Alle Bewegungselemente

**In der Passage dann ist diese „Schaukel- und Aufwärtsbewegung" des Pferdes noch viel stärker spürbar. Noch viel deutlicher als in der Piaffe kann man auf diesem Bild die Seitwärtsbewegung des Pferdes erkennen. Die gesamte linke Seite des Pferdes ist deutlich höher als die rechte. In der Passage ist der Reiter genötigt, will er nicht hoffnungslos geworfen werden, diese Rechts-links-Bewegung mit dem Becken abzufedern, abzufangen durch entsprechendes seitliches Abkippen.**

Hier sehen wir die Passage noch einmal ohne Sattel. Deutlich erkennt man, daß die rechte Schulter des Pferdes nach oben gezogen ist. Und man erkennt ebenso, daß mein linkes Knie ebenso wie die linke Seite meines Bekkens tiefer liegt. Die Schultern hingegen sind auf gleicher Höhe. Das ist das Prinzip der Bewegungskompensation im Trab. Der Oberkörper ist absolut ruhig, die Schultern sind immer in einer Höhe und ohne jede unbeabsichtigte Verlagerung.
Das Becken geht passiv in die Rechts- und Linksbewegung des Pferdes ein. Dadurch wiederum erscheinen auch die Schenkel absolut ruhig, da sie am Ort liegen bleiben und das Auf und Ab der jeweiligen Pferdeseite nur mitmachen. Sie liegen sanft und zart am Pferdeleib an und lassen sich sozusagen „passiv mitnehmen".

des Pferdes werden unterhalb des Bauchnabels abgefangen und ausgeglichen.

Jetzt ist die Signalzentrale Körper perfekt: Die Schenkel liegen absolut ruhig und hauchzart (!) an den Flanken des Pferdes. Jede minimale Veränderung des Drucks, der Lage oder beider gleichzeitig kann nun eindeutig als Signal vom Pferd interpretiert werden!

Der Oberkörper bildet einen absoluten Ruhepol, an dem das Pferd sozusagen „aufgehängt" ist. Nicht nur, daß der Reiter nun das Gleichgewicht des Pferdes nicht mehr ständig stört – ganz im Gegenteil: Durch seine ruhige und konstante Präsenz vermag er Unregelmäßigkeiten des Ganges aufzufangen und auszugleichen. Dies ist nicht nur bei jungen Pferden ein sehr bedeutender Punkt.

Das Becken fügt sich in die ihm vom Pferd vorgegebene Bewegung und verschmilzt so zu einer Einheit mit dem Pferderücken.

Wird nun dieses harmonische Sicheinfügen unterbrochen, so kann dieses augenblicklich vom Pferd registriert und nach entsprechender Schulung als Signal interpretiert und umgesetzt werden.

**So ausgeführt, ist das Reiten in allen Gangarten nicht nur eine außergewöhnlich bequeme, sondern vor allem auch eine außergewöhnlich gesunde Sache.** Denn durch die permanente weiche Bewegung des Unterleibs werden die wichtigsten zentralen Organe des Reiters dauerhaft massiert. Kein einziger harter Stoß dringt in den Körper ein, um so eventuell die Wirbelsäule zu schädigen. Das eben geschieht in sehr starkem Maße, wenn eine Bewegungskompensation durch das Becken **nicht** vorgenommen und der Reiter bei jedem Abfußen aus dem Sattel gehoben wird. Dann ist Reiten eine sehr bedenkliche Angelegenheit für Mensch und Pferd.

## Passiv in der Bewegung sitzen

Das zusätzliche Gewicht, die Last des Menschen, wird dann zu einer **Be**lastung für das Pferd, wenn hierdurch das Gleichgewicht und der Bewegungsrhythmus gestört werden. Erst diese Störungen bewirken dann in aller Regel die gesundheitlichen Probleme, die Verletzungen und Verschleißerscheinungen. Ist das Gleichgewicht zusammen mit dem Menschen erst einmal wiederhergestellt, und wird der Bewegungsablauf des Pferdes durch den Reiter nicht mehr gestört, ist das zusätzliche Gewicht für das Pferd kaum ein Problem mehr!

Die Forderung muß daher lauten, daß der Reiter sich in jedem Augenblick in die Bewegung des Pferdes einfindet, daß er **in der Bewegung sitzen** muß!

Er muß zusammen mit dem Pferd einen gemeinsamen Schwerpunkt finden und sich passiv in den Bewegungsrhythmus einfinden. Gerade diesem passiven Einfinden in die Bewegung des Pferdes ist eine besonders große Bedeutung beizumessen. Immer wieder sehe ich, wie versucht wird, das Pferd mit dem Becken, mit dem Gesäß anzutreiben, nach vorn zu schieben.

Einmal ganz abgesehen davon, daß das Pferd hierdurch immer weiter abstumpft und nur mit immer größerem Energieaufwand geritten werden kann, durch diesen starken Eingriff in den gemeinsamen Bewegungsablauf wird sowohl das Gleichgewicht als auch der natürliche Rhythmus ständig gestört!

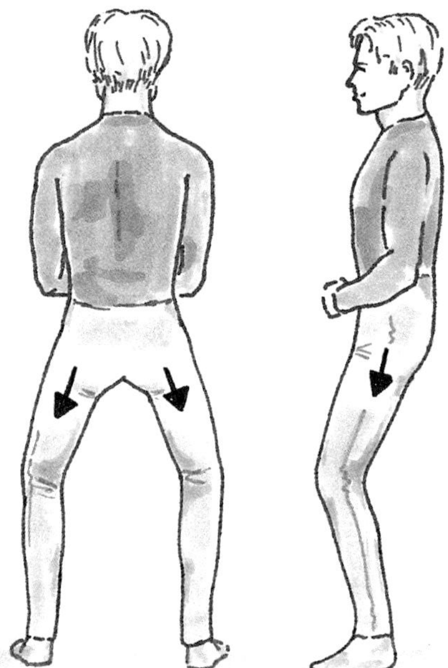

Schritt

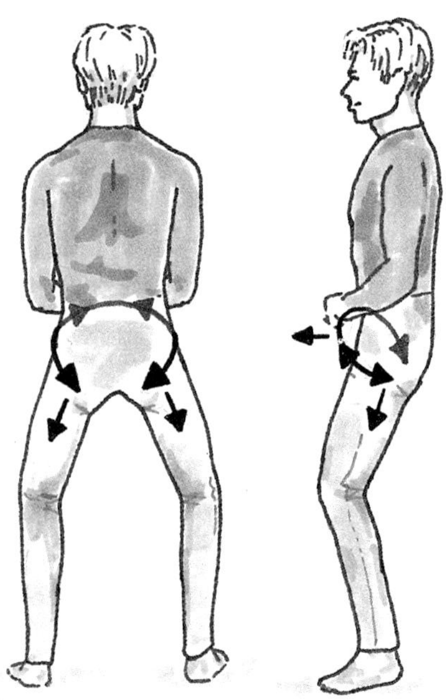

Trab

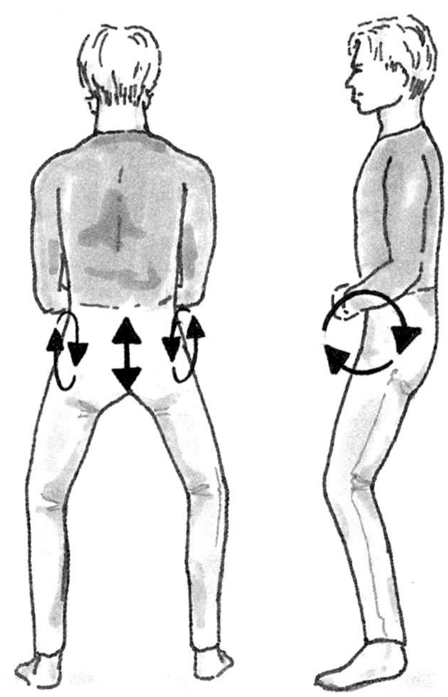

Galopp

**Niemals wird ein Pferd rhythmisch zu einem fleißigeren Gang angetrieben, weder mit den Schenkeln, noch mit dem Gesäß!**

Die Bewegung auf dem Pferd ist in ihrem ganzen Ablauf mit der natürlichen Schritt-, Geh- und Laufbewegung des Menschen zu vergleichen. Auch hier wird das Auf- und Abfußen durch das Schwingen des Beckens in eine fließende Vorwärtsbewegung umgewandelt.

Behinderten Menschen gibt man in der Hippotherapie die Gelegenheit, durch das Einfinden in die Bewegung des Pferdes die natürlichen Beckenbewegungen des Gehens nachzuvollziehen und nachzuempfinden.

Beim Reiten und in der Hilfengebung zum Reiten finden sich genau die Gesetzmäßigkeiten wieder, die auch für die Fortbewegung des Menschen gültig sind. Aus diesem Grunde ist das Reiten eine so natürliche und intuitive Angelegenheit und zuallererst eine Sache des **Erfühlens und Übertragens**.

„Sag mir doch noch einmal die Hilfen für die Hinterhandwendung, ich habe sie vergessen!" So oder ähnlich werde ich in den Reitstunden gefragt. Meine Antwort darauf?

„Führe bitte selbst eine Hinterhandwendung aus, und zwar ohne Pferd, dann wirst du die richtige Hilfengebung ohne Schwierigkeiten erfühlen.

Stell dir vor, dein linkes Bein ist das linke Hinterbein des Pferdes. Um nun eine ‚Hinterhandwendung' nach links ausführen zu können, mußt du zuallererst das linke Bein belasten. Hierzu wirst du dein ganzes Körpergewicht parallel nach links verschieben. Außerdem geht dein Oberkörper leicht nach hinten. Um dich nun auf dem Absatz umdrehen zu können, wird sich automatisch dein Oberkörper leicht nach links ‚in die Bewegung' drehen und dein rechtes Bein nach vorn kommen. Auf diese Weise hast du deinen ganzen Körper derart stabilisiert, daß du nun gefahrlos und bequem eine ‚Hinterhandwendung' ausführen kannst."

Und genau das übertragen wir in der Hilfengebung auf das Pferd, das sich dann entsprechend verhalten muß, verhalten wird.

Im passiven Mitgehen, im passiven Einfinden in seine Bewegung gewähren wir dem Pferd einen störungsfreien und ausbalancierten Bewegungsablauf, der nur durch eine kurze, minimale aktive Hilfengebung unterbrochen wird. Augenblicklich wird das Pferd reagieren, um die angenehme, störungsfreie Bewegungssituation wiederherzustellen. Ist dies geschehen, findet der Reiter sogleich wieder passiv in die vom Pferd vorgegebene Bewegung zurück. Voraussetzung hierfür ist eben das harmonische Zusammenschmelzen von Reiter und Pferd in eine einzige, gemeinsame Bewegung!

In der Tat ist dieser Vorgang ein ganz wesentlicher Teil des Reitens überhaupt, und wie wir später noch sehen werden, ist diese Verbindungsstelle zwischen Mensch und Pferd zu guter Letzt die wichtigste „Kommunikationsinstanz" zur Verständigung. Das bedeutet natürlich auch, daß gerade in diesem Teil unseres Körpers, im unteren Teil der Wirbelsäule, eine vorzügliche Beweglichkeit vorhanden sein sollte.

Anfänglich wird es notwendig sein, die gesamte Wirbelsäule leicht zu runden, um der Forderung, passiv in der Bewegung zu sitzen, wirklich gerecht zu werden. Von einem solchen „Rundrückensitz" aus formt sich dann allmählich – wieder ohne Zwang und falschen Ehrgeiz – jener Sitz, der zugleich ästhetisch schön, bequem und vor allem sehr präzise in der Hilfengebung ist. Denken Sie zum Beispiel während des Zirkelreitens im Picadero zwischendurch an etwas ganz anderes. Spielen Sie mit Ihren ohnehin freien Händen Ball, hören Sie einer Musik- oder Sprachkassette zu – auf jeden Fall lenken Sie Ihre kleinen grauen Gehirnzellen immer wieder einmal in eine andere Richtung, und geben Sie Ihrem Körper die Gelegenheit, den natürlichen Rhythmus zu finden.

In unseren ersten Übungslektionen zu Pferd werden wir versuchen, zuallererst diesen Punkt in die Praxis umzusetzen. Und wie gesagt, es ist beileibe nicht so schwierig, wie man allenthalben glauben machen will, wenn man nur bereit ist hinzufühlen, sich fallen zu lassen, und wenn man bereit ist, die permanent aktive Rolle in ein passives Sichtragenlassen umzuwandeln.

# 2. Gleichgewicht und Sitz

Über die Bedeutung des Gleichgewichts ist schon eine Menge gesagt worden. Die Art und Weise, wie wir auf dem Pferd sitzen, trägt ursächlich und entscheidend dazu bei, dieses Gleichgewicht zu finden oder auch vollständig zu ruinieren.

Besonders in unserem Jahrhundert sind Reitweisen in Mode gekommen, die sich sehr weit von der Natur des Reitens und von den natürlichen Reitweisen entfernt haben. Der moderne Sport und die moderne Sportpferdezüchtung machten dies möglich. Wenn sich ein körperlich gesunder Mensch auf ein ungesatteltes Pferd setzt, so wird er völlig automatisch eine ganz typische und immer gleiche Haltung einnehmen: Sein Oberkörper ist leicht nach hinten geneigt, mit leicht rundem Rücken. Das Becken ist leicht abgekippt, die Beine legen sich lang und nach unten gestreckt an den Pferdeleib.

Dies ist die natürlichste und einzig richtige Sitzposition auf einem Pferd. Jetzt können Becken und Rücken die Bewegung des Pferdes auffangen und dabei gleichzeitig auf die Hinterhand einwirken, diese beeinflussen und steuern. Durch die freie Beweglichkeit des Beckens werden die Stöße des Pferdes nicht in den Oberkörper hinein übertragen. Dieser kann in fester, aber entspannter Haltung ruhig die Bewegung und das Gleichgewicht des Pferdes steuern. Durch die recht weit hinten liegende Position dieses tiefen Sitzes gelangen auch die Schenkel des Reiters weit nach hinten, um so durch minimale Impulse die Hinterhand aktivieren und beeinflussen zu können. Die Natur und die Natürlichkeit der Bewegungen geben uns alles vor, es gibt keinen Grund, an diesem Punkt irgend etwas zu verändern!

Die **Sättel**, die wir deshalb benutzen sollten, können nur so beschaffen sein, daß sie an der grundsätzlichen Sitzposition nach Möglichkeit gar nichts verändern und außerdem einen möglichst innigen Kontakt zum Pferd ermöglichen. Die meisten Sättel aus dem franko-iberischen Raum genügen diesen Ansprüchen. Aus Frankreich kennen wir den Camarguesattel, der bereits seit Jahrhun-

**Setzt sich ein Mensch – womöglich ohne jede Reiterfahrung – auf ein ungesatteltes Pferd, so wird er automatisch eine ganz bestimmte, immer gleichbleibende Haltung einnehmen.**
**Das Augenfälligste ist (und das kann man sehr schön auf dem ersten Bild erkennen), daß die Beine langgestreckt, fast senkrecht am Pferdeleib herabhängen und diesen gleichmäßig und sanft umschließen. Außerdem erkennt man, daß der Reiter vergleichsweise weit nach hinten gesetzt wird, daß sein Becken leicht nach vorne abgekippt ist (sehr schön auf dem zweiten Bild zu erkennen) und daß der Oberkörper leicht hinter der Senkrechten liegt, mit einem etwas abgerundeten Rücken. Das Ganze hat dann in aller Regel den Ausdruck, von Entspanntheit, aber auch von schöner, feiner Eleganz.**
**Auf dem Pferd zu sitzen braucht niemand zu lernen, es ist eine anatomisch logische und natürliche Haltung.**

Birgit neigt dazu, mitunter mit einem leichten Hohlkreuz im Sattel zu sitzen. Auch hier, in der einfachen Grundstellung am Boden, kann man das erkennen. Das Gesäß ist nach hinten geschoben, der Bauchnabel kommt nach vorn, das Kreuz ist hohl. In dieser Haltung ist jedoch eine Bewegungskompensation kaum möglich. Viele Reiter haben genau die gleiche Schwierigkeit. Bitte kontrollieren Sie sich zu Hause immer wieder vor einem Spiegel, und bemühen Sie sich, in die korrekte Grundposition zu finden mit einem geraden oder leicht runden Rücken.

derten in ein und derselben Art gebaut wird. Er eignet sich besonders für kleine, kompakte Pferde mit einem kurzen, kräftigen Rücken. Wenn Sie ein solches Pferd besitzen, dann sollten Sie unbedingt einmal einen solchen Sattel ausprobieren.

Hier sehen wir einen spanischen Hirtensattel. Er ist beinahe ausschließlich aus Stroh oder einem speziellen Rohr hergestellt, das sich in der Phase des Einreitens perfekt dem Pferderücken und dem Reiter anpaßt. Er ist außerordentlich bequem und verlegt den Schwerpunkt des Reiters weit nach hinten.
Bei einem neuen Sattel wie diesem jedoch ist das Fell, das schützend über den Strohkörper gezogen wird, noch dick und flauschig, was den Nachteil hat, daß die Beine ungünstig nach vorne und vom Pferdeleib weggedrängt werden. Solch ein Sattel zeigt erst dann seine wirklichen Qualitäten, wenn ein zivilisierter Mitteleuropäer ob des „alten, kaputten Dings" schon abfällig die Nase rümpft.

In Spanien und Portugal finden wir die unterschiedlichsten Dressursättel und die unterschiedlichsten Kombinationen aus ihnen. Diese Sättel sind in der Regel von etwas leichterer Bauweise und vor allem für die Übungen und die Ausbildung in der Hohen Schule bestimmt. Der spanische Vaquera- oder Stierkampfsattel wiederum ist größer und schwerer und mit seinem fellbezogenen Sitz besonders für lange Ritte geeignet. Eines haben sie alle gemeinsam: Sie legen den Schwerpunkt des Reiters nach hinten und vermitteln auch und gerade dem ungeübten Reiter einen natürlichen, tiefen Sitz. Auch einige Westernsättel erfüllen diese Bedingungen, wenngleich die meisten von ihnen zu schwer und zu groß sind. Vor allem viele Sättel texanischer Herkunft machen es dem Reiter praktisch unmöglich, die Schenkel in der richtigen Position zu plazieren und sanft am Pferdeleib anzulegen. Alte Sättel kalifornischer Bauart sind dagegen oftmals außerordentlich brauchbar. Hin und wieder findet man gute Sättel aus Südamerika – meist sind es Zwitterbauweisen aus spanischen und amerikanischen Sätteln. Die Westernsättel aus Südamerika sind in aller Regel nicht nur billiger und leichter (bei ebenso guter Qualität), sie geben meist auch dem Reiter einen besseren Sitz.

Diese Sättel aus Südfrankreich sind mir im Grunde die liebsten, wenn sie leider aus vielen Gründen auch nur für Pferde bis zu einem Stockmaß von etwa 150 cm einzusetzen sind. Die wuchtigen Aufbauten dienen ursprünglich nicht dem angetrunkenen Reiter für den sicheren Heimweg, sie sind vielmehr für die Arbeit mit dem Stier geschaffen worden. Kaum ein Sattel hat auf dem Pferd einen so günstigen Schwerpunkt wie dieser, und kaum ein Sattel kommt dem natürlichen Sitz des Reiters auf einem ungesattelten Pferd so nahe.

Historisch gesehen ist das Westernreiten eine Entwicklung, die sich aus der iberischen Reitweise ableiten läßt. Hiermit ist auch eine Vereinfachung und Modifizierung verbunden, die geographisch nach Norden hin immer weiter zunimmt.
Ein Westernsattel wie dieser hier, einem texanischen Sattel nachempfunden, hat aus meiner Sicht die Nachteile, daß er den Reiter vergleichsweise weit nach vorne plaziert und über einen solch wuchtigen Sattelbaum verfügt, daß die Beine des Reiters notgedrungen vom Pferdeleib abgespreizt werden.
Die Sättel kalifornischer Bauart sind denen der Spanier wesentlich ähnlicher und darum in aller Regel auch brauchbarer.

Hier sehen wir einen mit Fell bezogenen südamerikanischen Sattel, der nicht für töltende Pferde konstruiert wurde. Solche Sättel sind den spanischen Vorbildern noch recht nahe und meist sehr brauchbar, dazu oft wesentlich günstiger im Preis als vergleichbare Westernsättel. Der Schwerpunkt ist sehr weit hinten, und die Konstruktion des Sattels erlaubt ein sanftes Anlegen der Schenkel.

**Hier sehen wir Claudia auf eben diesem Sattel. Sehr schön kann man erkennen, wie dieser Sattel mithilft, eine natürliche Sitzposition zu finden.**

Gute Sättel findet man bei einigem Glück auch aus heimischer Produktion. Hier gibt es Trachtensättel, Wanderreitsättel und Sättel nach dem Muster alter Militärsättel, die durchaus brauchbar sind. Entscheidend ist wie in jedem Falle, daß der Sattel die angesprochenen Anforderungen erfüllt und einen natürlichen, entspannten Sitz ermöglicht und fördert.

Alle sogenannten „englischen" Dressur- und Sportsättel, wie sie hierzulande üblicherweise eingesetzt werden, sind absolut unbrauchbar. Sie sind in meinen Augen eine physiologische Katastrophe und laufen allen natürlichen Gesetzen des Reitens zuwider!

Sie werden möglicherweise dann nicht auf einen solchen Sattel verzichten können oder wollen, wenn Sie Besitzer eines großen und langen Sportpferdes sind. Hier kann es tatsächlich nötig sein, mit einem solchen Sattel anfangs vorsichtig im leichten Sitz zu arbeiten, um dann, nach entsprechender Gymnastizierung vor allem durch Boden- und Handarbeit, auf eine ursprünglichere und pferdegerechtere Ausrüstung zurückzukommen.

Bitte studieren Sie die folgenden Fotos recht genau, um Ihren Blick zu schärfen für einen natürlichen, losgelassenen Sitz, für seine Geschmeidigkeit, seine Bequemlichkeit, seine Wirksamkeit.

**Spanische oder portugiesische Dressursättel sind für eine natürliche Reitweise sehr gut einzusetzen, haben jedoch den kleinen Nachteil, daß sie das Gewicht des Reiters nicht so weit nach hinten legen. Sie sind darum vor allem für Pferde geeignet, die in der Ausbildung schon recht weit fortgeschritten sind. Auch der Reiter sollte bereits über einen guten und gefestigten Sitz verfügen.**

# 3. Gleichgewicht und Richtungsänderungen

Gehen Sie doch bitte einmal bewußt auf einem etwa 5 Meter großen Zirkel. Was tun Sie dann, wie fühlt sich das bei genauer Betrachtung an? Zunächst einmal werden Sie Ihren Kopf in die Richtung wenden, in die Sie gehen, nach links beispielsweise. Gleichzeitig dreht sich Ihre Schulter mit und ebenso Ihre Hüfte. Das Gewicht haben Sie ein wenig nach innen verlegt, so daß das linke Bein etwas stärker belastet wird und Sie so stabil auf dem Kreisbogen gehen können.

Warum sollte das Ganze dann auf dem Pferd anders funktionieren? Warum soll ich meinem Pferd mit dem Zügel „den Kopf verdrehen", es „um den inneren Schenkel wikkeln", seine Kruppe auf der Zirkellinie halten mit einem nach oben geklappten Unterschenkel, wenn mir meine Natur und meine Intuition etwas ganz anderes vermitteln?

In der Tat genügt eine einzige Bewegung, um meinem Pferd sage und schreibe acht Informationen an die Hand (oder den Huf) zu geben, damit es korrekt seiner Natur folgend Wendungen und Volten beschreibt, und zwar mit Leichtigkeit, mit Ausdruck, Kraft und Brillanz.

Eine einfache und korrekte Körperdrehung, wie sie die Abbildung rechts zeigt (und die auf dem Pferd zuletzt absolut unsichtbar bleibt, da das Pferd ja der Wendung folgt), gibt meinem Vierbeiner folgende Informationen:

1. Die Kopfwendung und mein Blick gehen der Richtungsänderung voraus. Dies nimmt mein Pferd wahr, es dient ihm als Information.
2. Ebenso dreht sich der gesamte Oberkörper gemäß der gewünschten Richtungsänderung – auch das nimmt mein Pferd wahr, und es dient ihm als entsprechende Information.
3. Mit der Drehung des Oberkörpers dreht sich ebenfalls mein Becken. Dies ist eine sehr deutliche und präzise Information und hilft dem Pferd, eine korrekte Stellung und Biegung einzunehmen.
4. Mit der Wendung des Oberkörpers und des Beckens, beispielsweise nach links, wird sich das rechte Bein, ohne seine Lage zu verändern, stärker an das Pferd legen und so das Pferd stabil in der Wendung oder auf dem Zirkel halten.
5. Mit der Drehung des Oberkörpers nach links wird das innere, also in diesem Falle das linke, Bein unmerklich vom Pferdeleib entfernt. Da das Pferd von Natur aus jedem Druck weicht und dies im Laufe der Ausbildung immer weiter verfeinert wird, kann es so dem angelegten äußeren Schenkel leichter weichen.

**Um dem Phänomen des „um die Kurve Reitens" auf die Spur zu kommen, bitte ich die Teilnehmer meiner Kurse immer, selbst einmal bewußt „um die Kurve" zu gehen, oder eine „Traversale" zu probieren. Die Gesetzmäßigkeiten, die man dabei erfühlen kann, lassen sich hundertprozentig auch auf das Reiten übertragen, denn ich leihe mir lediglich die Beine des Pferdes aus. Auf dem ersten Bild zeigt uns Gisela, wie man eine perfekte Volte „reitet". Das habe ich ihr natürlich nicht gesagt; sie macht nichts weiter, als im Kreis zu gehen. Und genauso reiten wir auch eine perfekte Volte!**
**Was tut sie?**
**Sie schaut in die Richtung, in die sie möchte – sehr wichtig! Ihr Oberkörper ist in eben diese Richtung gewendet. Dadurch bekommt auch ihr Becken eine solche Drehung. Die Schultern sind exakt auf einer Höhe. Und das Wichtigste: Ihr Körpergewicht ist deutlich vermehrt nach innen gerichtet, der Oberkörper hat sozusagen eine Parallelverschiebung nach innen vollzogen. Exakter kann man auch auf dem Pferd eine Volte nicht reiten. Also doch: Reiten ist ganz einfach. Wenn die Menschen nur dran glauben würden!**

**Hier sehen Sie mich in einer Trockenübung „eine Wendung reiten", das heißt, daß ich die einzelnen Bewegungsabläufe und Gewichtsverteilungen in starker Übertreibung sichtbar mache. Die gesamte Koordination auf dem Pferd ist dann so fein, dabei aber deutlich und prägnant, daß diese einfache Drehung des Körpers ausreicht, um dem Pferd eine präzise Information zu übermitteln – für einen möglichen Betrachter absolut unsichtbar. Die Gesamtinformation läßt sich in acht einzelne Detailpunkte aufschlüsseln.**
**Diese kleine Bewegung, auf dem Pferd korrekt, präzise und praktisch unsichtbar ausgeführt, ist die Basis des altklassischen, franko-iberischen Gewichtsreitens!**
**Sie ist das A und O sensitiven, gewichtsorientierten und natürlichen Reitens.**
**Die Grundlagen sind eben jene Bewegungen, die ein Mensch organischerweise zu Fuß ebenfalls ausführt. Das Pferd folgt den Drehungen des Oberkörpers und wird permanent bemüht sein, das präzise hergestellte „Ungleichgewicht" des Reiters durch entsprechende Reaktionen wieder auszugleichen.**

6. Bei einer anfänglichen Zügelführung mit zwei Händen wird der durchhängende innere Zügel durch das Mitführen der Zügelfäuste in die Drehung leicht angenommen, ohne jedoch in Anlehnung zu kommen.
7. Durch die Körperdrehung legt sich automatisch der äußere Zügel an den Hals des Pferdes, das immer sensibler auch auf dieses Signal reagieren wird.
8. Und ein ganz wesentlicher Punkt zum Schluß: Mit der korrekt ausgeführten Wendung wird sich auch das Gewicht verlagern. Um nun das Gleichgewicht wiederherzustellen, wird das Pferd automatisch und instinktiv unter das Reitergewicht treten, sich also in unserem Falle nach links hin bewegen.

Tatsächlich liegt in dieser Art des Reitens von Wendungen und Kreislinien ein ganz großer Teil des Geheimnisses des Reitens überhaupt verborgen. Werden diese Dinge korrekt ausgeführt, so sind alle weiteren aufbauenden Übungen auch der Hohen Schule von geradezu verblüffender Leichtigkeit. Ohne diese Grundlagen jedoch werden sie kaum jemals mit Schwung und Brillanz auszuführen sein.

Da sich die Schenkel des Reiters immer sanft an den Pferdeleib legen und ihre Lage nicht nach vorn oder hinten verändern und da das Pferd augenblicklich der Drehung des Oberkörpers Folge leistet, kann es auf diese Weise mit **absolut unsichtbaren Hilfen** auch in die kleinsten Wendungen und Zirkellinien geführt werden.

Hierauf baut sich dann später das so wichtige Schulterherein auf, das dann ebenfalls mit vollkommen unsichtbaren, minimalen Gewichtsverlagerungen ausgeführt werden kann. Voraussetzung hierfür ist natürlich die immer harmonische Verbindung mit dem Pferderücken, also das wirkliche Eingehen in die Bewegungen.

Noch ein paar Worte zu der bei uns in der Regel gelehrten Hilfengebung, ein Pferd um den angelegten inneren Schenkel zu führen. In der Lektion Schenkelweichen, beim Schulterherein und ebenso in den Traversalverschiebungen dient der angelegte Schenkel als Signal für das Weichen. Ich denke, dies ist eine logische und nachvollziehbare Handlung. Gemeinsam mit den spanischen Hirten und den spanischen Stierkämpfern, die der Wendigkeit ihrer Pferde nicht selten ihr Leben verdanken, und gemeinsam mit vielen alten Reitkulturen kann ich beim besten Willen nicht einsehen, warum das Pferd das eine Mal dem angelegten Schenkel weichen und dann das andere Mal dem angelegten Schenkel folgen soll. Es tut mir leid, ich finde darin keine nachvollziehbare Logik – im Gegenteil: Pferde, die so geritten sind, erlebe ich immer als entweder ziemlich konfus oder total schenkelunempfindlich, denn zu guter Letzt wird das Pferd zwischen zwei Schenkel eingequetscht und in erster Linie mit den Zügeln geführt.

Das kräftige Untertreten des inneren Hinterbeins wird durch die einwandfreie Biegung des Pferdes gefördert und durch die deutliche Gewichtsverlagerung nach innen und die damit verstärkt einwirkende und mitschwingende innere Hüfte.

Durch diese Art der klaren und ganz sensiblen Hilfengebung werden die natürlichen Vorgaben des Pferdes ausgeschöpft und immer weiter ausgebildet und verfeinert. Schließlich genügen eine leichte Drehung des Oberkörpers und eine minimale Verstärkung des Schenkeldruckes, um blitzartige und präziseste Reaktionen des Pferdes herbeizuführen.

In den nachfolgend beschriebenen Übungen zum Reiten werden wir ganz besonders auf diesen Punkt eingehen.

**Eine Kursdemonstration, hier auf dem Araber von Petra. Blick und Körper weisen in die Bewegungsrichtung. Die Schultern sind auf gleicher Höhe.**
**Deutlich ist die innere Hüfte belastet, ohne jedoch seitlich abzuknicken. Die Beine hängen lang und gerade am Pferd herunter, wesentlich weiter hinten, als sie, wie man sehen kann, der Westernsattel plazieren würde. Aus dieser Lage heraus können die sanft anliegenden Schenkel wunderbar fein auf die Hinterhand des Pferdes einwirken und so das Pferd durch minimale Signale versammeln und aufrichten. Die Zügel hängen durch, das Pferd ist gestellt.**

**Ein so ausgebildetes Pferd wird zuletzt auf feine Gewichtsverlagerungen blitzartig reagieren. Gerade dann ist es aber wichtig, einen stabilen Sitz zu haben und zu behalten, um sich nicht durch die Zentrifugalkraft nach außen drücken zu lassen. Bei solchen blitzartigen Aktionen wie hier einer Wendung auf der Hinterhand nach links kann das sehr leicht passieren. Das würde nicht nur das Pferd an der exakten Ausführung der Übung hindern, genau das sind auch die Augenblicke, in denen sich ein Pferd – etwa im Gelände – verletzen kann. Denn jetzt zählen nicht allein meine 80 Kilogramm Lebendgewicht. Die kann das Pferd sehr leicht verkraften. Jetzt potenziert sich dieses Gewicht und drückt einseitig sehr ungünstig auf die eben sehr feinen Gliedmaßen!**
**Man muß sich vorstellen, Reiter und Pferd wären nicht in der Mitte getrennt, sie wären ein Körper, der sich stabil und einheitlich bewegt. In der Abbildung kann man erkennen, daß ich in der heftigen Bewegung des Pferdes deutlich innen, also links, mit meinem**

Gewicht sitzen bleibe und so dem Pferd „helfe", das Gewünschte auszuführen. Das Wort „Hilfe" ist schon ein tolles Wort – warum wird es so oft mißverstanden?

Hier sehen wir Birgit mit ihrem Sami. Sie sitzt sehr schön gerade, Schultern auf gleicher Höhe und in Bewegungsrichtung gewendet. Das Gewicht ist deutlich innen, also rechts, und das Pferd stellt sich demzufolge wunderbar in die gewünschte Richtung.

Birgit hat mir erlaubt, Ihnen anhand der folgenden beiden Fotos zu erläutern, was man auf gar keinen Fall machen sollte. Hier versucht sie, das Pferd nach links abzuwenden, läßt auch die Schultern in gleicher Höhe, knickt jedoch deutlich erkennbar in der Hüfte ab. Bei Birgit sieht das zwar immer noch charmant aus, ist aber trotzdem grundfalsch, denn das Gewicht der Reiterin liegt jetzt außen, und der innere Schenkel drückt das Pferd ebenfalls nach rechts.

Hier „demonstriert" uns Birgit auf sehr elegante Weise eine andere Variante dieses Fehlers. Diesmal knickt sie nicht nur in der Hüfte ab, sondern läßt auch eine Schulter absinken. Die rechte Schulter ist deutlich tiefer als die linke. Birgit will eigentlich nach rechts, schiebt aber durch ihre Körperhaltung das Pferd nach links. In solchen Fällen dann wird nicht selten innen an den Zügeln gezerrt und außen mit den Sporen traktiert. Dabei kann das Pferd doch beim besten Willen nicht so, wie der Reiter möchte, denn dieser drückt es in die entgegengesetzte Richtung.

# 4. Änderung von Gangart und Tempo

Wir haben über die Bewegungskompensation beim Reiten gesprochen, über das passive Eingehen in die Bewegung des Pferdes, wir haben über den Sitz gesprochen, der sich konsequenterweise daraus ableiten läßt, und über die Möglichkeiten der Richtungsänderung. Bleibt jetzt noch die Frage, wie sich Gangart und Tempo des Pferdes bestimmen lassen, **ohne das Gleichgewicht zu stören**, ohne durch mechanische Hilfsmittel den freien Ablauf der Bewegungen zu behindern.

Wer die Übungen dieses Buches bis zu diesem Kapitel mit seinem Pferd nachvollzogen hat, wird überrascht sein über die Art und Weise, in der er dieses vom Boden aus durchzuparieren vermag. Das Pferd reagiert auf den Punkt – man hat förmlich das Gefühl, als raste irgendeine Mechanik ein, die das Pferd von einem Moment zum anderen versammeln, untertreten und parieren läßt. Hernach ist das Pferd versammelter, in sich geschlossener und aufgerichteter. Und es schaut uns immer freundlich an, denn es verspürt bei diesen Übungen keinerlei Schmerzen, im Gegenteil, es reagiert seiner Natur gemäß, ist physisch und psychisch ausgeglichen.

Das gleiche können wir auch auf das Reiten übertragen. Dazu aber müssen wir die einzelnen Dinge sehr genau betrachten und vor allem differenzieren.

Alles, was ich im folgenden beschreibe, ist der täglichen Arbeit mit den Pferden entnommen, ist Praxis der Caballeros und einiger Stierkämpfer und meines Wissens noch nirgendwo in dieser Weise beschrieben und erklärt worden.

Halten wir zunächst einmal fest, worüber allenthalben Einigkeit besteht, nämlich darüber, daß sowohl zum Anreiten und Beschleunigen wie zum Anhalten und Verlangsamen eine **Aktivierung der Hinterhand** notwendig ist.

Eine **Aktivierung der Hinterhand** erreiche ich durch zwei Maßnahmen:

1. durch den sinnvollen Gebrauch der Schenkel. Leider werden die Schenkel von vielen Reitern wenig sinnvoll eingesetzt, wie etwa bei dem so häufig anzutreffenden taktmäßigen Treiben, den „flatternden Schenkeln". Nicht nur, daß diese Praxis im Augenblick der Aktion überhaupt keine Wirkung hat, viel bedenklicher ist, daß die so wichtige Signalinstanz „Schenkel" schon nach kurzer Zeit völlig wirkungslos geworden ist. Werden jedoch die Schenkel sinnvoll und mit Gefühl und Bedacht eingesetzt, so vermitteln sie jenen Impuls, der eine versammelnde und aktivierende Reaktion zur Folge hat.
2. durch eine impulsartige Aktion des Beckens. Das ist nichts weiter als ein kurzzeitiges Abkippen des Beckens.

Diese beiden Informationen vermitteln dem Pferd die physikalischen Impulse, die die Hinterhand benötigt, um entweder beschleunigend oder verlangsamend zu reagieren. Wollen wir nun die grobe Verwendung der Zügel außer acht lassen – auf welche Art und Weise vermag ich dann dem Pferd diesen kleinen, aber ach so wichtigen Unterschied zu vermitteln?

**Die Differenzierung der Hilfengebung**

Drei Dinge sind es, die wir zur deutlichen Unterscheidung heranziehen:

**1. die differenzierte Schenkelhilfe,**
**2. die Beckendynamik,**
**3. die Gewichtshilfe.**

## 1. Die differenzierte Schenkelhilfe

Die Schenkel lassen sich sehr subtil einsetzen mit jeweils unterschiedlicher Bedeutung für das Pferd. Die wichtigsten vier Differenzierungen sind:

**Die kontinuierliche Schenkelhilfe**

Diese haben wir bereits kennengelernt, und sie ist sicherlich auch die gebräuchlichste und einfachste. Der Schenkel wird leicht und ohne seine Lage zu verändern an den Pferdeleib angelegt, um hier für die Dauer der Lektion unverändert zu verweilen. Für das Reiten in Wendungen und auf Zirkellinien erhöht der äußere Schenkel sanft seinen Druck, während der innere unverändert, für das Pferd kaum spürbar, liegen bleibt. In den ersten Übungslektionen jedoch sollte der innere Schenkel zur deutlicheren Hilfengebung für das Pferd einige Zentimeter vom Pferdeleib entfernt werden.

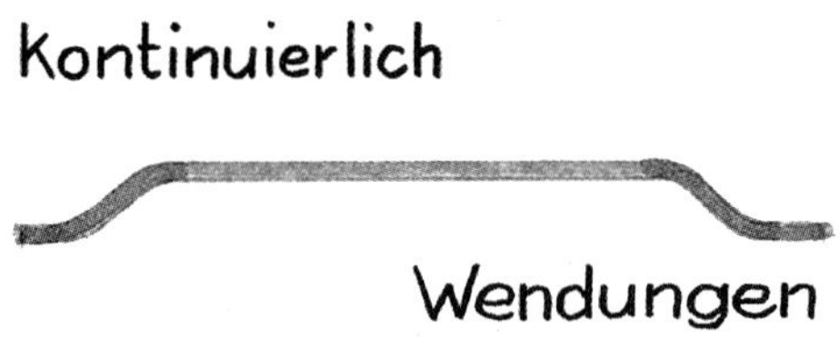


**Die kurze, impulsartige Schenkelhilfe**

Diese Schenkelhilfe kann ein- oder beidseitig eingesetzt werden. Der oder die Schenkel werden einmal kurzzeitig geschlossen, um die Hinterhand zu aktivieren und zu versammeln. Diese Schenkelhilfe wird automatisch dem Pferd einen Vorwärtsimpuls vermitteln. In Verbindung mit einer entsprechenden Gewichtshilfe und einer differenzierten Beckendynamik kann so mein Pferd mehr oder weniger impulsartig angetrieben werden.

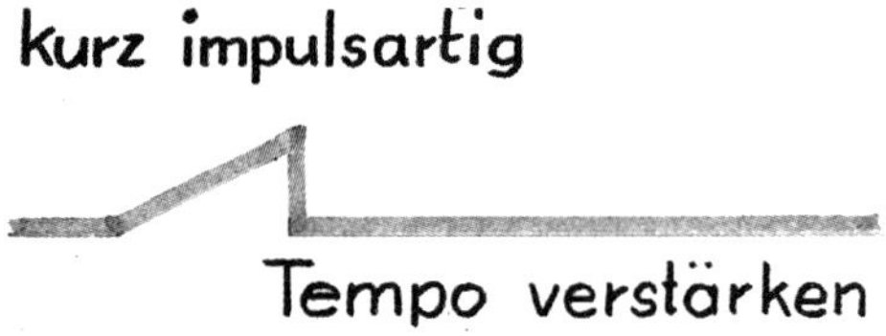


**Die kurze weiche Schenkelhilfe**

Auch diese Schenkelhilfe ist relativ kurzzeitig, und auch diese dient der Aktivierung der Hinterhand und der Hankenbiegung. Diese Schenkelhilfe jedoch setzt vergleichsweise sanft ein und klingt ebenso sanft aus. In Verbindung mit anderen Hilfen wird durch diese

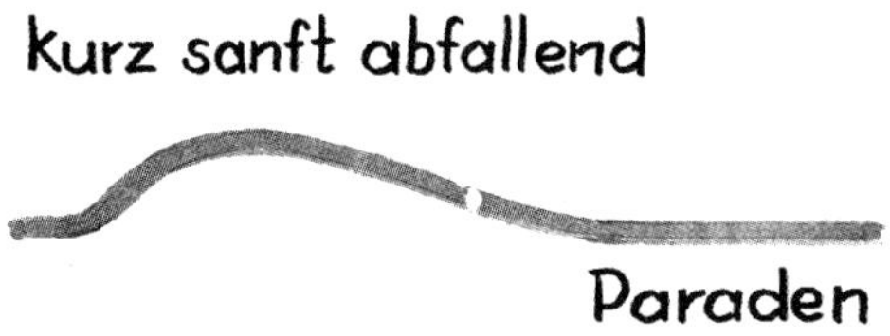


Schenkelhilfe das Pferd im Gang verkürzt oder angehalten.

**Die impulsartig-intermittierende Schenkelhilfe**

Diese Schenkelhilfe ist ähnlich der ersten, nur daß sie mehrfach hintereinander eingesetzt wird. Das ist sozusagen ein unmerkliches leichtes Flattern des Knies oder des Unterschenkels. Diese Schenkelhilfe wird für die Seitengänge und die Übungen der Hohen Schule eingesetzt und zwar in den unterschiedlichsten Ausprägungen.

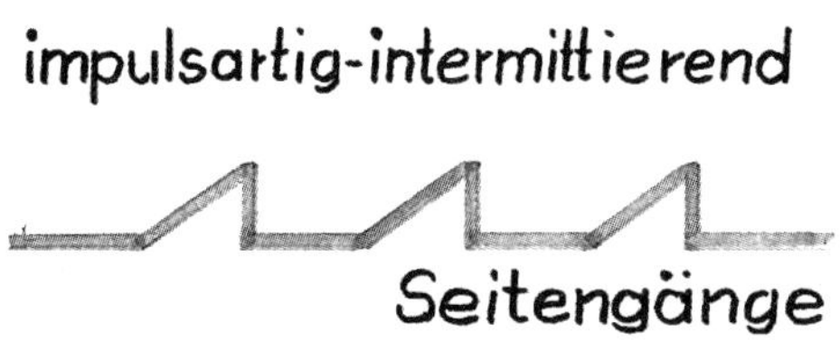


Für den signalmäßigen Unterschied, ein Pferd in seinem Gang zu verkürzen oder zu beschleunigen, dient uns also zum einen die Unterscheidung zwischen der kurzen impulsartigen und der kurzen weichen Schenkelhilfe. Kommen wir zum nächsten Unterscheidungsmerkmal:

## 2. Die Beckendynamik

Bitte gestatten Sie mir vorab eine Bemerkung: Das alles klingt womöglich kompliziert, und in der Tat verlangt es vom Reiter auch jene Feinfühligkeit, die wir sonst nur von den Pferden verlangen. Im Grunde jedoch sind all diese Anweisungen dem natürlichen Bewegungsmechanismus der Lebewesen, von Menschen wie von Pferden, entnommen. **Diese Dinge müssen eigentlich nicht gelernt, sie müssen nur wieder in den natürlichen Habitus zurückgerufen werden!**

Die Beckendynamik, wie ich es nenne, ist etwas sehr Entscheidendes. Bei einem ausgebildeten Pferd ist diese Signalinstanz sogar die wichtigste. Zusammen mit der präzisen Gewichtsverlagerung wird das Pferd dann ausschließlich durch minimale Veränderungen des Beckens und seiner Dynamik gelenkt und geritten.

Schließlich ist über das Gesäß das Becken des Reiters der Körperteil, der am direktesten im Kontakt mit dem Pferd steht, und darum ist es nur logisch, daß auch von hier aus die wichtigsten Informationen übertragen werden. Allein schon aus dieser doch klar nachvollziehbaren Sehweise werden alle sogenannnten leichten Reitweisen sehr zweifelhaft, opfere ich doch dadurch die wichtigste und prägnanteste Informationsinstanz!

Voraussetzung für das differenzierte Einsetzen dieser Beckendynamik ist natürlich, was ich schon beschrieben habe: der innige Kontakt mit dem Pferd, der passive, ruhige, mitschwingende Sitz.

Um einem Pferd mit dem Becken einen versammelnden, aktivierenden Antrieb vermitteln zu können, wird dieses abgekippt, nach vorn geschoben, rund gemacht – die Abbildungen verdeutlichen dies.

Die Frage, die uns hier besonders interessiert, ist: Was geschieht vorher, was geschieht nachher?

Ich will das an einem Beispiel analysieren. Unser Pferd befindet sich in einem schönen, kurzen Schultrab. Die Zügel hängen sanft durch, und ich möchte gern die Trabaktion verlängern, verstärken, dann gleich darauf wieder verkürzen in den versammelten Schultrab hinein und schließlich zum Schritt durchparieren.

Ganz außer acht lassen wir jetzt erst einmal die unterschiedlichen Schenkel- und Gewichtshilfen. Wir legen unser Augenmerk jetzt ausschließlich auf die Hilfengebung des Beckens, wie immer völlig ohne jede Zügelhilfe.

Sie befinden sich also auf Ihrem versammelten Pferd in einem schönen Schultrab. Ihr Oberkörper ist leicht hinter der Senkrechten, die Schenkel liegen sanft am Pferdeleib. Sie lassen sich tragen, und Ihr Becken findet sich

**passiv** in die Bewegungsvorgaben des Pferdes ein. Ihr ganzer Körper ist locker und entspannt, **die Beine sowie Ihr Oberkörper sind absolut ruhig**, lediglich Ihr Becken fungiert als Puffer und Stoßdämpfer, als bewegliches Verbindungsglied zwischen Ihnen und dem Pferd.

Es schwingt dabei im Rhythmus des Pferdes von rechts nach links und geht bei jedem Wechsel von der einen zur anderen Seite leicht nach vorne. Es führt also eine passiv schwingende, halbkreisförmige Bewegung aus.

Nun kommt die erste Veränderung: Wir möchten gerne aus dem Schultrab in einen verstärkten, raumgreifenderen Trab wechseln, um gleich darauf das Pferd wieder einzufangen. Das Becken hilft uns dabei wie folgt:

Aus dem passiven Mitschwingen vermitteln wir dem Pferd zuerst einmal einen leichten aktiven Vorwärtsimpuls durch das kaum merkliche Vorkippen des Beckens. Dies wird vom Pferd als Unterbrechung des fließenden Bewegungsablaufes wahrgenommen, gleichzeitig vermittelt es der Hinterhand einen aktiven Schubimpuls. Dieser soll natürlich nur gerade so stark oder schwach sein, daß die gewünschte Reaktion eintritt. Im Anschluß an diesen aktiven, feinen Impuls wird nun das Becken so lange **aktiv in die Bewegung des Pferdes eingreifen**, bis sich dieses der Bewegungsvorgabe des Beckens angeglichen hat. Ist das erreicht, und bei einem ausgebildeten Pferd geht das in Bruchteilen von Sekunden, fällt das Becken wieder zurück in seine **passiv mitschwingende Rolle**!

So wird das Pferd mehr und mehr die „Störungen", die wir bewußt durch unser Becken verursachen, als Hilfe erkennen und sich ihr angleichen. Ein feineres Mittel zur Gangregulierung ist wohl kaum vorstellbar.

Nun kommt das Zurücknehmen in den versammelten Schultrab. Wieder lassen wir die Gewichts- und Schenkelhilfe außer acht. Wie zuvor auch geben wir zunächst aus der passiven Beckenbewegung heraus einen aktiven Impuls. Dieser unterscheidet sich in nichts von dem zuerst beschriebenen!

Jetzt aber kommt es. Der erste aktive Impuls wird das Pferd zum Untertreten und zur verstärkten Hankenbiegung veranlassen. Das ist wichtig für beides, zur Verstärkung oder Verkürzung des Ganges. Was gewünscht wird, weiß mein Pferd zu diesem Zeitpunkt noch nicht (wir sprechen hier natürlich von Zehntelsekunden!).

Wieder übernimmt das Becken so lange eine aktive Rolle, bis das Pferd sich der Beckenvorgabe angepaßt hat. Diesmal jedoch wird der Beckenrhythmus eine deutlich **niedrigere Frequenz** aufweisen als die des Pferdes! Hat das Pferd seinen Gang verkürzt, seinen Bewegungsrhythmus entsprechend meiner Vorgabe verlangsamt, erst dann wird das Becken wieder die passive Rolle übernehmen.

All dies geschieht natürlich in Bruchteilen von Sekunden und nach einiger Übung vollkommen automatisch und reflexartig.

Durch die ausgiebige und sinnvolle Bodenarbeit ist unser Pferd ohnehin schon derart sensibilisiert, daß es sich vergleichsweise leicht in dieser feinen Art und Weise arbeiten lassen wird.

Vom Trab in den Schritt gehen wir ähnlich vor. Wieder kommt der aktive Beckenimpuls, dem sogleich eine aktive Schrittvorgabe des Beckens folgt. Sie glauben gar nicht, wie schnell die Pferde das lernen und wie schnell sie bereit sind, unsere feinen Signale zu befolgen. Allerdings nur dann, wenn sofort danach die Belohnung einsetzt, das passiv mitschwingende Becken, denn nur dann kann sich das Pferd frei unter uns bewegen, kann gemeinsam mit uns sein Gleichgewicht finden und sich mit der auferlegten Vorgabe wohlig und ungestört einrichten.

Bei dem Beckenimpuls zum Stoppen schließlich wird das Becken wie mechanisch „einrasten" und jede Bewegung einstellen.

Ist das nicht genau das, was die meisten Reiter **ständig** tun, egal in welcher Gangart sich ihr Pferd befindet?

## 3. Die Gewichtshilfe

In Verbindung mit der Richtungsänderung haben wir bereits über Gewichtshilfen gesprochen, die sich auf eine seitliche Parallelverschiebung des Oberkörpers beziehen. Diese sind hier nicht gemeint. Hier geht es um Gewichtshilfen, die im allgemeinen überhaupt nicht beachtet werden, nämlich die bewußte Verlagerung des Oberkörpers nach vorn oder nach hinten. Neben den differenzierten Schenkelhilfen und der Veränderung der Beckendynamik spielen diese Gewichtshilfen in der Tempo- und Rhythmusbestimmung wie in der Versammlung eine sehr bedeutende Rolle.

Die Ruhe- und Arbeitsposition des Oberkörpers eines Reiters liegt organischerweise leicht hinter der Senkrechten. Das Becken ist ein wenig abgekippt, die Wirbelsäule verläuft leicht rund. Wird nun die Lage des Oberkörpers **bewußt** nach vorn oder hinten verlagert (die Rede ist hier von wenigen Zentimetern, es geht nicht darum, aus einem tiefen Sitz einen vornübergebeugten, leichten Sitz zu machen), so wird das Konsequenzen für das Gleichgewicht des Pferdes haben und dementsprechende Reaktionen auslösen.

Diese Reaktionen lassen sich besonders gut bei rohen, nicht verdorbenen Pferden erkennen. Haben sich diese durch entsprechende Vorübungen an das Gewicht des Reiters gewöhnt, ist ihr Körper entsprechend ausgebildet und gymnastiziert worden, so werden sie durch das Zurücknehmen des Oberkörpers antreten. Sie werden hierdurch „nach vorn geschoben", werden aber auch entsprechend gegenläufig reagieren, wenn der Reiter seinen Oberkörper in die Senkrechte oder leicht davor nimmt. Wird der Oberkörper noch weiter nach vorn geneigt, so wird ein sensibles, entsprechend vorbereitetes Pferd **ohne jede Zügelhilfe rückwärtstreten**!

Die in unserem Lande geläufigsten Reitweisen verzichten von vornherein auf diese unglaublich wichtige Hilfengebung. **Diese** Gewichtshilfe erfolgt, wie alle anderen feinen Körpersignale auch, impulsartig und für einen möglichen Beobachter praktisch unsichtbar. Ist die gewünschte Reaktion eingetreten, so wird, wie bei allen anderen Hilfen auch, die ursprüngliche Position langsam wieder eingenommen.

Alle drei Informationen zusammen, die Schenkelhilfen, die Beckendynamik und die Gewichtshilfen, sind ein enormes „Informationsbollwerk", das richtig und synchron eingesetzt in der Tat jede grobe Hilfengebung überflüssig macht. Mit diesen differenzierten Hilfen, in Verbindung mit den vorbereitenden

**Auf die Gewichtshilfen wird bei uns im allgemeinen viel zu wenig Wert gelegt. Das differenzierte Vor- und Zurücknehmen des Oberkörpers ist eines der wichtigsten Signale für das Pferd überhaupt. Ein Pferd, das konsequent unter Beachtung dieser Hilfen gearbeitet wird, wird schließlich nicht nur durch ein minimales Vorverlegen des Oberkörpers zu versammeln sein – in Verbindung natürlich mit anderen Hilfen –, es wird auch problemlos ohne Zügel wie ein Uhrwerk rückwärtstreten, wenn der Oberkörper noch ein Stückchen weiter vorgeneigt wird.**
**Warum auch nicht – es hat ja keine Zügel, gegen die es anrennen muß – und Rückwärtsgehen ist für ein ausgewachsenes Pferd absolut kein Problem, wenn man es nur läßt!**

Übungen, kann jedes Pferd auf feinste Hilfen abgestimmt werden.

Diese drei differenzierten Hilfen in Verbindung mit den Hilfen zur Richtungsänderung bilden die Grundlagen des pferdegemäßen, versammelten Signalreitens. **Mehr gibt es nicht!** Alles was nun folgt, alle Übungen bis hin zur Hohen und höchsten Schule bauen sich hierauf auf!

Also doch: **Reiten ist ganz einfach!**

Hier noch einmal die differenzierten Hilfen zur Temporegulierung in der Übersicht.

**Der Junghengst Junque lernt ohne Zaumzeug und Sattel die ganze Parade aus Schritt und Trab.**
**Da das Pferd lernen soll, auch auf feinste Hilfen impulsartig zu reagieren und wie hier aus dem Trab mit der doch schon recht tief untergesetzten Hinterhand zu stoppen, beginne ich die Übungen immer erst ohne Sattel, da dann das Pferd die feine, impulsartige Beckenhilfe leichter erspürt. Erst wenn das einigermaßen sitzt, wird die Übung mit Sattel ausgeführt.**

| | **Gang-** | | |
|---|---|---|---|
| | **-verstärkung** | **-reduzierung** | |
| | Impulsartiges Abkippen des Beckens ↓ | Impulsartiges Abkippen des Beckens ↓ | |
| 1 | Schenkelhilfe<br>Impulsartig – kurz | Schenkelhilfe<br>Impulsartig, jedoch weich anwachsend und nachlassend | 1 |
| 2 | Beckendynamik in der Folge aktiv, den gewünschten Bewegungsrhythmus vorwegnehmend | Beckendynamik in der Folge passiv, den gewünschten Bewegungsrhythmus vorwegnehmend | 2 |
| 3 | Zurücknehmen des Oberkörpers. Impulsartiges Vorwärtsschieben des des Pferdes | Minimale Verlagerung des Oberkörpers nach vorne | 3 |
| | Nach erfolgter Reaktion zurückfinden in die organische Gebrauchshaltung. | | |

Alle Hilfen sind so anzuwenden, daß sie in ihrer Ausformung fast nur gedacht werden. Es sind Hilfen, minimale Signale, die helfen, das Gleichgewicht und den Impuls des Pferdes in jeder gewünschten Situation zu erhalten.

Hier veranlasse ich den Hengst zu einem untergesetzten Stopp aus dem Trab durch das weiche, anwachsende Anlegen der Schenkel, durch das impulsartige Abkippen des Beckens und durch das kaum wahrnehmbare Vornüberneigen des Oberkörpers. Das reicht aus, um auch einem Pferd wie diesem, das extrem feurig und in seiner Ausbildung noch ganz in den Anfängen ist, zu „helfen", anatomisch richtig anzuhalten – mehr ist es nicht! Kein Spektakel, keine Show, sondern lediglich einfachstes, pferdegerechtes Reiten!

Wenn schon bei einer ganzen Parade so gut wie nichts zu sehen ist (oben), dann ist eine halbe Parade fotografisch praktisch nicht darstellbar. Bitte vergleichen Sie die beiden Fotos.
Rechts sehen Sie, daß meine Beine das Pferd dicht umschließen. Der Rücken ist – übertrieben – gerundet und der Oberkörper leicht nach vorne genommen (ebenfalls übertrieben).
Da ich die Hilfen sehr weich und weniger impulsartig ausgeführt habe, verstand sie der Hengst richtig, er verkürzte nur leicht seinen Gang, versammelte sich demzufolge und ging mit schönerer Aufrichtung weiter.

Zugegeben, das sieht sehr lustig aus, was Heide auf den Bildern unten macht – aber immerhin gelingt es ihr, ihren Feuerstuhl, dem wir schon einmal im Kapitel über das Führen begegnet sind, am zweiten Kurstag vom Trab in den Schritt durchzuparieren. Heide erntete dafür spontanen Beifall, denn dieser kleine Andalusierwallach war zuvor allenfalls durch das Auswerfen eines Schiffsankers anzuhalten gewesen. Das Wichtige aber, und das kann man auf allen Fotos dieser Seite sehr deutlich erkennen, ist, daß das Pferd auch für die Dauer der Hilfe, der Parade, im Gleichgewicht bleibt und im Gleichgewicht weiterarbeitet.

# 5. Die Versammlung

Nachdem wir geklärt haben, auf welche Art und Weise wir unserem Pferd Signale zur Temporänderung ohne den mechanischen Gebrauch der Zügel übermitteln können, bleibt als fünfter und letzter Grundsatzpunkt des Reitens die Frage nach der Versammlung, obwohl dies im Grunde genommen eigentlich gar kein Faktum ist, das für sich allein stehen kann. Denn all die Dinge, die bereits angesprochen wurden, dienen unter anderem auch der Versammlung des Pferdes, der Gymnastizierung und der Hankenbiegung. Vor allem die zuletzt genannten Hilfen zur Temporeduzierung, der differenzierte Einsatz der Schenkel, des Beckens und des Oberkörpers, haben **versammelnde Wirkungen** und werden darum in sehr verminderter, kaum wahrnehmbarer Form vor allem zur Versammlung **ohne den Zügel** eingesetzt. Bei einiger Übung wird dies zur zweiten Natur des Reiters, der fortan die feinen Signalmöglichkeiten seines Körpers zur permanenten Regulierung der Versammlung einsetzen wird.

Das Reiten als solches, jedes Reiten, sei es in einer Dressurbahn oder im Gelände, dient immer weiter der Versammlung des Pferdes, denn jede Information an das Pferd hat fortan versammelnden Charakter.

Davon abgesehen gibt es natürlich eine ganze Reihe von sinnvollen Übungen, die speziell der Versammlung dienen, die wichtigste, das Schulterherein, ist ja bereits in den vorausgegangenen Kapiteln angesprochen worden. Über das Schulterherein unter dem Reiter werden wir auf den kommenden Seiten noch einige wichtige Dinge anführen. Aber all diese Übungen entwickeln sich ganz organisch aus den zuvor besprochenen Punkten des Reitens.

Bleibt mir an dieser Stelle nur noch, auf eine ganz wichtige Praxis hinzuweisen, die ausnahmslos dem Antrieb und der Versammlung dient, nämlich das organische, wechselseitige Anlegen der Schenkel.

Besonders bei diesem Punkt habe ich Sorge, falsch verstanden zu werden. **Rhythmisches Treiben im Takt der Pferdebewegung ist absolut abzulehnen.** Wenn wir jedoch locker und passiv die Bewegungsvorgaben des Pferdes übernehmen und das Becken dementsprechend seitlich sanft abkippen, dann kommt konsequenterweise auch der jeweilige Schenkel **einen Hauch stärker** an das Pferd, und zwar genau in dem Augenblick, in dem das gleichseitige Hinterbein abfußt. Diese zwei, drei Gramm (!) mehr, mit denen in diesem Augenblick die Schenkel stärker die Flanken berühren, reichen aus, um eine Aktivierung der Hinterhand, eine Hankenbiegung zu fördern.

Die wichtigste Übung zur Versammlung ist letztendlich das Reiten selbst. Feine Schenkel-, Becken- und Gewichtshilfen werden ununterbrochen und schließlich unbewußt dem Pferd „helfen", sich versammelt zu tragen. In der Elektrotechnik spricht man von Regelkreisen. Ein System ist derart verknüpft, daß jede kleinste Abweichung sogleich durch das System selbst korrigiert wird. Ein ähnliches Regelsystem bilden auch Reiter und Pferd. Jede Ungleichmäßigkeit des Gangs wird im Entstehen beantwortet.

# Vorbereitende Übungen

**Auf den ersten beiden Fotos demonstriert uns Beate noch einmal die Grundstellung, die wir aus den Gymnastikbildern bereits kennen. Die „Trockenübungen" zum Schritt und zum Trab sind sich relativ ähnlich. Dazu legen wir eine Hand auf den Bereich des Bauchnabels – zur eigenen Kontrolle, daß die Beckenbewegung nicht über diesen Bereich hinausgeht. Jetzt wird ausschließlich das Becken nach links und nach rechts verschoben. Wichtig ist, daß Oberkörper und Schultern unbeweglich und locker entspannt bleiben. Dieses Hin- und Herschaukeln des Beckens entspricht genau dem seitlichen Auf und Ab der Schrittbewegung des Pferdes. Um den Vorwärtsschub beim Trab kompensieren zu können, wird das Becken beim Übergang von einer zur anderen Seite außerdem noch nach vorne geschoben. Es beschreibt also eine halbkreisförmige Bewegung. Diese Übung ist nicht so ganz leicht. Um aber eine wirkliche Verbindung zum Pferd eingehen zu können, sollte man sich hierfür immer wieder ein wenig Zeit nehmen, um gerade diesen Teil des Körpers immer weiter zu lockern.**

Wir fangen an, wie immer ganz langsam und wie immer erst **ohne** Pferd!

Es ist sehr sinnvoll, die Beckenbewegungen, die nötig sind, um sich in die einzelnen Bewegungsvorgaben des Pferdes hineinfinden zu können, erst einmal ohne Pferd einzuüben.

## Trockenübung „Schritt"

Bitte nehmen Sie die Grundposition ein, die Sie bereits aus den gymnastischen Übungen kennen. Die Füße stehen schulterweit auseinander und parallel, die Knie sind leicht geknickt, das Becken ist ein wenig abgekippt und die Wirbelsäule leicht gerundet. Eine Hand legen wir jetzt auf den Bauchnabel als

Drehpunkt, als Scharnier für die nun folgenden Beckenbewegungen.

Zunächst einmal geht unser Becken soweit wie möglich nach links und rechts. Wichtig ist, daß ausschließlich das Becken bewegt wird und der Oberkörper in seiner ruhigen Position verbleibt. Dem einen gelingt dies leichter, der andere hat seine liebe Mühe mit diesen Übungen. Zu guter Letzt jedoch muß sie jeder beherrschen, der reiten möchte, denn dieses seitliche Schwingen des Beckens ist die Bewegungskompensation im Schritt!

## Trockenübung „Trab"

Neben der seitlich schwingenden Beckenbewegung kommt eine Vorwärtsbewegung hinzu. Eine Hand liegt immer noch auf dem Bauchnabel, um uns selbst zu kontrollieren, daß wirklich alle Bewegungen an dieser Stelle enden bzw. von diesem Punkt nach unten hin ausgehen.

Wir haben das Becken nach links hin verlagert und schieben es nun halbkreisförmig nach vorn und dann wieder nach rechts. Von hier aus wieder halbkreisförmig nach vorn und nach links. Das Becken führt also eine halbrund schwingende Bewegung aus.

Das ist für die meisten Menschen, die nicht gymnastisch besonders geschult sind, gar nicht so leicht auszuführen. Wenn Sie diese Übungen jedoch, in Verbindung mit de-

nen, die ich im Abschnitt „Gymnastik nur für das Pferd?" (S. 107) vorgestellt habe, täglich mehrmals einige Minuten ausführen, werden Sie sich sehr schnell eine unglaubliche Beweglichkeit von Wirbelsäule und Becken antrainieren können.

**Diese Beweglichkeit ist eine absolute Voraussetzung für jedes pferdegemäße Reiten, denn schließlich sind wir keine tote Last, sondern lebende Wesen, die eine harmonische Verbindung mit einem anderen Lebewesen eingehen möchten!**

Wie ist es möglich, daß in keiner anderen mir bekannten „Sportart" – so Reiten überhaupt eine Sportart ist – derart wenig Wert gelegt wird auf eine solide Gymnastizierung des „Sportlers" wie beim Reiten? Wie ist es möglich, daß in beinahe allen Reitschulen stocksteife Menschen ohne jede vorherige körperliche Lockerung und Gymnastizierung auf die bemitleidenswerten Pferde gesetzt werden? Widerspricht das nicht jeder Logik und jeder Vernunft? Wie ist es möglich, daß diese Schüler sogleich auf Pferde gesetzt werden, ohne daß man ihnen zuvor auch nur einen Hauch davon vermittelt hat, wie sich dieses Tier unter ihnen bewegt und wie man diese Bewegungen ausgleichen kann? Unsinnig- und Fragwürdigkeiten, soweit das Auge reicht!

## Trockenübung „Galopp"

Um jeden einzelnen Galoppsprung wirklich weich und sicher sitzen zu können, ohne die ruhige Lage des Oberkörpers und der Schenkel zu beeinträchtigen, muß das Becken eine kreisende Bewegung ausführen, die sich dem Oberkörper lediglich als sanftes Auf und Ab vermittelt. Hierbei ist es wichtig, das Becken möglichst weit nach vorne zu schieben. Gerade der korrekte Galoppsitz ist ein ganz entscheidendes Hilfsmittel, das Pferd in dieser Gangart wirklich sicher beherrschen und bestimmen zu können. Unterlaufen dem Reiter hierbei Fehler, dann gewinnt das Pferd jene Freiheit und Überlegenheit, die dann zwangsläufig in größeren oder kleineren Konflikten enden muß.

**Die „Trockenübung Galopp", in einzelnen Phasen fotografisch festgehalten, sieht zugegeben einigermaßen lächerlich aus. Die Bewegungskompensation der Galoppbewegung ist nicht das so berühmte „Auswischen" des Sattels, denn diese Vor- und Zurückbewegung des Beckens überträgt noch einen erheblichen Teil der Bewegungsvorgabe des Pferdes auf den Oberkörper. Dieser sollte aber auch im Galopp völlig ruhig erscheinen. Die Bewegungsmechanik entspricht hier darum der einer Nockenwelle im Auto. Eine Zirkelbewegung wird in eine Auf- und Abbewegung umgeformt. Das Becken beschreibt praktisch einen Kreis. Dadurch kann es sich der Bewegungsvorgabe des Pferdes perfekt anpassen und zugleich die Bewegungsenergie an den Oberkörper durch ein sanftes Auf und Ab weitergeben. Die Trockenübungen stellen diesen Vorgang natürlich übertrieben dar. Wichtig ist, daß durch diese Übungen das Becken jene Beweglichkeit erhält, die es braucht, um sich harmonisch in den Bewegungsablauf einfinden zu können. Im zweiten und dritten Bild sieht man deutlich, wie sich das Becken nach vorne schiebt, die gesamte Wirbelsäule aber vollkommen gerade bleibt.**

**Wenn ich in der oben dargestellten Übung die Zügelhände recht hoch halte, dann darum, weil sie auf diese Weise etwas bequemer auszuführen ist. Die Prinzipien der korrekt gehaltenen Zügelhand bleiben aber auch hier gültig.**
**Wichtig ist, daß durch das Anheben der Hände der Oberkörper vollkommen entspannt bleibt und daß sich die Lage der Oberarme mit dem leichten Annehmen der losen Zügel in keiner Weise verändert. Wir gehen folgendermaßen vor: Die Arme hängen locker in der Grundstellung am Körper herab. Wir achten darauf, daß die Schultern entspannt sind und auf gleicher Höhe. Ohne nun die Lage der Oberarme auch nur im mindesten zu verändern, winkeln wir die Unterarme mit den geöffneten Handflächen so an, wie es das erste Foto zeigt.**
**Wir achten darauf, daß die Handflächen nicht nach unten abgeknickt sind, sondern vielmehr mit den Unterarmen eine Linie bilden. Jetzt schließen wir die Handflächen und kippen sie ein wenig nach innen, aber nur so weit, daß die Handfläche weiterhin nach oben zeigt. Die Oberarme bleiben unverändert. Wollen wir nun leicht mit den Zügeln spielen, dann ist es in dieser Haltung nicht notwendig, mit den Oberarmen zurückzugehen, was zum einen sehr häßlich aussieht und zum anderen zu sehr großen Verspannungen führt. Aus dieser Haltung heraus brauchen wir lediglich die Handinnenflächen ein wenig nach innen-oben zu bewegen, um zu einer unsichtbaren, sehr fein zu differenzierenden Zügelhilfe zu gelangen.**

## Trockenübung „Halten der Zügel"

Wieder kontrollieren wir, ob wir eine stabile und gute Grundposition eingenommen haben. Wir richten unsere Aufmerksamkeit jetzt auf unsere Schultern und stellen uns vor, wie diese frei, locker und tief herabhängen. Wir können uns ruhig etwas Zeit dafür nehmen. Denn diese Übungen werden sich nicht nur positiv auf unseren Sitz zu Pferde, sondern auch auf viele Dinge des täglichen Lebens auswirken.

Die Arme hängen locker, angenehm schwer und entspannt in ihrer natürlichen Lage am Körper, und unser Körpergewicht ist auf beide Füße gleichmäßig verteilt. Bitte konzentrieren Sie sich einen Augenblick ganz besonders auf diesen Punkt, denn die gleichmäßige Verteilung unseres Körpergewichtes ist ein sehr entscheidender Faktor für feines, körperbetontes Signalreiten.

Noch einmal richten wir unsere Aufmerksamkeit auf unsere Schultern, um sicherzustellen, daß sie exakt auf gleicher Höhe sind. Das läßt sich sehr leicht vor einem Spiegel kontrollieren.

Aus dieser entspannten, lockeren, ruhigen Haltung heraus heben wir nun langsam den linken Unterarm nach oben, ohne jedoch die Lage des Oberarms zu verändern. Dieser bleibt entspannt und locker in seiner Position. Nachdem wir dies ein paarmal wiederholt haben, abwechselnd mit dem linken und rechten Unterarm, halten wir beide in einem rechten Winkel, die Handflächen geöffnet. Aus den Abbildungen entnehmen Sie bitte die korrekte Haltung. Jetzt schließen wir die Hände zu einer Zügelfaust, drehen sie leicht einwärts und halten sie nur wenige Zentimeter voneinander entfernt. Die Finger der geschlossenen Hand bleiben dabei leicht nach oben gewendet und sichtbar. Die Zügelsignale werden nun ausschließlich durch leichtes Drehen nach innen und oben gegeben, kaum fühlbar und für einen Betrachter absolut unsichtbar!

**In gar keinem Falle wird die Lage der Oberarme, die Lage der Ellenbogen verändert, denn dies führt zwangsläufig zu einer Verkrampfung der Schulterpartie und des gesamten Oberkörpers!**

Bei der einhändigen Zügelführung wird die linke Hand selbstverständlich entsprechend getragen.

## Trockenübung „Wendungen reiten"

Wieder kontrollieren wir die richtige und standfeste Grundposition und gehen in Gedanken noch einmal jeden einzelnen Körperteil durch. Die Zügelfäuste befinden sich in der richtigen Position, die Oberarme hängen entspannt herab.

Die Schultern sind exakt auf gleicher Höhe, und das Körpergewicht ist beidseitig gleichmäßig verteilt.

Nun nehmen wir eine Parallelverschiebung des Oberkörpers nach links vor, geben dadurch einen Großteil unseres Gewichtes auf das linke Bein, ohne jedoch in der Hüfte einzuknicken! **Wichtig: Die Schultern bleiben konstant auf einer Höhe!**

Bitte kontrollieren Sie dies vor einem Spiegel. Es ist eine Grundvoraussetzung für das Reiten mit feinen Gewichtshilfen. Jetzt schwingen Sie wieder zurück in die Ausgangsposition und gehen dann nach rechts. Nehmen Sie sich für diese Übung viel Zeit, und gehen Sie mit Ruhe und Geduld ans Werk. Je sicherer und präziser Sie die Parallelverschiebung im Stand ausführen können, desto leichter können Sie dieses wichtige Signal auf das Reiten übertragen.

Für eine Wendung nach links müssen Sie aus der Parallelverschiebung nach links heraus eine Körperdrehung so vollziehen, daß die Schultern in einer Höhe bleiben. Schultern und Hüfte bleiben parallel! Zurück in die Ausgangsposition und von da in die Wendung nach rechts.

Nach einigen Übungen dieser Art können Sie die Parallelverschiebung und die Wendung des Oberkörpers in eine einzige Bewegung zusammenfassen, ebenso wie Sie dies dann auf dem Pferd tun. Wichtig ist die eindeutige Gewichtsverlagerung bei immer gleich hoch getragenen Schultern.

**Keine Angst. Sie sind immer noch im richtigen Buch – die hier dargestellte Übung ist nicht einem asiatischen Kampfsport entnommen. Es ist vielmehr die wichtigste Trockenübung zum Thema sensitives Gewichtreiten. Das Prinzip ist Ihnen bereits vertraut, jetzt geht es darum, die korrekte Hilfe in die Praxis umzusetzen. Bei dieser Art Trockenübung übertreibe ich immer sehr. Das ist eine Praxis, die sich im Laufe der Kursjahre so herausgebildet hat und**

**die sich immer wieder sehr bewährt.**
**Bitte beginnen Sie in der folgenden Weise: Ausgehend von der Grundposition verlagern Sie Ihr Gewicht abwechselnd nach rechts und nach links, ohne dabei jedoch die Lage der Wirbelsäule zu verändern. Es ist quasi eine Parallelverschiebung des gesamten Oberkörpers – die Wirbelsäule bleibt horizontal, die Schultern bleiben waagerecht auf einer Höhe.**
**Üben Sie das bitte sehr intensiv vor einem Spiegel. Die Fähigkeit, auch beim Reiten die Wirbelsäule gerade und die Schultern auf einer Höhe zu halten, ist eine der wichtigsten Voraussetzungen vernünftigen Reitens! Gelingt Ihnen das, dann beginnen Sie langsam und allmählich eine Wendung, eine Drehung, auch jetzt wieder ohne die Lage der Wirbelsäule und der Schultern zu verändern. Machen Sie das alles langsam und mit Bedacht, lassen Sie sich immer wieder von einem Freund kontrollieren.**
**Aus dieser Drehung heraus gehen Sie bitte erst einmal wieder in jene Position, die auf dem ersten Foto dargestellt ist. Jetzt kontrollieren Sie noch einmal die Lage der Schultern und der Wirbelsäule, um nun wieder die Grundstellung einzunehmen.**
**Wenn Sie auch das recht gut beherrschen, dann gehen Sie, wie das die Abbildungen 3–6 zeigen, gleich von der Grundposition in die Drehung hinein und verschieben gleichzeitig Ihr Körpergewicht parallel in die jeweilige Richtung.**
**Ich möchte noch einmal betonen, daß Sie dieser Übung nicht genug Bedeutung beimessen können – sie ist das Fundament allen Reitens!**

# Es ist soweit … Das Reiten

Endlich ist es soweit. Nun also kommt die Übertragung all dessen auf das Reiten. Wir haben uns entsprechend vorbereitet, haben erst einmal unseren Körper sensibilisiert und gymnastiziert und so weit „weich" gemacht, daß wir eine gute Chance haben, unserem Pferd keine Last und vor allem keine **Be**lastung zu sein.

Wir haben in vielen vorangegangenen Übungslektionen, in vielen gemeinsamen Stunden das volle Vertrauen unseres Pferdes gewinnen können. Wir werden von ihm voll und ganz respektiert und als souveräner Herdenchef akzeptiert. Unser Pferd schließlich ist so weit gekräftigt und gymnastiziert worden, daß es uns mit Leichtigkeit zu tragen vermag. Es ist durch all unsere Übungen auf eine kürzere Basis gestellt worden, es trägt sich vermehrt auf der Hinterhand, die wir immer wieder aktiviert und gestärkt haben.

Aber auch die ersten Übungen zu Pferde werden wir langsam und Schritt für Schritt angehen, damit mit unserer zunehmenden Sicherheit auch die Erfahrung und Fertigkeit unseres Pferdes langsam wachsen können.

So beginnen wir unsere weitere Arbeit damit, uns erst einmal auf gerader Strecke führen zu lassen, um all die Dinge ungestört erfühlen zu können, die wir zuvor am Boden eingeübt haben. Die eigentliche Arbeit dann beginnt im Picadero, wo wir in der vertrauten Umgebung des Pferdes versuchen wollen, uns wirklich in die Bewegung des Pferdes einzufinden. Unser Augenmerk ist dabei ausschließlich hierauf gerichtet, ungestört von jeder „Zügel- und Lenkarbeit". Hier schließlich können wir dann vorsichtig die ersten ganzen und halben Paraden erteilen und uns darüber freuen, wie präzise und prompt unser Pferd reagiert.

Einen guten, weichen, in die Bewegung eingehenden Sitz haben wir bereits in der Picadero-Arbeit erworben. Die Paraden dringen prompt durch, so daß mit den präzise gerittenen Volten, Wendungen und Zirkeln unser Pferd – und wir auch – für das Reiten im Gelände, in Feld, Wald und Flur, gerüstet ist. Die Zügel hängen immer locker durch, und wir befinden uns mit unserem Schützling in einem relativen Gleichgewicht, das niemals durch den groben Einsatz der Zügel gestört wird.

Jetzt können sich Übungen anschließen, die unser Pferd immer weiter gymnastizieren, es wendiger und rittiger machen, selbstbewußter und versammelter: die kleinen Zirkel und Achten im Picadero, die Hinterhandwendungen und schließlich das Schulterherein.

Die Longenarbeit haben wir längst auch nach draußen verlegt und mit einer Vielzahl von Übungen erweitert und variiert.

Auf unserer Reise zu den Sternen sind wir ein gutes, ein sehr gutes Stück vorangekommen. Die Arbeit mit unserem Pferd ist jetzt immer sehr ruhig und friedfertig. Alle negativen Gefühle im Zusammensein mit unserem Freund, die Wut, den Zorn, den Ehrgeiz, haben wir ablegen können. Wir sind ruhige und sehr geduldige Beobachter geworden und denken, sehen, hören und fühlen immer mehr im Sinne unseres Pferdes, das uns nun genauso geduldig und zuverlässig zur Seite steht. Wir sind eine Pferdefrau, ein Pferdemann geworden.

**Wir haben nicht dressiert, sondern geschult. Wir haben nicht vergewaltigt, sondern geduldig und liebevoll Vertrauen und psychische und physische Sicherheit geschaffen.**

Aber ganz soweit ist es ja noch nicht. Bitten wir also jemanden, uns behilflich zu sein bei unseren ersten Übungen auf dem Pferd. In meinen Kursen übrigens behandle ich alle Kursteilnehmer gleich, ungeachtet ihrer Erfahrungen mit Pferden. Hier sind sie alle „Anfänger", hier beginnen sie alle noch einmal von vorn. Wie viele Blumentöpfe Sie als Reiter auch schon gewonnen haben mögen, bedenken Sie bitte gut, ob es nicht auch für Sie sinnvoll ist, all diese Übungen der Reihe nach anzugehen.

# Übungen ohne Sattel

Die ersten nun folgenden Übungen sollten Sie nach Möglichkeit ohne Sattel durchführen. Das hilft Ihnen sehr, einen guten Sitz zu finden und vor allem den Bewegungsrhythmus des Pferdes zu erspüren. Wenn Sie sich nicht mit einem schwungvollen Satz auf Ihr Pferd schwingen können, dann lassen Sie sich von jemandem helfen. Wichtig ist, daß Sie sich **sehr sanft** auf dem Rücken Ihres Pferdes niederlassen. Dies sollte quasi in Zeitlupe geschehen, um nicht die empfindlichste Stelle des Pferdes, seinen Rücken, unnötig zu belasten.

Bitte studieren Sie die Fotos auf den folgenden Seiten. Sie zeigen in allen Einzelheiten, worauf es uns ankommt.

### Der richtige Sitz

Zuallererst sollten Sie in Ruhe versuchen, eine bequeme, natürliche Sitzposition zu finden. Da Sie ohne Sattel auf dem Pferd sitzen, ist das recht einfach. Ihr Oberkörper liegt leicht hinter der Senkrechten. Schämen Sie sich bitte nicht, wenn Sie sich nun wie ein blutiger Anfänger führen lassen, aber dann können Sie am besten, zwischendurch sogar mit geschlossenen Augen, den Bewegungsrhythmus Ihres Pferdes erfühlen. Legen Sie die Hand auf Ihren Bauchnabel, und achten Sie darauf, daß sich die Bewegungen des Pferdes nicht in den Oberkörper hinein übertragen.

**Achten Sie weiter darauf, daß Sie absolut gerade auf Ihrem Pferd sitzen, daß Sie Ihr Gewicht gleichmäßig auf beide Gesäßhälften verteilen. Achten Sie weiter darauf, daß Sie Ihre Schultern immer in gleicher Höhe tragen!**

Lassen Sie sich von einem Freund hierin kontrollieren. Noch besser: Machen Sie Aufzeichnungen mit einer Videokamera!

In der Tat sitzen die meisten Reiter, die dies nicht bewußt trainieren, schief auf ihrem Pferd, was natürlich zu einer einseitigen Belastung und dadurch zu ungewollten Bewegungen führt. Hierauf folgt dann womöglich der heftige „korrigierende" Spornstich, woraus das Pferd nicht eben viel lernt, nur eines: nicht auf Gewichtsverlagerungen zu reagieren. Denn tut man das, gibt's „Zunder"!

### Fühlen des abfußenden Hinterbeins

Jetzt schließen Sie bitte die Augen und versuchen zu erfühlen, wann jeweils das linke bzw. rechte Hinterbein abfußt. Wie wir schon sagten, geht dies mit dem Absenken der Kruppe einher, das sich bis in die Rückenlage fortsetzt.

Der Pferdeführer oder ein anderer Beobachter wird Ihnen die Richtigkeit Ihrer Angaben bestätigen.

Ein Schnappschuß, der ein anmutiges Paar von hinten zeigt. Sehr schön kann man erkennen, wie wirklich senkrecht Insa auf ihrem Hengst sitzt – die Schultern auf gleicher Höhe. Das ist nicht immer selbstverständlich – im Gegenteil, die meisten belasten ihr Pferd ungleichmäßig.

Die ersten Reitübungen im Picadero sollten mit einem Partner gemeinsam durchgeführt werden. Dieser kann dann die Signale des Reiters vom Boden aus unterstützen. Die Übungen zum Anhalten sehen zu Anfang etwas lustig aus. Trotzdem reagiert das Pferd folgerichtig und stellt sich in ein korrektes Rechteck. Das Pferd stoppt von Anbeginn an auf der Hinterhand. Die Hilfen des Reiters werden sich nach und nach reduzieren – bis das Pferd wie von Geisterhand geführt reagiert.

# Die ersten Reitübungen im Picadero

Wir wollen uns zuerst auf zwei Dinge konzentrieren: auf unseren wirklich guten Sitz, den innigen Kontakt mit dem Pferderücken, und auf das Erlernen der halben und ganzen Paraden. Das heißt, es geht in erster Linie darum, daß **Sie** diese Dinge lernen, denn unser Pferd beherrscht von Natur aus bereits die Fähigkeit, auf Ihre richtigen Signale hin entsprechend zu reagieren.

Übrigens: Wenn ich junge Pferde ausbilde oder bereits eingerittene Pferde korrigiere – was viel schwieriger ist als das erste –, dann gehe ich in der Regel in genau der gleichen Reihenfolge vor. Das System, das ich Ihnen mit all diesen Ausführungen an die Hand gebe, ist also keinesfalls nur zum „Reitenlernen" ausgedacht, es entspringt vielmehr der täglichen Arbeit. Denn das, was sich in dem einen Fall als gut und richtig erwiesen hat, das kann in dem anderen Fall nicht ganz falsch sein.

Genauso wie ich das immer tue, sollten auch Sie mit einem vertrauten Helfer beginnen. Dieser sollte in die Prinzipien der Longen- und Picadero-Arbeit so weit eingedrungen sein, daß er Ihren Platz am Boden zumindest zeitweilig übernehmen kann.

Der Gang der Dinge ist sehr einfach: Für das Pferd ändert sich kaum etwas. Wie zuvor dreht es seine Runden und absolviert seine Übungen, nur jetzt mit Ihnen auf dem Rücken. Ihr Helfer in der Mitte wird in den ersten nun folgenden Lektionen erst einmal die Kommandozentrale für Ihr Pferd sein, und Sie schauen einfach, daß Sie sich immer weicher in die Bewegungen einfinden! Daß Ihr Oberkörper immer sehr ruhig ist, genauso wie die Schenkel, die locker und sehr sanft am Pferdeleib anliegen. Immer wieder erfühlen Sie bewußt das Abfußen der Hinterbeine und lassen sich von dem Menschen „am Boden" bestätigen und korrigieren.

Jetzt beginnen Sie mit den ersten Paraden. Am einfachsten ist dies für Sie und Ihr Pferd, wenn Sie aus dem Trab zum Schritt durchparieren. Das klappt eigentlich immer, und das Pferd begreift sehr schnell, was Sie eigentlich von ihm wollen.

Dazu kippen Sie impulsartig Ihr Becken nach vorn, neigen den Oberkörper **ein wenig (!)** nach vorne und schließen **sanft (!)** und weich für einen kurzen Augenblick Ihre Beine. Für den Betrachter sieht das zu Anfang, wenn diese Hilfen noch etwas ungelenk und überdeutlich kommen, oft so aus, als würde der Reiter unter einem schweren Magenkrampf in sich zusammensacken – macht nichts, wenn es auch bei Ihnen so aussieht, das ist schon ganz richtig so. Hauptsache, Ihr

Pferd versteht Sie, und das tut es dann mit Sicherheit. Die Feinheiten und Finessen kommen mit der Zeit, und dann sieht der Betrachter nichts mehr, absolut nichts mehr, und bekommt seinerseits Magenkrämpfe vor Neid.

Bei den ersten zwei, drei Versuchen dieser Art wird der Helfer in der Mitte Ihre Signale noch etwas unterstützen durch seine Körpersignale, doch schon nach wenigen Runden kann man dann auf diese Unterstützung verzichten. **Vergessen Sie das Loben nicht, und üben Sie immer nur wenige Minuten.** Unterbrechen Sie die Arbeit lieber mehrmals, und beginnen Sie nach einer entsprechenden Pause erneut. Lassen Sie sich immer Zeit bei allem, und üben Sie niemals mehrere Tage hintereinander dasselbe. Das würde für Sie und Ihr Pferd viel zu langweilig.

Nun können Sie aus dem Schritt anhalten, aus dem Trab anhalten und dann, wenn Ihr Pferd soweit ist, die Paraden auch aus dem Galopp heraus geben.

Jetzt können Sie sitzen und Ihr Pferd ohne Zügel versammelt parieren. Bleibt noch das „Lenken".

Für die ersten Übungen hierzu bedienen wir uns wieder einmal eines kleinen Hilfsmittels, das ebenfalls aus der Praxis geboren wurde. Um ein Pferd, das noch unerfahren ist, in der richtigen Weise in die Wendungen zu führen, waren mir alle Reitplätze zu groß, und selbst der Picadero schien mir ungeeignet. Mein Pferd und meine Reitschüler natürlich auch sollten auf möglichst einfache Art und Weise den Gebrauch der Schenkel und der Gewichtshilfen erlernen, und so erfand ich die „Flatterbandstraße", die dann im Laufe der Zeit zu einem wunderbaren, unerläßlichen Hilfsmittel in der Pferdeausbildung für mich wurde.

Auch hier kommt wieder das Grundprinzip zur Anwendung, die Anforderungen an Pferd und Reiter so zu reduzieren, daß praktisch jede Konfliktsituation ausgeschaltet wird.

**Auch ich arbeite in der Praxis oft mit einem Helfer. Hier hilft mir Alberto durch das Einnehmen bestimmter Positionen im Picadero und durch das pointierte „Klingeln" mit der Longe in ganz bestimmten Momenten, das Pferd sehr fein auf ganz bestimmte Hilfen meinerseits einzustellen.**

# Die Flatterbandstraße

Gisela auf ihrer Stute in der Flatterbandstraße. Durch die enge Abgrenzung sind die Möglichkeiten der Richtungsänderung sehr eingegrenzt, und so ist es sehr leicht möglich, von Anfang an mit feinsten Hilfen zu arbeiten. Gisela sitzt tadellos und gerade auf dem Pferd, das Pferd fügt sich problemlos der korrekten Hilfengebung, stellt sich und folgt der gewünschten Richtung.

Auf einem Reitplatz, besser aber noch im Gelände unter Zuhilfenahme einiger Bäume, begrenzen Sie Ihre Reitstraße schlicht und einfach mit dem rot-weißen Flatterband, das Sie überall in den Bau- und Handwerkermärkten erhalten. Zu Anfang sollte Ihre Straße recht schmal sein, etwa 4–5 Meter. Die Länge ist relativ unerheblich, das Minimum sollte etwa 15–20 Meter betragen.

Was fangen wir nun damit an? Gar nicht viel zu Anfang, und das ist der Witz! In dieser Reitstraße kann unser Pferd eben eigentlich nur geradeaus laufen, und genau das soll es tun. Wir zäumen es mit einem einfachen Stallhalfter und ein oder zwei Führstricken auf und schicken es geradeaus. Am Ende der Reitstraße angekommen, muß es sich nach links oder rechts wenden, und genau hier greifen wir ein. Anlegen des – äußeren – Schenkels, Gewichtsverlagerung nach innen. Drehen der Schulter und des Oberkörpers, **gerade sitzen bleiben**! (Aber das alles kennen Sie ja schon.) Und schon wendet sich unser Pferd **ohne Zügelhilfe** in die von uns vorgegebene Richtung. Das klappt nach kürzester Zeit so gut, daß wir in unserer Reitstraße schließlich Achten, Volten und Schlangenlinien reiten können, immer mit dem durchhängenden Führstrick. Ob Sie übrigens richtig oder falsch sitzen, ob Sie also das Gewicht richtig verteilen und nicht einknicken, wird Ihnen zum einen Ihr Helfer sagen und gegebenenfalls auch Ihr Videogerät, **vor allem aber Ihr Pferd und Ihr Gefühl**, denn Sie glauben kaum, was für ein tolles Gefühl es ist, dem Pferd in der Wendung wirklich „geholfen zu haben" (denn nichts anderes will das Wort „Hilfen" ja schließlich ausdrücken). Dann nämlich wird Ihr Pferd die möglichen vier oder fünf Meter gar nicht nutzen, es wird sich winden wie ein Aal und, von seiner tief untertretenden Hinterhand unterstützt, traumhaft stabil und taktrein „die Kurve kratzen" – Sie werden schon sehen!

Oft ist es hilfreich, die Signale des Körpers mit einem Hilfsmittel, hier mit der Gerte, zu unterstützen und deutlicher zu machen. Gabi hält die Gerte quer in den Händen, um so die Drehung für das Pferd deutlicher zu machen.

Nun können Sie natürlich all die Übungen aus dem Picadero in die Flatterbandstraße übernehmen und die Arbeit dort so abwechslungsreich wie möglich gestalten. Schön ist es, wenn sich in der Straße noch Bäume befinden, um die man herumreiten kann. Auf diese Weise erfährt das Pferd auch sehr einsehbar, wozu eigentlich die ganzen Volten und Kreise geritten werden.

Schließlich können Sie die Flatterbandstraße um die Ecke führen und Schritt für Schritt erweitern. Sie können Stangen hineinlegen und dazwischen durch und darüber traben, galoppieren und springen, Brücken und Wippen einbauen und den Westernreitern ganze Trailparcours abschauen – nur daß Sie das alles mit einem Pferd im Gleichgewicht absolvieren und mit immer sanft durchhängenden Zügeln! Seien Sie kreativ und erfinderisch – Ihr Pferd will beschäftigt werden und tut nichts lieber als herumtollen und spielen!

Bleibt mir an dieser Stelle nur noch auf eines hinzuweisen, nämlich auf die sanften Hilfen beim Anreiten, Antraben und Angaloppieren. Ein leichtes Zurücknehmen Ihres Oberkörpers, ein kaum wahrnehmbarer Impuls Ihrer Hüfte und die rein gedachte (!) Vorstellung der angestrebten Gangart reichen aus. Hat Ihr Pferd entsprechend weich und fließend reagiert, gehen Sie gleich darauf in die Normalposition kurz hinter der Senkrechten

**Links außen: Trixis Araberwallach reagiert prompt auf das Signal des abgekippten Beckens und der leichten Gewichtsverlagerung. Trixi legt hier noch nicht die Schenkel ans Pferd, da es dies zu diesem Zeitpunkt noch als antreibende Hilfe verstehen würde. Erst mit der Zeit wird es lernen, die differenzierten Schenkelhilfen in Verbindung mit anderen Hilfen richtig zu interpretieren.**

**Links: Bettina ist hier zum erstenmal in der Flatterbandstraße. Es ist natürlich ungewohnt, völlig ohne Zügelbeeinflussung das Pferd zu lenken und anzuhalten. Doch die Sicherheit wächst mit dem Erlebnis, daß die Pferde auf diese einfachen Hilfen ausnahmslos reagieren. Auf der ersten Abbildung sehen wir, daß Bettina sich sehr schön in Bewegungsrichtung wendet, daß jedoch der innere Schenkel noch am Pferd liegt und das Gewicht noch nicht ganz korrekt auf das rechte Becken verschoben ist. Hier ist es wichtig, sich immer wieder beobachten und kontrollieren zu lassen. Die Hilfe zum Anhalten kommt sehr präzise und wird auch prompt vom Pferd beantwortet.**

**Links: Der kleinen Judith machten unsere Übungen sehr viel Spaß. Im zweiten Bild sehen wir, wie sie anfänglich das innere Bein noch sehr deutlich vom Pferd wegstreckt. Das ist zur besseren Differenzierung für Pferd und Reiter völlig richtig. Bald jedoch, nach einiger Übung, sollte auch das Schenkelsignal unsichtbar, lediglich durch leichte Druckvermehrung, erteilt werden.**
**Mit der Drehung des Oberkörpers hatte Judith einige Pro-**

**bleme. In der dritten Abbildung dann ist es schon besser.**

**Ingrid auf ihrem Pinto: In der ersten Abbildung sehen wir, daß die rechte Schulter deutlich tiefer ist als die linke. Danach, aus dem korrigierten Sitz heraus, ist jedoch die Drehung und die Gewichtsverteilung sehr schön.**

zurück, lassen ein wenig (das alles spielt sich im Bereich des kaum Fühlbaren, des beinahe nur Gedachten ab) – lassen also ein wenig Becken und Schenkel spielen, um Ihr Pferd in der nächsthöheren Gangart „einzufangen", in einem von Ihnen gewünschten Takt zu festigen, zu stabilisieren und zu versammeln. Im Grunde genommen ist so der Körper dauerhaft in kaum fühlbarer Aktion, um das gewünschte Tempo, die entsprechende optimale Versammlung und einen reinen Takt zu erhalten.

Das geschieht natürlich nach einiger Übung und Praxis absolut automatisch, so wie das Gehen und Laufen auch, das ein kleines Kind erst mühselig erlernen muß. Jetzt schließlich sind die vier Beine des Pferdes zu den unseren geworden. Sie reagieren auf jedes auch nur gedachte, unbewußte Signal, wir sind verschmolzen mit unserem Pferd!

# Die erweiterte Picadero-Arbeit

Nach alledem finden wir uns wieder in unserem Picadero ein, um uns und unser Pferd weiterzubilden. Natürlich werden die Übungen aus der Boden- und Longenarbeit zwischendurch immer weiter verfeinert und vervollständigt – sie begleiten unsere Arbeit ein ganzes Pferdeleben lang!

Auch wenn wir reiterlich noch so gut mit unserem Pferd zurechtkommen, auf die Boden- und Longenarbeit, so wie wir sie gelernt haben, können wir niemals verzichten!

Der Picadero kann wie schon gesagt für viele reiterliche Übungen eingesetzt werden. Durch seine Proportionen und seine relative Kleinheit lassen sich viele schöne und vor allem nützliche Figuren reiten, die die Wendigkeit und Rittigkeit unseres Pferdes immer weiter fördern. Die folgenden Zeichnungen enthalten einige Vorschläge, die natürlich unendlich variiert und in allen Gangarten geritten werden können. Inzwischen arbeiten wir immer mehr mit einem guten Sattel und auch schon einmal mit vier immer leicht durchhängenden Zügeln. Hierzu mehr in einem der folgenden Abschnitte.

Die letzte Picadero-Übung, das Reiten von diagonalen Volten, sollten Sie in dieser Ausbildungsphase häufiger in Ihr Programm einbauen und sicher und präzise, ausschließlich durch feine Körpersignale, ausführen, denn diese wird uns überleiten in die wichtigste Übung, in das gerittene Schulterherein.

**Wenn der Zeitpunkt gekommen ist, die Grundübungen durch Variationen in der Picadero-Arbeit zu verfeinern und wir uns dazu auch einer geeigneten Zäumung bedienen, dann sollten wir immer darauf bedacht sein, das Pferd weiterhin durch den Körper zu reiten und nicht durch den mechanischen Einsatz der Zügel. Jeder Reiter sollte sein Pferd ohne Zaumzeug reiten können, in jeder Gangart, so wie es uns hier Margret mit ihrer Camargue-Stute demonstriert. Natürlich sollte man dabei alle notwendigen Sicherheitsvorkehrungen treffen und ein Außengelände gut abzäunen.**

**Die Variationsbreite der Übungen ist unüberschaubar. Die hier dargestellte Stangenarbeit ist nicht nur ein sehr gutes Training für das Pferd, sie ist auch eine Herausforderung für den Reiter und seinen Sitz, denn im Trab über den Stangen gerät der Pferderücken ziemlich ins Schwingen. Da das Pferd, wie in diesem Beispiel, ganz frei in die Übung geht, ist die Aufgabe in aller Regel problemlos zu bewältigen, denn das Pferd kann sich ohne jede Zügelbehinderung seinen Rhythmus und Takt suchen.**

**Sechs mögliche Hufschlagvariationen von unzähligen. Hier ist Ihre Phantasie gefragt.**

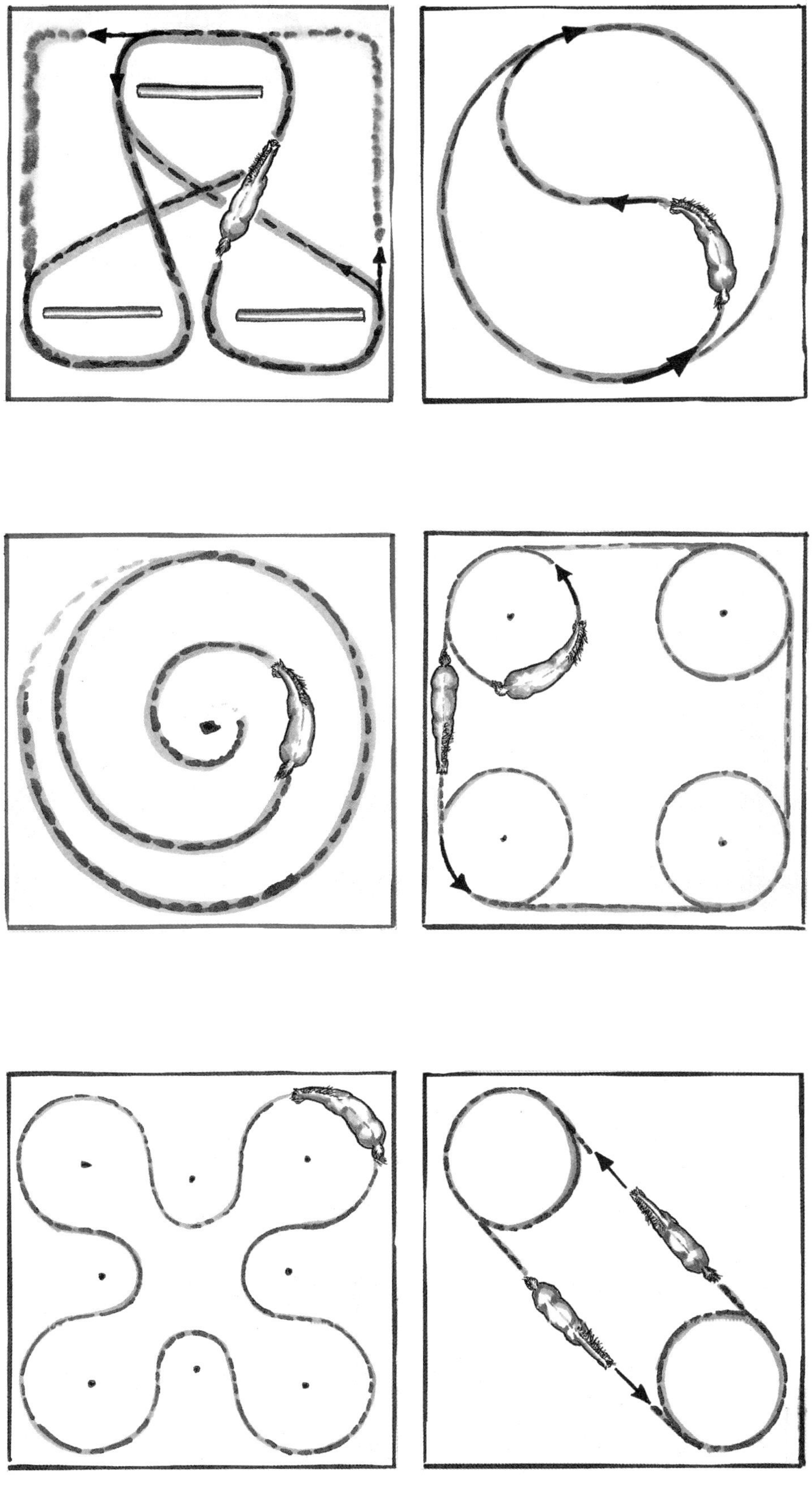

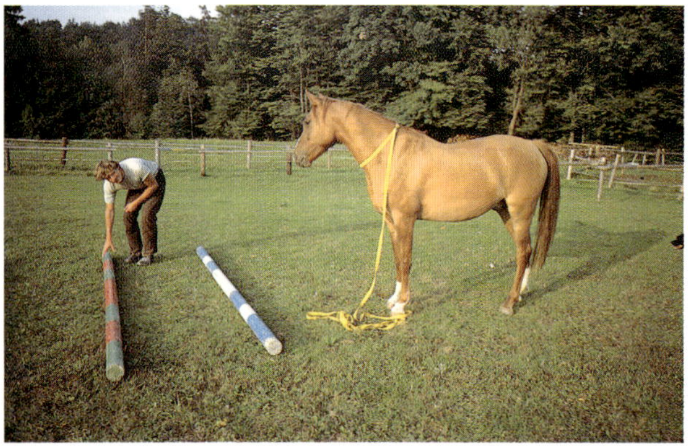

Sehr interessiert betrachtet der kleine Janosch, was ich da tue. Schnell ist aus den Stangen ein L gelegt. In der Tat ist es so, daß die Pferde im Zuge dieser Arbeit unglaublich wach werden und es lernen, die Welt auch mit den Augen der Menschen zu betrachten! Gerade bei diesem kleinen Pferd werde ich immer wieder von seiner Intelligenz und Wachheit überrascht.
Wenn unbeteiligte Menschen uns bei der Arbeit beobachten, dann wollen sie oftmals ihren Eindrücken nicht so recht glauben. Sie wähnen sich in einem Film, in dem die Fähigkeiten eines Pferdes persifliert menschlich dargestellt werden. Und doch ist es so, daß sich die Pferde in dem Augenblick geradezu sichtbar öffnen, wo sie im Habitus des Menschen wiedererkennbare Symbole finden. Hierauf gehen sie sogleich ein und lernen nun, im Gegenzug sozusagen, den Menschen als solchen richtiger zu begreifen und zu verstehen.
Wie man in den ersten drei Bildern sehr schön erkennen kann, ist die Welt des Menschen dann nicht mehr etwas absolut Abstraktes, das man gedankenlos und gelangweilt an sich vorbeiziehen läßt, nein, sie ist etwas, das auch für das Pferd Sinn hat und das zu beobachten sich lohnt.
Wenn das Pferd durch solche Gassen und Straßen gelenkt wird, dann hat das insofern einen sehr positiven Effekt, als das Pferd sehr genau die differenzierten Hilfen mit der gestellten Aufgabe verbindet. Der Lernerfolg ist darum sehr groß.
In der 6. Aufnahme sieht man sehr schön, wie sich das Pferd in der engen Wendung biegt und stellt. Der Reiter sitzt sehr deutlich mit dem Gewicht nach innen und in die Bewegungsrichtung hineingedreht. Die Schultern sind auf gleicher Höhe.

Nachdem das Pferd durch ein kurzes Signal angehalten wurde, soll es nun rückwärts aus dem L heraustreten. Diese Übung ist schon mit Zügeln nicht ganz einfach, ohne Zügel jedoch muß das Pferd sehr fein auf die Gewichtshilfen ansprechen. Vorsichtig und Schritt für Schritt wird das Pferd durch die enge Wendung geritten. Das Signal für das Rückwärtsrichten ist der leicht nach vorne genommene Oberkörper und die wechselseitig leicht angelegten Schenkel, die das Pferd im Einsetzen der Rückwärtsbewegung bestätigen und unterstützen. Da das Pferd bisher sehr präzise auf diese Gewichtshilfen hin gearbeitet wurde, reagiert es konsequenterweise auf das Vorneigen des Oberkörpers mit dem prompten und zügigen Zurücktreten.
Eine leichte Zurücknahme des Oberkörpers und eine noch leichtere Beckenhilfe lassen das Pferd dann langsamer werden und, wie hier, in einem vom Reiter exakt bestimmten Zeitlupentempo rückwärtstreten.
Die Geschwindigkeit wird unglaublich fein und präzise durch das leichte Vor- und Zurücknehmen des Oberkörpers als Gewichtshilfe reguliert.
Übungen dieser Art tragen sehr dazu bei, das Pferd „sich selbst bewußt" zu machen. Es nimmt auf sehr subtile Weise sich und seinen Körper wahr.
Alle diese Übungen dienen also keinem Selbstzweck – im Gegenteil: Sie haben enorme Auswirkungen in eigentlich allen Bereichen.

# Das Schulterherein unter dem Sattel

Mit der Beschreibung dieser wohl wichtigsten Übung wird auch gleichzeitig der Schlußakkord dieses Buches eingeleitet. Alles bisherige, einschließlich dieser Übung, sollte zum Repertoire jedes Reiters zählen. Alles weitere ergibt sich daraus fast von selbst – dann, wenn man geduldig und pferdegerecht gearbeitet hat.

Diese Übung, richtig geritten, wird das Pferd wie keine andere mit dem Reiter in einem Schwerpunkt vereinigen und dem Pferd zeigen, wie es das gemeinsame Gewicht am besten verteilen kann. Von hier aus bis zur Piaffe ist es nur noch ein kleiner Schritt.

Das erste, was wir wissen und uns immer wieder vor Augen halten müssen, ist, daß wir **so gut wie keine Hilfen für die Ausführung** benötigen. Wenn ich – wie es meist geschieht – mit unendlich vielen oftmals groben und komplizierten Hilfen ans Werk gehe, dann vermag ich womöglich mein Pferd ein wenig zu verbiegen, aber mit einem stabil gerittenen Schulterherein hat das nicht viel zu tun. Gymnastizieren und fördern kann man so kein Pferd.

Man sollte sich also erst einmal darüber im klaren sein, was man alles **nicht** machen sollte, bevor man an diese Übung herangeht. Also: Man arbeitet so gut wie mit gar keinen zusätzlichen Hilfen, schon gar nicht zieht man am inneren Zügel!

Fangen wir an, Schritt für Schritt.

Aus der zuletzt beschriebenen Picadero-Übung, den diagonalen Volten heraus, wollen wir das Schulterherein entwickeln.

Dabei soll das Pferd diesmal nicht geradegerichtet in die Diagonale treten, sondern in **einer entsprechenden Abstellung hierzu**.

Diese Übung als solche ist unserem Pferd schon sehr vertraut. Nach drei Volten etwa erwartet es den Wechsel durch die Bahn. Alles das nutzen wir für uns aus (wieder ein kleiner Gipsverband!).

Und wir brauchen alles das, was im Verlaufe dieses Buches beschrieben wurde. Das Pferd muß sich ausschließlich durch die Körperdrehung des Reiters stellen und auf dem Zirkel reiten lassen. Es muß die Gewichtsverschiebung des Oberkörpers nach vorn als verhaltende Hilfe kennen und akzeptieren. Es muß auf den Punkt dem angelegten Schenkel weichen und ebenfalls auf den Punkt einer seitlich verschobenen Gewichtsverlagerung durch Untertreten Folge leisten. Es muß eben all die Sensibilität aufweisen, die durch unsere Art des Arbeitens erreicht werden kann.

Die Zeichnung wird den Ablauf dieser Übung am besten verdeutlichen.

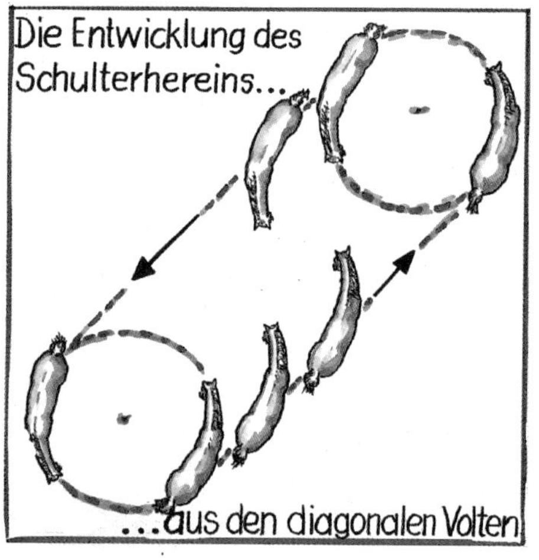


Wir beginnen damit, daß wir den Wechsel durch die Bahn ein paarmal reiten. Wichtig ist, daß wir immer die gleiche Anzahl Volten reiten, damit unser Pferd den Wechsel schon erwartet. Haben wir dann die Abstellung zum Schulterherein erreicht, wird das Pferd in dieser Stellung über die Diagonale in die andere Picadero-Ecke streben und so unsere Absicht unterstützen. Nachdem wir beispielsweise die dritte Volte sauber geritten haben, geschieht nun folgendes: Statt aus der Wendung heraus das Pferd geradezurichten, reiten wir noch zwei, drei Schritte auf dem Kreisbogen weiter, belasten also weiterhin den inneren Gesäßknochen, bleiben mit dem Oberkörper nach innen gewendet und lassen den äußeren Schenkel unverändert liegen. In dem Augenblick, in dem wir die korrekte Abstel-

Nachdem der Junghengst Junque zuvor an der Longe und im Picadero gearbeitet wurde, nachdem ihm die Gewichtshilfen zum Reiten von Wendungen und Volten verständlich gemacht wurden, nachdem er es gelernt hat, ganze Paraden vollkommen zu akzeptieren, und bereits anfing, die Idee der halben Parade zu verstehen, kann nun in den ersten Übungen zum Schulterherein Biegung und Versammlung weiter geschult werden. Die Aufnahmen dieser und der nächsten Seite sind aus der aktuellen Arbeit heraus gemacht worden – sie verdeutlichen sehr schön das Zusammenspiel von Bodenarbeit und der Arbeit unter dem Reiter.
Das Prinzip der Arbeit in der Diagonalen ist dem Hengst durch die vorhergehende Handarbeit so vertraut, daß nun ohne Sattel und Zaumzeug, durch feinste Hilfen, ein ausbalanciertes, störungsfreies und gleichgewichtiges Schulterherein ohne jede weitere Übung zu reiten ist.
Das Pferd ist bereits jetzt schön gestellt, wenn auch die Biegung horizontal sich im Laufe der kommenden Wochen und Monate noch weiter perfektionieren wird.
Bitte beachten Sie die Schultern des Reiters, die sich auf gleicher Höhe befinden. Das Pferd wird also nicht – wie sonst üblich – in diese Übung hineingeschoben, es wird vielmehr durch die sinnvolle Gewichtshilfe dazu veranlaßt, diese Übung selbständig, ausdrucksstark und störungsfrei auszuführen.

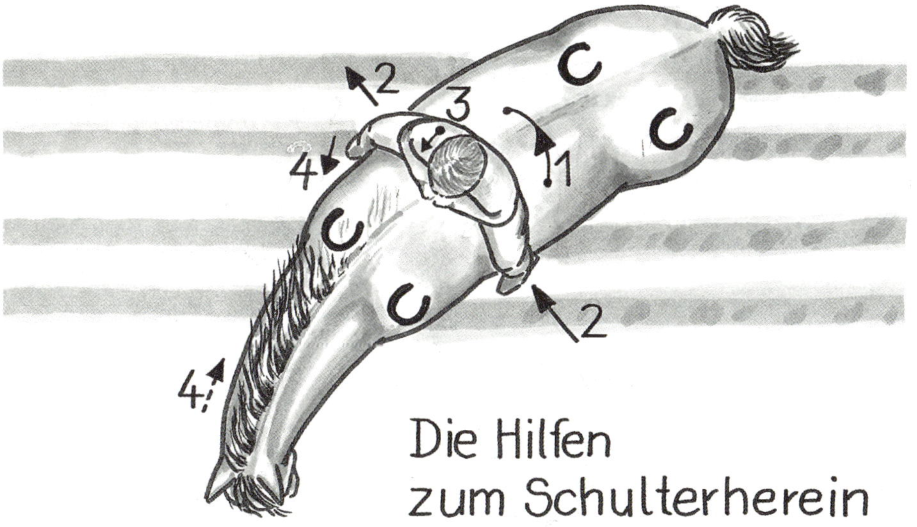


Die Hilfen zum Schulterherein

lung für das Schulterherein erreicht haben, führen wir vier Dinge möglichst gleichzeitig aus (bei einer Volte nach links):

1. Bei **unveränderter Drehung des Oberkörpers** vollführen wir eine Parallelverschiebung nach rechts, belasten also jetzt außen das Pferd. Das ist durch die Drehung des Oberkörpers und durch die Bewegungsrichtung des Pferdes nicht ganz einfach, hat aber zur Folge, daß wir nicht, wie immer wieder zu sehen ist, **nach innen einknicken** und das Pferd quasi in die Übung hineinschieben. Denn in diesem Fall belaste ich die innere Seite des Pferdes, das dann kaum störungsfrei und kraftvoll abfußen und übertreten kann. Gehen wir mit dem Gewicht jedoch nach außen, dann geben wir die innere Seite des Pferdes frei, das dann ungehindert und impulsiv unter das Gewicht treten kann. Wichtig ist, daß die **Schultern immer auf gleicher Höhe** sind.

2. Im selben Augenblick wechseln wir den Schenkeldruck. Der äußere Schenkel wird nun minimal vom Pferd genommen und der innere Schenkel angelegt. Durch die konstant beibehaltene Oberkörperdrehung wird das Pferd seine Abstellung ebenfalls unverändert beibehalten. Durch die Gewichtsverlagerung nach rechts und durch den nun links angelegten Schenkel wird das Pferd automatisch die diagonale Richtung einschlagen, und zwar in der gewählten Abstellung. Damit das Pferd nicht nach vorne ausbricht, ist es notwendig, daß wir . . .

3. unseren **Oberkörper ganz leicht und unmerklich nach vorn** neigen und gegebenenfalls in diesem Augenblick beide Schenkel für den Bruchteil einer Sekunde anlegen, also eine verhaltende Parade geben. (Dieses „nach vorne Neigen" ist tatsächlich kaum wahrnehmbar – unser Pferd jedoch reagiert nach all den Übungen prompt darauf.) Das alles ist natürlich eine Frage des Fingerspitzengefühls, denn nun kommen doch schon einige Dinge zusammen. Um nun anfänglich die gewählte Abstellung wirklich einzuhalten, kann ein Viertes notwendig werden:

4. Der rechts vom Pferd leicht abgenommene Schenkel geht **einen Hauch** nach

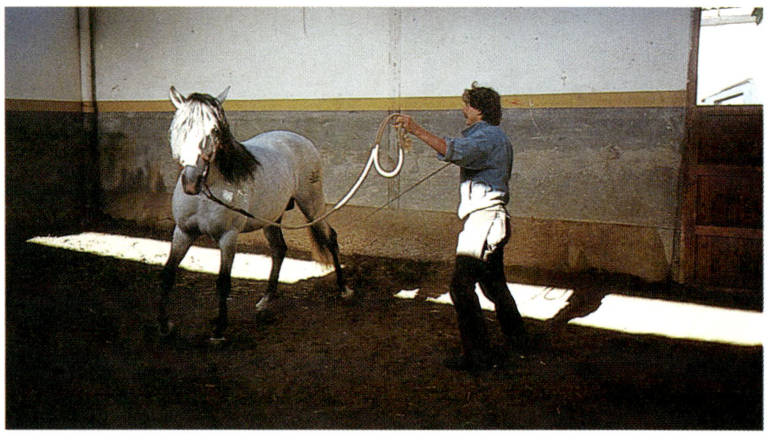

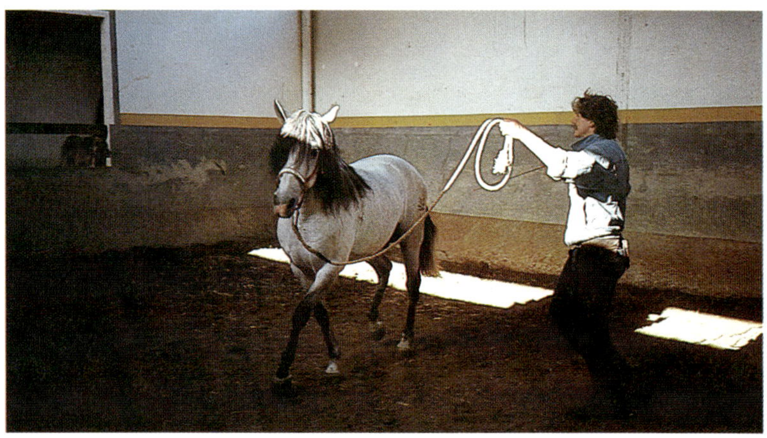

**Hier sehen wir noch einmal drei Phasen der vorhergehenden Handarbeit. Anfangs sollten den ersten Versuchen zum gerittenen Schulterherein immer ein, zwei Handreprisen vorangestellt werden, damit das Pferd erkennt, um was es dem Ausbilder geht. An der durchhängenden Longe kommt das Pferd aus der Volte. In dem Augenblick, in dem die Abstellung zum Schulterherein erreicht ist, hebt der Pferdemensch vorsichtig die Führhand, um das Pferd ohne mechanischen Druck zu verhalten. Führhand, Gerte und Körperbewegung spielen nun derart zusammen, daß das Pferd ohne jede mechanische Beeinflussung die Übung absolvieren kann. Biegung und Abstellung werden im Laufe der Zeit perfektioniert, aber – wie gesagt – davon haben wir ja ausreichend!**

**Aus dem präzise gerittenen Schulterherein heraus läßt sich später die Piaffe entwikkeln. Der Reiter kann dann ganz auf die normalerweise eingesetzten verhaltenden Zügelhilfen verzichten – das Gleichgewicht ist perfekt.**

vorn und damit näher an die Vorhand heran. In dem Augenblick, in dem das linke Hinterbein auffußt, legen wir den rechten Schenkel für einen winzigen Moment an und unterstützen dieses Signal durch ein leichtes Klingeln am rechten **durchhängenden Zügel**. Dies wird genügen, um das Pferd in seiner Abstellung zu erhalten.

Die Schenkelhilfe links erfolgt dann im Zuge der Übung intermittierend, das heißt, der Schenkeldruck ist nicht konstant, sondern wird immer dann ganz leicht erhöht (2–5 Gramm), wenn das linke Hinterbein abfußt. Dadurch bekommt dieses einen Impuls, der es kraftig und tief untertreten läßt.

Zur Verdeutlichung noch einmal:

Die Abstellung des Pferdes wird dadurch erhalten oder korrigiert, daß der Oberkörper sich entsprechend wendet. Unterstützend kann anfänglich der **nicht** treibende Schenkel verhaltend eingreifen in Verbindung mit einem gleichseitigen kurzen Zügelsignal (bei immer durchhängendem Zügel).

**Auf gar keinen Fall arbeiten wir mit dem inneren Zügel. Dieser würde das Pferd sogleich auf die Vorhand werfen und die Arbeit ruinieren.**

Kopf hoch, es wird schon klappen – alles braucht eben seine Zeit. Anfänglich geben wir uns natürlich mit kleinen Erfolgen zufrieden. Nach zwei Schritten im Schulterherein auf der Diagonale richten wir das Pferd gerade und loben es ausgiebigst. Am besten steigen wir gleich ab und führen das Pferd in den Stall – so bleibt der Eindruck am frischesten. Nach und nach – immer wieder unterstützt durch das Schulterherein an der Hand – wird das Pferd die gesamte Wechsellinie sauber im Schulterherein zurücklegen.

Haben wir das geschafft, dann können wir beginnen, diese Übung an jeder beliebigen Stelle des Picaderos auszuführen.

# FÜHR- UND LONGENARBEIT

## *Für Fortgeschrittene*

Schön, daß Sie uns bis hierher gefolgt sind. Bleibt uns jetzt, das Wichtigste zusammenzufassen und zu ergänzen.
Unsere Ansprüche an uns sind nun genauso hoch, wie das Ziel zuvor unerreichbar schien.
Denn wir wollten dominieren, ohne zu strafen, aber dominieren!
Versammeln ohne Zügel, aber versammeln!
Handeln ohne vordergründiges Ziel, aber handeln!

Das Verständnis für die Arbeit, der Wille des Pferdes, mitzumachen und dem Pferdemenschen zu gefallen, wird nach und nach so groß, daß das Pferd frei über Hindernisse gelenkt werden kann, denen es problemlos ausweichen könnte.
Die lose um den Hals gelegte Longe bietet keine Möglichkeiten mehr zu dirigieren, zu lenken oder gar zu halten. Sie ist mehr eine feine, symbolische Verbindung. Das Pferd agiert und reagiert aus freien Stücken!

# Antiautoritäre Erziehung?

Eine Lehrmethode kann immer nur so gut oder so schlecht sein, wie sie richtig oder falsch verstanden wird. Und ich möchte, daß Sie mich richtig verstehen! Darum: Sie haben sich durch dieses Buch hindurchgearbeitet und so ein sehr komplexes Verständnis von den grundlegenden Aussagen dieses Lehr- und Arbeitsprogramms bekommen. Bevor wir nun aber fortfahren in der Beschreibung weiterführender Wege, möchte ich mit Ihnen zusammen das Wichtigste noch einmal auf den Punkt bringen.

Der Grundgedanke dieser Art des Umgangs ist der, daß wir nicht dressieren und unterdrücken, daß wir vielmehr dem Pferd alle nur erdenklichen Freiheiten geben wollen. Das kann ich aber nur dann, wenn gegenseitige Achtung und gegenseitiger Respekt vorhanden sind. Ich muß das Pferd respektieren, das Pferd aber auch mich!

Die Methode, die ich in den vorhergehenden Seiten versucht habe so ausführlich wie möglich darzulegen, birgt eine Gefahr in sich, die nämlich, die auch die Ideen der antiautoritären Erziehung in sich bargen.

Antiautoritäre Erziehung heißt nicht, daß ich auf jedes Reglement verzichte, auf jeden Rahmen, auf jede Form. Im Gegenteil! Antiautoritäre Erziehung sagt weniger über das Ergebnis als über die Mittel aus, die zum Einsatz gelangen. Sie bedeutet Verzicht auf vordergründige, autoritäre Erziehungsmittel. An deren Stelle aber müssen zweifellos andere Dinge treten, soll das Ganze nicht in bloße Anarchie und Destruktivität ausarten. Diese Mittel aber verlangen eine **viel größere Disziplin**, eine viel größere Selbstkontrolle des Erziehers als eben althergebrachte Autoritätsprinzipien.

Erzogen aber – zumindest wollen es so die Erfinder – wird in jedem Falle, denn sonst hieße es ja nicht antiautoritäre **Erziehung**, sondern antiautoritäres **Chaos**!

Aber eben das ist daraus entstanden, zumindest in vielen Fällen.

Diese Gefahr liegt natürlich auch auf unserem Weg. An die Stelle lediglich vordergründiger Autorität, an die Stelle bloßen Strafens und Reglementierens muß etwas anderes treten, und das mit aller Konsequenz und Klarheit!

Was ich Ihnen in diesem Buch aufgezeigt habe, ist ein Leitfaden hierzu, eine Richtung, ein Weg. Jetzt sind Sie gefragt, Ihre ganz eigene Persönlichkeit, um diesen Leitfaden mit Leben zu füllen. Jedes Pferd ist anders als das andere, jeder Pferdemensch ist anders als der andere. Rezepte engen ein, grundlegende Prinzipien aber bringen Erkenntnisse, auf denen jeder mit den ihm zur Verfügung stehenden Mitteln aufbauen kann.

Eine natürlichere, liebevollere, freiere und ursprünglichere Einstellung zum Pferd – mit all den Erkenntnissen, die sich für uns daraus entwickeln –, diese zu finden und umzusetzen, dazu wollte ich Ihnen Wege weisen.

# Das Spiel der Kräfte

Unterdrücken wir ein Lebewesen – ein Kind, ein Pferd, eine Frau, einen Untergebenen, einen Schüler, einen Ausländer... –, demütigen wir es, so wird es sich zwangsläufig in sich kehren, gegebenenfalls laut oder stillschweigend protestieren, zum Schluß aber werden wir es brechen. Das Spiel der Kräfte ist ungleich, es gibt vordergründige Sieger und Verlierer.

Wir aber tun das Gegenteil. Wir fördern, wir entwickeln, wir schaffen Kräfte selbst da, wo zuvor kaum welche vermutet wurden. Das Spiel der Kräfte wird immer ausgewogener – was aber bedeutet das für uns?

Daß wir uns jederzeit vergewissern, jene Geister, die wir riefen, auch handhaben zu können! Denn das Selbstvertrauen, die Kraft, der Selbstbehauptungswille unseres Pferdes steigen mit jeder Lektion. Unser Schützling wird nicht nur in einer Pferdeherde die ihm nun gebührende ranghöhere Position erkämpfen wollen, unser Pferd wird auch uns immer wieder sehr genau beobachten und gegebenenfalls prüfen, ob wir denn immer noch stark genug sind, die Rolle einzunehmen, die wir zu spielen vorgeben.

Wir müssen wachsen, mit unserem Pferd zusammen, eben gemeinsam voneinander lernen. Die Mittel, wie gesagt, finden Sie in diesem Buch. Was Sie daraus machen, hängt ganz allein von Ihnen ab.

Und noch etwas möchte ich in diesem Zusammenhang sehr deutlich machen:

Viele der Bilder in diesem Buch sehen aus wie eine kleine Sammlung von Kunststückchen. Das ist aber, wie Sie bereits wissen, ganz und gar nicht der Fall. Im Gegenteil. Ich halte mich mit jeder Art von Vorführung strikt zurück, denn eine Vorführung ist nun einmal reiner Selbstzweck und in den allerseltensten Fällen förderlich für das Pferd. Ein Pferd ist in meinen Augen kein Aufziehspielzeug. Wenn ein Pferd innerhalb der Ausbildung einmal eine ganz bestimmte Stufe erklommen hat, dann gehört sie der Vergangenheit an. Auch wenn es das Gelernte bis zur Perfektion beherrscht.

Nein!

- Wir greifen so wenig wie möglich in das Leben des Pferdes ein!
- Das Pferd bekommt von uns immer die maximal mögliche Freiheit!
- Keine Dressur, keine Showeffekte! Sondern langsames Aneinandergewöhnen, langsames Ineinanderfließen der Lebenssphären durch einen sanften, pferdegemäßen, dominanten Umgang.
- Keine Routine und keine Rezepte – sondern Kreativität, Sachverstand, Intuition und Persönlichkeit.

## Wiesen, Wälder, Stock und Stein

Das ist die Welt des Pferdes, das ist seine Natur. Und so oft wie möglich packe ich meine Siebensachen und mache mich mit meinem Pferd auf den Weg. Ein Stück Flatterband dabei, einen Führstrick, eine Longierleine oder was auch immer, und auf geht's! Reiten, führen, longieren, spazierengehen, faulenzen, tagelang unterwegs sein – draußen in der Natur gibt es genug Raum, alles das zu tun. Vor allem aber wird es niemals langweilig, uns nicht und den Pferden nicht. Denn:

## Abwechslung – Abwechslung

heißt das Motto. Pferde in freier Natur sind wie eigentlich alle freilebenden Tiere ununterbrochen beschäftigt – eingespannt in ihre Aufgabe zu überleben, sich fortzupflanzen. Da ist eine unüberschaubare Fülle von Reizen mit den entsprechenden Reaktionen, eine permanente Forderung der Natur, sich wechselnden Gegebenheiten anzupassen.

Diese Wachheit, diese Lebendigkeit, die in der freien Natur gefordert ist und ständig auch gefördert wird, müssen wir unbedingt in unsere Arbeit einbeziehen und erhalten.

**Langeweile, Monotonie und Routine stehen unserer Arbeit, dem Leben überhaupt, feindlich gegenüber.**

Darum sollten wir immer darauf bedacht sein, die Arbeit so interessant und so abwechslungsreich zu gestalten wie möglich.

Einige Anregungen möchte ich Ihnen auf den folgenden Seiten gern an die Hand geben. Steigen wir also jetzt ein in die Longenarbeit für Fortgeschrittene.

## Anforderungen stetig steigern

Inzwischen haben wir gelernt, die vielfältigen Signale unseres Pferdes zu deuten. Und so können wir sehr schnell erkennen, wann der Zeitpunkt gekommen ist, die Anforderungen zu steigern, den Schwierigkeitsgrad zu erhöhen.

Dies ist in der Arbeit mit Pferden ein wichtiger und sehr sensibler Punkt, der in einem feinen Gleichgewicht gehalten werden will. Sind die Anforderungen zu gering, schleichen sich Langeweile und Unlust ein, sind sie zu hoch, überfordern wir unser Pferd psychisch oder physisch, und wir provozieren die entsprechenden Verweigerungs- und Kampfreaktionen. Hiermit sind auch schon die ersten kleinen Anzeichen gemeint, die in der Regel dann wiederum gröbere Hilfen notwendig werden lassen. Kombiniere ich aber beides geschickt, die stetige langsame Steigerung der Anforderungen mit einem immer abwechslungsreichen Programm, so sind die meisten Problempunkte eigentlich von vornherein ausgeschlossen.

Wir können von unseren Pferden nur die Kreativität erwarten, auf lange Sicht zumindest, die auch wir bereit sind zu geben. Ein unkreativer Mensch wird aus seinem sensiblen, wachen Tier in einiger Zeit einen stumpfen Stoffel machen. Das gilt aber auch umgekehrt. So mancher stumpfe Stoffel erweist sich nach kurzer kreativer, pferdegerechter Arbeit nicht selten als witziger Temperamentsbolzen.

## Das Führen aus der vierten Position

Nachdem wir die Arbeit im Picadero und die Longenarbeit schon recht gut beherrschen und auch unser Pferd freudig und interessiert mitmacht, sollten wir für einige Übungen die Führposition ändern. Wir bleiben, wie bei der Longenarbeit, auf der Höhe der Kruppe, gehen jedoch dichter an das Pferd heran und gehen mit ihm auf diese Weise, wohin wir wollen. Wir lenken das Pferd ausschließlich durch das Abwenden der Führhand nach rechts oder links und achten darauf, daß auch jetzt unser Pferd **permanent die durchhängende Longe akzeptiert und respektiert!**

Mit Flatterband oder anderem Material stecken wir einen 10 × 20 Meter großen Picadero ab. Dieser bietet eben Raum für zwei Longierzirkel. Um von dem einen Zirkel auf den anderen zu wechseln, schicken wir unser Pferd an der langen Seite ein Stück geradeaus.

Zu Anfang legen wir hier eine Springstange parallel zur Begrenzung aus. Hat unser Pferd erkannt, was es tun soll, und läßt es sich lediglich durch Handzeichen in die kleine Gasse auf den anderen Zirkel führen, dann können wir mit der Differenzierung beginnen. Wir können das Pferd in der Gasse anhalten, rückwärtsrichten, aus dem Rückwärtsrichten antraben lassen usw.

Auch beim Führen wird so diese Position für das Pferd etwas Normales, so daß wir schon bald auf die Stangen verzichten und in dieser Position **von beiden Seiten jeweils zeitlich gleich lang (!)** außerhalb des Übungsparcours arbeiten können. Diese Position ist jedoch immer etwas sehr Spezielles. Sie sollte nur für bestimmte Übungen verwendet werden. Die eigentliche Führposition ist die seitlich vor den Nüstern.

**Hier sehen wir Claudia mit ihrer Stute, die anfänglich gar nicht so einfach war. Nach einigen Wochen konsequenten Arbeitens war das Pferd jedoch auch aus der schwierigen Führposition heraus problemlos zu arbeiten. Wichtig ist eben, daß das Pferd gelernt hat, den permanent durchhängenden Führstrick in jeder Situation zu respektieren. Beginnt das Pferd in dieser Situation zu kämpfen, dann ist der arme Pferdemensch natürlich dem Tier hoffnungslos unterlegen.**

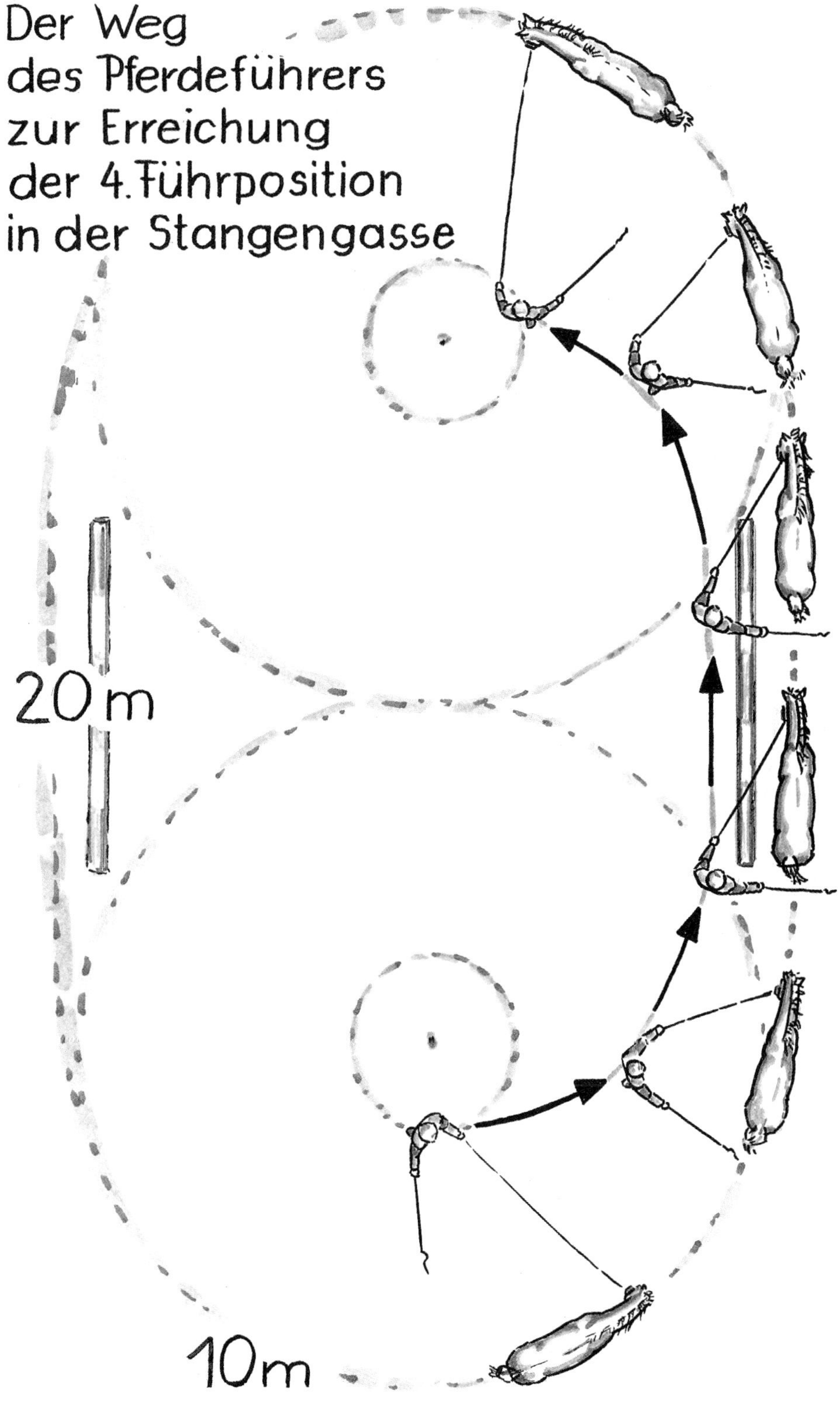
Der Weg
des Pferdeführers
zur Erreichung
der 4. Führposition
in der Stangengasse
20 m
10 m

## Der Pferdehänger und andere Hindernisse

Aus der eben beschriebenen Position heraus können wir unser Pferd nun mit allen möglichen Hindernissen und „Schwierigkeiten" konfrontieren. Dominanz und Vertrauen sind so weit konsolidiert, daß unser Pferd nun sehr eigenständig mit diesen angebotenen Klippen fertig werden wird. Wichtig ist, daß wir auch hier wie immer mit viel Geduld an die Sache herangehen. Niemals drängen wir unser Pferd, vielmehr geben wir ihm die Gelegenheit, **eigenständig und mutig das Hindernis zu überwinden**.

Hat es das einmal getan, wird es ausgiebigst gelobt und am nächsten Tag neuerlich mit demselben Hindernis konfrontiert. Das Erfolgserlebnis noch gut in Erinnerung, wird es jetzt wesentlich weniger zögern und schon mit **Freude** seine Aufgabe lösen. So werden auch scheinbar unangenehme Dinge wie das Verladen in den Hänger zu einer selbständigen, freudigen Aktion. Aber seien Sie kreativ! Glauben Sie mir, Ihr Pferd wird von Tag zu Tag anspruchsvoller und erwartet immer stärkere Herausforderungen von Ihnen. Wenn Sie nach ein paar Wochen solcher Arbeit nicht mindestens mit dem Hubschrauber auf dem Reitplatz landen, ernten Sie von Ihrem Pferd nur einen gelangweilt-mitleidigen Blick! Doch lassen Sie sich in dieser Phase bitte nicht dazu verleiten, Ihrem Pferd unklare Anweisungen zu erteilen. Gehen Sie in kleinen Schritten kontinuierlich vor.

Aus dieser Position heraus kann das Pferd mit Leichtigkeit alle ihm gestellten Probleme angehen und überwinden, denn jetzt ist es sich selbst überlassen, seiner Neugierde und seinem Mut. Das Verladen des Pferdes wird zu einer interessanten Spielaufgabe, die das Pferd immer selbständiger zu lösen weiß. Wie man erkennt, kann die Longe immer länger gehalten werden, das Pferd findet selbständig seinen Weg.
Wichtig und entscheidend bei diesen Übungen ist, daß wir die Anforderungen nur sehr langsam steigern und dem Pferd die Zeit lassen, Neugierde zu entwickeln und seine Angst zu überwinden.

## Das Führen mit dem Lasso – die freie Arbeit

Jetzt allmählich zeigen sich Früchte der Arbeit, die sich fast wie von selbst und genauso selbstverständlich einstellen, wie man sie genauso selbstverständlich für schlichtweg unmöglich gehalten hat.

Beim Führen in allen Positionen, mit denen Sie jetzt auch beliebig herumspielen können, denn die Dominanzfrage ist längst geklärt, legen Sie Ihrem Pferd nur noch eine dünne Kordel, ein einfaches Lasso um den Hals. Ihr Pferd hat sich nach all der Arbeit so sehr an diese feine Verbindung gewöhnt, daß es sie auch in dieser Form akzeptiert. Das Führen, das Spazierengehen wird zu einem freien, unkomplizierten Spiel. Immer wird die Grenze der Leine **ohne Kampf** akzeptiert! Das jedoch sollte sichergestellt sein, bevor man diesen Schritt macht.

Schließlich können Sie auch darauf verzichten und zumindest auf großen, eingezäunten Koppeln Ihr Pferd vollkommen frei arbeiten. Es läuft Ihnen nach, möchte mit Ihnen spielen und arbeiten wie ein kleiner Hund. Doch mit aller Würde, mit allem Stolz und mit allem Selbstbewußtsein, dessen ein Pferd nur fähig sein kann – denn wir erinnern uns: Einen Hund so weit zu bekommen, ist wahrlich ein Klacks, aber ein Pferd ...

Dazu bedarf es sehr, sehr viel. Und wenn Ihnen diese Art der Arbeit gelingt, dann sind Sie Ihrem Pferd, der Natur und dem Leben schon sehr nah.

**Auch der kleine Hengst hat inzwischen gelernt, auf allerfeinste Signale zu reagieren. Noch vor wenigen Wochen erst haben wir einen gemeinsamen Kampf überstanden, die Gewöhnung an die Hand des Menschen. Aus dem Wildpferd ist ein Pferd geworden, das die Gegenwart des Menschen nicht nur duldet, sondern sie sogar sucht und wünscht. Mit einem einfachen Lasso um den Hals habe ich überhaupt keine Macht mehr über das Pferd, wenn es ihm doch einmal in den Sinn kommt davonzulaufen.**
**Mit einem Wallach, einer Stute ist das eine Sache, mit einem Hengst schon eine andere. Vorbei an den Stuten zeugt diese Art des Führens schon von unglaublichem Vertrauen und Respekt. Bitte nur dann nachmachen, wenn Sie sich Ihrer Sache ganz sicher sind!**

**Links: Gabi hätte nicht geglaubt, daß ihre Stute, die einst geschlagen, getreten und wie ein Rodeopferd gebuckelt hatte, einmal auch freigelassen auf so feine Signale reagieren würde. Gabi hat im Laufe der Zeit ihre eigene unverwechselbare Art der Körpersprache entwickelt, und das Pferd reagiert sehr sensibel hierauf. Das alles ist nur möglich, wenn das Vertrauen einen sehr hohen Grad erreicht hat, denn das scheue Wesen der Katze im Pferd muß der Pferdemensch für sich gewinnen. Natürlich kommt jedes Pferd hin und wieder von der Koppel zu seinem Besitzer gerannt. Hier aber ist es die Kommunikation, die aus einem mehr zufälligen Vorgang eine bestimmbare Größe werden läßt. Auch hierbei geht es ja beileibe nicht um den Effekt, der für einen Betrachter immer nett anzuschauen ist. Es geht um das stetige Zusammenwachsen zweier Wesen, die sich schließlich ganz und gar aufeinander einlassen können.**

## Takt und Rhythmus – Die Stangenarbeit

Wo immer Sie wollen, im Picadero, auf dem Reitplatz oder einfach irgendwo im freien Gelände können Sie mit Stangen und Cavalettis arbeiten. Drei, vier, fünf Stangen in einem Abstand von etwa einem Meter hintereinandergelegt fördern den Trab des Pferdes, seinen Takt, sein Rhythmusgefühl und seine Aktion. Diese Arbeit ist sehr anstrengend für das Pferd, deshalb bitte nur wenige Minuten täglich ins Programm einfügen. Gerade die kreative Stangenarbeit wird die Pferde und uns disziplinieren, wirklich genau und präzise zu arbeiten. Allein darum sollte man oft darauf zurückgreifen.

## Baumstämme, Tonnen, kleine Sprünge

Wir haben gelernt, unser Pferd an der durchhängenden Longe frei zu arbeiten, es in alle Richtungen zu schicken und durch den Zirkel wechseln zu lassen. Es ist zum einen eine gute Gehorsamsprüfung, um zu schauen, ob unser Pferd sich **ohne Einsatz grober Mittel** ausschließlich durch feine Signale, über Hindernisse lenken läßt. Zum anderen fördert es außerordentlich die Hinterhandmuskulatur des Pferdes, wenn es aus dem Trab heraus **kleine** Hindernisse überspringt. Diese Übung wird unser Pferd lockern und kräftigen. Aber Vorsicht – hier überschreitet man sehr leicht die Grenze des Nützlichen.

**Daß es sich bei den Dingen, die wir in diesem Buch behandelt haben, nicht um bloße Dressur handelt, das zeigen beispielsweise die Bilder eines zweiten Kurstages (rechte Spalte).**
**Auch Pferde, die von Natur aus nicht unbedingt zu den allersensibelsten zählen und die zuvor ausschließlich durch sehr „drastische" Mittel auf den Weg gebracht werden konnten, benehmen sich plötzlich von einem Augenblick zum nächsten in einer Weise, die ihre Besitzer in höchstes Erstaunen versetzt. Ingrid konnte kaum glauben, daß es ihr Pferd war, das ihr auf dem Reitplatz, nach einer kleinen Pause, entgegenlief und ihr dann willig, ohne Führstrick, folgte.**

Noch einmal der kleine Janosch, hier bei der Arbeit über Stangen und durch Hindernisse. Sehr schön können wir erkennen, wie das Pferd die Longe als feine Verbindung achtet und den Zeichen meiner Hand und meines Körpers folgt. Da das Pferd frei ist, kann es schon frühzeitig das Hindernis taxieren und sich ungestört selbst Takt und Rhythmus wählen. Gerade in diesen Einzelaufnahmen ist immer wieder gut zu erkennen, wie sich das Pferd mit seinem Gleichgewicht auf die jeweilige Aufgabenstellung einstellt.

## Gassen, Marken, Wendepunkte

Unser Pferd kann in aller Regel nur schwer einsehen, warum es an einer ganz bestimmten Stelle anhalten, wenden oder rückwärtsgehen soll. Viel begreiflicher und interessanter wird die Arbeit für unser Pferd, wenn wir diesen Aktionen durch Tonnen, Stangen, Flatterstraßen und andere Markierungen einen Sinn geben. Außerdem laden diese Hilfsmittel auch zu immer wieder neuen Übungsvariationen ein, und nicht zuletzt ermahnen sie uns, präzise zu arbeiten, denn jetzt gilt es, nicht irgendwo eine Wendung einzuleiten, sondern an einem ganz bestimmten Punkt.

**Die Stangen und Hindernisse können in der unterschiedlichsten Art und Weise genutzt werden. Das Pferd wird immer sensibler auf die gestellten Aufgaben reagieren und immer selbständiger Lösungen anbieten. Es lernt, diese Welt des Menschen immer klarer zu erkennen und zu verstehen. Ein herzliches Dankeschön an diesen Burschen, der uns so charmant durch das Buch geführt hat!**

Gerade das Massieren des Punktes zwischen den Ohren verbinde ich damit, den Kopf des Pferdes sanft herunterzuführen, um somit Vertrauen und Dominanz gleichermaßen zu fördern.

Dieses Bild zeigt den jungen Hengst noch einmal am zweiten Tag unserer Begegnung. Immer wieder reiche ich dem Pferd meine Hand, um sanft mit seinen Nüstern zu spielen.

# Die vier wichtigsten Nervenpunkte

Eine gute, intime und sinnvolle Arbeit mit dem Pferd wird alle nur erdenklichen Bereiche einbeziehen müssen. Die Berührung des Pferdes durch uns wird von diesem nicht selten eher als aufdringlich und unangenehm empfunden.

Vier Punkte aber gibt es, die eine besondere Aufmerksamkeit verdienen. Berührt man ein Pferd an einem dieser vier Punkte, dann wird in aller Regel augenblicklich eine entspannende Wirkung zu beobachten sein.

Die Schweifrübenmassage ist ein uraltes Mittel, um sich die Gunst seines Pferdes zu erhalten. Hier in Spanien, in den Gebieten der Gitanos, der Zigeuner, ist das altes Brauchtum. Das entspannt das Tier von Kopf bis Fuß, macht es gelöst und aufmerksam. Wichtig ist, daß wir immer vorsichtig sind und die Reaktionen des Pferdes beobachten, um uns an ihnen zu orientieren. Die Intuition ist, wie bei allem, das Maß der Dinge.

Diese Punkte sind: Der Bereich der Nüstern, jener zwischen den Ohren, der Bereich des Widerrists und die Schweifrübe.

Im Bereich der Nüstern und an der Schweifrübe befinden sich Nervenknotenpunkte, deren Berührung immer eine beruhigende und entspannende Wirkung zeigt. Daraus erklärt sich auch die Wirkung der auf den ersten Blick so brutal wirkenden Nasenbremse. Das Pferd ist nicht etwa von Schmerzen betäubt, sondern ruhiggestellt durch die im Gehirn freigesetzten beruhigenden Stoffe.

Bitte beginnen Sie Ihre eigenen vorsichtigen Versuche, und beobachten Sie aufmerksam die Reaktionen.

# Über das Strafen und das Löschen

Wir haben sehr viel über strafen, nicht strafen, Dominanz und Vertrauen gesprochen. Das Strafen als solches wurde schlicht und einfach abgelehnt, sozusagen verdammt.

Dabei bleiben wir natürlich in jedem Fall, wenn auch jetzt der Zeitpunkt gekommen ist, das Phänomen des Strafens einmal genauer unter die Lupe zu nehmen.

Um hier zu einer besseren Differenzierung zu kommen, unterscheide ich grundsätzlich drei Handlungsformen: Es ist zum einen das Strafen, zum anderen die **Verteidigung des vitalen Lebensraums** und zum dritten der **Einsatz von Dominanzmitteln**.

Aus meiner Praxis heraus ist die klare Unterscheidung dieser Dinge, die so theoretisch klingen, von sehr großer Bedeutung.

Eine **Strafe** definiere ich so:

1. Sie ist mit Emotionen verbunden, mit Wut, Zorn, Ungehaltensein, Unbeherrschtheit, Aus-der-Rolle-Fallen usw. Daraus folgt – und die Praxis bestätigt das –, daß allein schon das Auftreten dieser Emotionen vom Pferd als Strafe, als Unterdrückung empfunden wird! Warum? **Weil ein Pferd solche Emotionen nicht kennt!** Es setzt eben Dominanzmittel ein, es verteidigt seinen vitalen Lebensraum, und das mit allem Nachdruck, aber es tut dies reflektorisch und nicht emotional!
   Sind Sie also wütend, schlecht gelaunt oder sauer auf Gott und die Welt, dann kann sogar jede gutgemeinte Hilfe, sogar jedes Lob zur Strafe werden!
2. Sie erwächst in aller Regel aus einer Forderung meinerseits. Das heißt: Ich will nach links, das Pferd aber nach rechts – boing! kriegt es eins auf den Deckel. Ich will anhalten, das Pferd will das genaue Gegenteil – die Zornesröte steigt mir bis in die Haarwurzeln – den Rest kennen Sie.
   Alles das fällt in meiner Definition unter den Begriff des Strafens, das aus einer Forderung meinerseits erwächst und absolut unzulässig ist. Hier hilft nur der in diesem Buch aufgezeigte Weg der Schulung und des systematischen Heranbildens.
3. Strafe liegt immer dann vor, wenn, wie ich es nenne, die zeitliche Synchronisation nicht stimmt. Was bedeutet das? Zum Beispiel: Mein Hengst sieht hinter mir eine wunderhübsche Stute stehen, viel netter und attraktiver, als ich das jemals sein kann. Er vergißt die gute Schule, stampft zweimal wütend auf und kommt schnurstracks auf mich zu, um mich als Liebeshindernis aus dem Weg zu räumen. Eine Geste meinerseits ruft das aus der Fassung geratene Tier zwar wieder zur „Ordnung", fünf Schritte rückwärts scheinen mir als „Dominanzmittel" jedoch angebracht. Zuerst aber muß ich vielleicht meinen Führstrick sortieren, die vor lauter Schreck zu Boden geglittene Gerte aufheben oder sonst etwas tun. Es vergehen also einige Sekunden. Würde ich dem Pferd jetzt immer noch bedeuten, fünf Schritte zurückzutreten, würde das Pferd dies als unergründliche Strafe empfinden, denn es würde diese Handlung nicht mit der längst vergangenen Unart in Verbindung bringen, sondern – mit den fünf Sekunden ruhigem Stehenbleiben! In den Augen des Pferdes eine Bestrafung für ein absolut korrektes Verhalten.

„Mein Gott, wie pingelig", werden Sie jetzt sagen. Richtig! Aber die Summe dieser Pingeligkeiten ergibt ein Bollwerk von richtigen oder falschen Handlungen, ergibt schließlich Harmonie oder Chaos.

Darum ist es so immens wichtig, daß es Ihnen in Fleisch und Blut übergeht, sich ständig bewußt zu kontrollieren und immer zu reflektieren.

Kommen wir zur nächsten Definition:

## Die Verteidigung des vitalen Lebensraumes

Bleiben wir bei dem Beispiel von eben. Der Hengst rast liebestoll auf mich zu und reagiert – aus welchen Gründen auch immer – nicht auf mein Signal. Er rennt einfach weiter. Was tun? Ganz einfach: **draufhaun, aber fe-**

**ste!** Darum kommen diese Definitionen am Schluß meines Buches, damit dieser Satz wirklich so verstanden wird, wie ich ihn meine. Denn in einer solchen Situation, wo es um die Verteidigung **Ihres** vitalen Lebensraumes geht, können Sie gar nicht energisch genug sein. – **Aber! Zwei elementare Dinge! Unbedingt beachten!**

Haben Sie Ihrem Pferd in einer solchen Situation „eine gelangt", dann wird es sogleich zurückweichen. Wenn Sie jetzt aber Wut zeigen oder – im übelsten Fall – noch einmal schlagen, dann ruinieren Sie womöglich wochenlange Arbeit, denn Sie fallen zurück in die barbarische Zeit des Strafens. „Strafen" ist ja mit Emotion verbunden und liegt außerhalb der zeitlichen Synchronisation. Beides trifft hier zu.

Ist Ihr Pferd nach dem ersten „handgreiflichen" Zusammenstoß zurückgewichen, dann **unterlassen Sie jede weitere Zorneshandlung**!

Tun Sie statt dessen folgendes:
Ich möchte Ihnen nun eines meiner kleinen Geheimnisse verraten, die die Menschen, die mich bei meiner Arbeit beobachten, oft sehr verwirren. Verwirrt sind sie aufgrund meiner Handlungen, aber auch aufgrund der Reaktionen, die das Pferd dann zeigt.

Mußte ich einmal in solcher Art und Weise meinen vitalen Lebensraum verteidigen (und das kommt bei der Arbeit mit Pferden nicht gerade selten vor), dann werde ich nicht nur nicht wütend, sondern ganz im Gegenteil im selben Augenblick sehr, sehr freundlich und streichle das Pferd genau da, wo ich ihm zuvor eine „gedonnert" habe.

Wenn Sie das tun, handeln Sie wie ein sehr ranghohes Tier, und das Ergebnis ist umwerfend! Ihr Pferd ist nicht etwa erschrocken oder sauer, sondern es erkennt jetzt Ihren vitalen Lebensraum, Ihre Dominanz vertrauensvoll an. Sie sind für das Pferd, in Verbindung mit all den Dingen, die bereits angesprochen wurden, ein ranghohes Wesen, das man einschätzen und zu dem man Vertrauen haben kann. Diese Handlung, die ich das **„Löschen"** nenne, ist von immenser Wichtigkeit. Hier ist Selbstdisziplin gefragt, doch gerade unsere Handlungsweise in solchen „Ausnahmesituationen" festigt unser Verhältnis zum Pferd entweder, oder sie entfernt uns von ihm.

Die **Dominanzmittel** definieren sich jetzt ganz einfach aus dem Vorhergehenden, denn alles, was nicht unter die beiden ersten Kategorien fällt, gehört zu den Dominanzmitteln, von denen unzählige in diesem Buch beschrieben wurden. Aber Vorsicht! Wie schon gesagt: Jedes Dominanzmittel ist nur so lange eines, wie es nicht Attribute des Strafens in sich trägt. **Dann wird aus einem förderlichen Instrument womöglich eine destruktive Waffe.**

Kommen wir noch einmal zu einem der wichtigsten Dominanzmittel.

## Rückwärtsrichten als Dominanzmittel

Das ist manchmal „nervig" und aufwendig, aber genauso auch für das Pferd, und deshalb ist es ein so wirksames Mittel. Ihr Pferd hat gelernt, auf leise Signale hin rückwärtszutreten. Beginnt es nun von sich aus zu „kämpfen", das heißt,
– es knabbert an Ihnen herum = grobe Mißachtung Ihrer Dominanz,
– es wischt sich an Ihnen eine Fliege oder den Schweiß ab = sehr grobe Mißachtung Ihrer Dominanz,
(Dies besonders an die Adresse der Damen: Das ist alles andere als eine Sympathiekundgebung für Sie. Es will damit eigentlich eher sagen, daß es Sie für ungefähr so wichtig und bedeutungsvoll hält wie den Baum, „an dem sich die Sau kratzt". Ein Pferd ist ein Pferd und kein Mensch, und ein Pferd zeigt uns seine Sympathie auf ganz andere Art und Weise.)
– es verläßt beim Führen seine Position, drängelt sich vor = Mißachtung Ihrer Dominanz usw., usw.,
in all diesen Fällen und vielen anderen auch verweisen ein paar Schritte zurück das Pferd auf seine Position.

Sie tun das mit immer freundlichem Gesicht! Mit unglaublicher Souveränität und immer mit verständnisvoller Zuneigung! Nach drei, vier Schritten halten Sie Ihr Pferd an. Und dann? Richtig: Dann loben Sie ausgiebig Ihr jetzt gehorsames Pferd.

# Arbeit wird zum Spiel

Eine weitere wichtige Frage möchte ich noch beleuchten: die Frage nach dem Wann und Wie lange wir ein Pferd arbeiten.

Das ist in der Tat eine Kardinalfrage, die sehr viel Fingerspitzengefühl erfordert. Grundsätzlich versuche ich so vorzugehen, daß die Arbeit zum Spiel wird, daß der Übergang vom „normalen Leben" hin zum konzentrierten Arbeiten für das Pferd praktisch gar nicht erkennbar wird. Wirklich konzentrierte Arbeit mit dem Pferd beschränke ich in aller Regel auf wenige Minuten. Ausschließlich die Beobachtung der Reaktionen und meine Intuition geben mir das Maß, es gibt keine festen Regeln. Ein wichtiges Prinzip habe ich: Hat ein Pferd eine Übung, die zu erlernen für das Pferd gut und richtig erscheint, im Ansatz gut und zufriedenstellend ausgeführt, dann beende ich die Lektion – dies kann womöglich bereits nach 30 Sekunden der Fall sein.

Wie wir bereits in dem Kapitel über das Lernen ausgeführt haben, ist nicht die Länge einer Lektion für den Lernerfolg entscheidend, sondern die Qualität, die Verständlichkeit ihrer Inhalte und die Erreichung eines ganz bestimmten Lernziels. Zwei Dinge in diesem Zusammenhang versuche ich immer klar voneinander zu trennen: Geht es mir im Augenblick um eine körperliche Konditionierung oder geht es mir um ganz bestimmte Lerninhalte?

Was meine ich damit? Longenarbeit, Stangenarbeit, die ersten Schritte des Reitens, all die Übungen, die in diesem Buch beschrieben wurden, dienen dazu, dem Pferd Lerninhalte zu vermitteln und es zu gymnastizieren. Keine dieser Übungen ist ausschließlich dazu geeignet, ein Pferd zu konditionieren! Üblicherweise werden diese Dinge aber miteinander vermengt. So wird ein Pferd bis zu einer Stunde und mehr durch die Reitbahn gescheucht, um es so gleichzeitig auszubilden und zu konditionieren.

Was aber hat das für Folgen?

Das Pferd langweilt sich, ist schon nach kurzer Zeit unkonzentriert und verbindet die Reitbahn mit unangenehmer, langweiliger Arbeit. Den Picadero, die Reitbahn, die Flatterstraße usw., die „Schulklasse" sozusagen, gebrauche ich jedoch ausschließlich dazu, **Lerninhalte zu vermitteln!** Ist der Lerninhalt nach einer Minute bereits verstanden, wird der „Schüler" freundlich und mit Belobigungen entlassen. Zur Konditionierung stehen riesige Koppeln und Ausläufe zur Verfügung, auf denen sich die Pferde möglichst ganztägig bewegen sollten, und natürlich die ganze Weite der Natur.

# Einreiten junger Pferde

Um dieses Thema in seiner ganzen Komplexität behandeln zu können, bedürfte es eines weiteren Buches. Grundsätzlich ist der Werdegang aber genau der, den wir in diesem Buch eingehend beschrieben haben.

Entscheidend ist, daß man Schritt für Schritt vorgeht und daß das Element des „Spielens" im Vordergrund steht. Das Spazierengehen ist die wichtigste Form der anfänglichen Ausbildung. Der Picadero oder der Reitplatz sollten gerade am Anfang nur für jeweils einige Minuten aufgesucht werden.

Vertrauen, Respekt und Spaß an der Arbeit, das sind die ersten und wichtigsten Lerninhalte. Danach sollte man sich eines braven Führpferds bedienen und das Pferd als Handpferd mit hinausnehmen ins Gelände. Neben den ersten gymnastizierenden Longenübungen und den ersten vorsichtigen Seitengängen wird so das Pferd mit viel Lust und Freude an der Sache konditioniert.

Bei den nun folgenden Spaziergängen in vertrautem Gelände wird man immer wieder einmal das junge Pferd besteigen, das dies

**Wenn man beim Einreiten eines jungen Pferdes natürlich und spielerisch vorgeht, kommen niemals Zeichen des Protestes. Auf den täglichen Spaziergängen springe ich immer wieder einmal auf den Pferderücken, und ehe wir uns versehen, ist aus dem Wildpferd ein Reitpferd geworden.**

dann regelmäßig, ohne überhaupt Notiz davon zu nehmen, problemlos hinnimmt.

Nach der Gewöhnung an den Sattel kommen die ersten Miniausflüge ins Gelände, wobei das ruhige Führpferd wieder die Aufgabe des Leittieres übernimmt. So wächst ein junges Pferd ohne jede traumatische Erfahrung in das Leben eines Reitpferdes hinein.

# Wozu sind die Zügel da?

„Versammeltes Reiten am losen Zügel" war das Thema dieses Buches. Der Großteil der Übungen jedoch wurde in der Tat ohne Zügel ausgeführt, und die Frage, was das denn überhaupt ist, ein loser Zügel, wurde noch nicht wirklich klärend behandelt. Ein loser Zügel ist natürlich der, der in einem sanften Fall sichtbar durchhängt. Diese Zügelführung gilt für drei voneinander verschiedene Ausbildungsabschnitte, die natürlich in der Praxis fließend ineinander übergehen.

In dem ersten dieser drei Abschnitte lernt das Pferd, sich unter dem Reiter zu bewegen, Paraden zu erkennen und zu akzeptieren – alles vollkommen zügelunabhängig. Die Aufgaben, für die gewöhnlich die Zügel eingesetzt werden, übernimmt bei uns ausschließlich der Körper, seine Sprache, die Verlagerung seines Gewichtes usw.

Haben Pferd und Reiter das gelernt, dann folgt jene Phase der Ausbildung, in der zwei der jeweils **vier** vorhandenen Zügel so weit angenommen werden, **daß im nächsten Augenblick der Kontakt mit dem Maul bzw. der Nase aufgenommen werden kann!** Auch ein solcherart geführter Zügel ist ein loser Zügel, denn er hat keinerlei mechanische Auswirkungen auf die Tätigkeit des Reitens. Das Dirigieren des Pferdes, alle Paraden und versammelnden Hilfen werden weiterhin ausschließlich mit dem Körper und zügelunabhängig erteilt!

Die Zügel halten und lenken, verhalten und versammeln das Pferd auch jetzt nicht, das genauso gut und mit der gleichen Präzision ohne sie geritten werden kann, sie formen zum Schluß nur das ganze Bild hin zur Perfektion, indem sie niemals behindern, sondern ausschließlich durch feinste Impulse sozusagen wie eine letzte Politur die Harmonie beider Wesen krönen.

Schließlich und endlich kann der einhändig gehaltene Kandarenzügel wieder in einem leichten Fall sanft und sichtbar hängen. Die Perfektion ist komplett, das feine Spiel mit dem Zügelgewicht durch den kleinen Finger ist zu einer weiteren, mächtigen Signalinstanz geworden.

# Vier Zügel, Kopfstücke und Gebisse

Wann überhaupt Zügel eingesetzt werden und wie sie dann benutzt werden, ich hoffe, das ist bis hierher verständlich geworden.

Grundsätzlich werden die Zügel signalartig von oben nach unten hin eingesetzt. Ich meine damit, daß zuerst die Impulse über die Nase, dann über die Trense und zuletzt über die Kandare gegeben werden. Um das Pferd von der einen Stufe auf die andere hin zu sensibilisieren, werden jeweils vier Zügel eingesetzt. Die jeweils oberen werden in der beschriebenen Art und Weise signalartig benutzt, die anderen übertragen eben denselben Impuls ausschließlich durch das Zügelgewicht – es tritt also ein Sensibilisierungs- und Lerneffekt ein.

In der Übergangsphase von einer Zäumung zur anderen werden dann alle vier Zügel gleichmäßig signalartig eingesetzt, damit beim Übergang von „Nase – Trense" zu „Trense – Stange = Dressurkandare" die Trensenzügel eben die Aufgabe übernehmen können, die zuvor die Nasenzügel ausführten.

Die Reihenfolge ist also immer folgende: Einreiten des Pferdes am Stallhalfter – ohne Zügel und Gebiß. Dann langsamer Übergang zu einer vierzügeligen Zäumung, wie sie in dem nebenstehenden Foto abgebildet ist.

Es wird ein weicher Kappzaum – beispielsweise wie bei Pluvinel beschrieben – gemeinsam mit einer Trense aufgezäumt, wobei in der Arbeit die Trensenzügel stärker durchhängen als die Kappzaumzügel.

Reagiert das Pferd gut auf unsere Körpersignale, und läßt es sich sicher und zügelunabhängig im Gelände reiten, zeigt es bereits die ersten schönen Ansätze zur Aufrichtung und zur Versammlung (Hankenbiegung). Dann kann schließlich eine Dressurkandare verwendet werden, und die Trensenzügel übernehmen jetzt die Funktion der Kappzaumzügel. Die feinen Signale, die jetzt an die Trense übermittelt werden, gelangen natürlich genauso über die zwei Stangenzügel an die Kandare, die schließlich als **einzige unglaublich zarte Verbindung** zum Pferdemaul übrigbleibt.

**Hier haben wir den wunderschönen Reitponyhengst Don Basilio vom Klosterkielhof dreifach aufgezäumt, in der Reihenfolge, die die einzelnen Stationen der Ausbildung markieren.**
**In der ersten Abbildung sehen wir ein hannoversches Kopfstück, das mit sehr einfachen Mitteln zu einem ledernen Kappzaum umgearbeitet wurde.**
**Die Signalzügel sind seitlich verschnallt. Die Trensenzügel hängen zu Beginn der Arbeit mit dieser Zäumung etwas stärker durch als die „Kappzaumzügel". In der zweiten Abbildung finden Sie eine einfache Dressurkandare mit Unterlegtrense, die Sie bitte nur so benutzen, wie wir das zuvor besprochen haben. Mit solch einer Kandare können Sie einem Pferd den Unterkiefer brechen.**
**Das dritte Bild schließlich zeigt diesen schönen Burschen in einer Zäumung, die die Krönung allen Reitens ist. Ein Reiter, der sich mit einem Pferd derart gezäumt präsentiert, dokumentiert damit allerhöchste Kunstfertigkeit, dokumentiert damit, daß er den Gipfel reiterlicher Kunst erklommen hat.**

# Wie geht es weiter? Oder: Die Integration in das Bestehende

Das, was wir hier beschrieben haben, stellt sehr hohe, wenn nicht die höchsten Anforderungen an den Pferdemenschen. Was aber fangen Sie letztendlich damit an?

Selbstverständlich ist es wunderbar, in der hier beschriebenen Art und Weise ein Pferd auszubilden – ganz bei Null anzufangen, um dann ganz langsam zu einer Einheit zusammenzuwachsen. Doch bleiben wir realistisch. Diese letzten Zeilen des Buches möchte ich Ihrer Realität und Ihrer Intuition widmen. Selbstverständlich gehen Sie mit Ihrem Pferd ins Gelände, nehmen die Zügel an, benutzen diese zum Lenken und zum Anhalten. Oder? Und das wird sich – eben realistisch betrachtet – so schnell auch nicht ändern.

Wie also gehen wir vor? In meinen Kursen formuliere ich das immer so:

Wenn ein erfahrener Jogi einem Adepten die Wunderwelt des „wirklichen" Lebens beschreibt und schließlich nach Wochen hiermit geendet hat, dann sagt er diesem: „Und nun, mein Lieber, mache genauso weiter wie bisher! Die große Pflanze der Schattenseite deines Lebens ist zu einem kräftigen Baum herangewachsen. Wolltest du nun versuchen, diesen auszureißen, dann würde dich das unendlich viel Kraft kosten – und zurück bliebe nur ein großes, schmerzhaftes Loch! Der Weg des Weisen ist ein anderer. Er legt den Samen des Guten in sich an, ohne den Schatten des Bösen zu verleugnen. Sein Interesse und seine Liebe jedoch gelten dem Neuen. Dieses wird er nähren und fürsorglich behandeln. So wird dieser Samen heranwachsen und dem Baum des Bösen mehr und mehr das Licht nehmen. So kommst du zu einem langsamen Übergang, der dich keine unnütze Kraft kostet und der vor allem erfolgversprechend ist."

**Und eben das sollten auch Sie tun!**

Machen Sie weiter wie bisher! Lassen Sie die Ideen des Neuen in sich reifen, und beginnen Sie langsam, dieses neue Gedankengut in das Bestehende einzubauen. Beginnen Sie mit der Arbeit des Führens, mit der Arbeit im Picadero, versuchen Sie mehr und mehr zügelunabhängig zu reiten und die Sprache Ihres Körpers immer weiter zu entwickeln.

Denken Sie an den Ehrgeiz, den wir zur Seite legen wollten, und denken Sie an die Zeit, die Ihnen und Ihrem Pferd bleibt. Nähren Sie den Samen des Neuen, aber nähren Sie ihn!

# Der alte Fischer und die Intuition

Im Süden des Landes, so geht eine Geschichte, da, wo die abendländische Welt im Atlantik versinkt, lebte eine Handvoll Fischer und Ritter friedlich nebeneinander. Der Burg der Ritter stand ein weiser Mann vor, den eigentlich niemand jemals sah oder vernahm. Eines Tages hörte dieser von einem weisen alten Fischer, der von allen im Dorf die reichsten Fänge einbrachte. Der Ritter vernahm, daß eben jener alte Mann beabsichtige, in einer großen Karte all die reichen Fischgründe exakt zu verzeichnen.

Da sattelte der Ritter sein Pferd und machte sich auf den Weg ins Dorf. Als er den alten Fischer fand, befragte er diesen nach seiner Absicht: „Warum willst du das tun? Wem willst du damit nützen?"

„Nun, ehrwürdiger Ritter, ich bin ein alter Mann, und ehe ich sterbe, will ich mein Wissen noch an die Lebenden weitergeben."

„Wem verdankst du dieses Wissen?" fragte ihn der Ritter.

„Nun", sagte der Fischer, „das verdanke ich meiner guten Nase, meiner reichen Erfahrung und vor allem meiner Intuition."

„Und warum willst du den jungen Männern des Dorfes die Chance nehmen, ebenfalls eine gute Nase, reiche Erfahrungen und vor allem eine gute Intuition zu entwickeln?"

Der alte Fischer wendete sich wortlos, aber lächelnd ab. Auf seinem Grab kann man noch heute lesen:

„Mein Wissen nehme ich mit ins Grab – euch aber lasse ich die Intuition."

In diesem Sinne

*Klaus Ferdinand Hempfling*
*Vilanova, Spanien, Januar 1993*